本书获得广西哲学社会科学研究课题"中国与东盟基础设施互联互通建设研究"的资助。

中国与东盟国家
基础设施互联互通建设研究

韦倩青 等◎著

RESEARCH ON
INFRASTRUCTURE CONNECTIVITY
CONSTRUCTION BETWEEN CHINA AND
ASEAN COUNTRIES

经济管理出版社
ECONOMY & MANAGEMENT PUBLISHING HOUSE

图书在版编目（CIP）数据

中国与东盟国家基础设施互联互通建设研究/韦倩青等著．—北京：经济管理出版社，
2023.3

ISBN 978-7-5096-8965-3

Ⅰ．①中…　Ⅱ．①韦…　Ⅲ．①基础设施建设—国际合作—研究—中国、东南亚国家联盟
Ⅳ．①F299.24 ②F299.330.4

中国国家版本馆 CIP 数据核字（2023）第 048288 号

组稿编辑：申桂萍
责任编辑：赵天宇
责任印制：黄章平
责任校对：蔡晓臻

出版发行：经济管理出版社
　　　　　（北京市海淀区北蜂窝 8 号中雅大厦 A 座 11 层　100038）
网　　址：www.E-mp.com.cn
电　　话：（010）51915602
印　　刷：北京晨旭印刷厂
经　　销：新华书店
开　　本：720mm×1000mm/16
印　　张：14.25
字　　数：248 千字
版　　次：2023 年 3 月第 1 版　　2023 年 3 月第 1 次印刷
书　　号：ISBN 978-7-5096-8965-3
定　　价：68.00 元

本书获得广西哲学社会科学研究课题"中国与东盟基础设施互联互通建设研究"的资助

序

　　中国与东盟国家山水相依，文化相通，习俗相近，早在 2000 多年前就通过商品流通、人员往来、文化交流，建立了多方面的联系。20 世纪以来，中国与东盟的联系更是迈上新台阶。1991 年，中国与东盟建立了对话关系；1996 年，中国成为东盟全面对话伙伴；1997 年，中国与东盟建立了面向 21 世纪的睦邻互信伙伴关系；2003 年，中国与东盟建立了面向和平与繁荣的战略伙伴关系；2013 年，中国倡议携手建设更为紧密的中国-东盟命运共同体，共同建设 21 世纪海上丝绸之路。2021 年是中国与东盟建立对话关系 30 周年。回顾 30 年风雨同舟的历程，从建立对话关系，到建立战略伙伴关系，再到建立中国-东盟命运共同体，中国与东盟之间在很多领域的合作不断密切和加深，合作方式、内容也愈加丰富和多彩。

　　从双方建立对话关系以来，中国与东盟国家之间的双边贸易规模逐年增长。1991 年，中国与东盟双边贸易额仅为 63 亿美元，到了 2002 年双边贸易额达到 547.67 亿美元，东盟成为中国第五大贸易伙伴，中国成为东盟第三大贸易伙伴。2002 年 11 月，中国与东盟签署了《中国与东盟全面经济合作框架协议》并开始中国-东盟自由贸易区建设，随着自贸区关税减让的推进，中国与东盟的双边贸易额快速上升。2010 年，中国-东盟自由贸易区建成，自贸区内平均关税由 9.8% 降低到 0.1%，90% 的产品实行了零关税，中国-东盟双边贸易进入一个新的高速发展时期。2014 年，中国与东盟启动自贸区升级谈判。2015 年 11 月，双方签署《中华人民共和国与东南亚国家联盟关于修订〈中国-东盟全面经济合作框架协议〉及项下部分协议的议定书》（以下简称《议定书》）。2019 年 10 月，中国-东盟自由贸易区升级《议定书》全面生效。随着中国-东盟自由贸易区升级版建设，双方将会进一步降低关税，削减非关税壁垒，进行新一批的服务贸易承诺谈判，并推动投资领域的实质性开放，同时，在原先的全面合作框架协议下，中国与东盟之间还将加快推进公路、铁路、水运、航空、电信、能源等领域互联互通合作，以促进基础设施建设便利化。这些方面的合作不仅促进了中国-东盟自贸区的深入发展，更使中国与东盟的经贸关系越加密切与重要。2020年在新冠肺炎疫情冲击全球经贸、贸易保护主义抬头的背景下，中国与东盟的双边贸易额不降反升，达到6846.0亿美元，相较于2019年增长了6.7%。东盟超越中国传统贸易伙伴欧盟和美国，成为中国第一大货物贸易伙伴，而中国也连续12年保持东盟第一大贸易伙伴地位。

20世纪90年代是国际分工发生深刻变化的时代，生产过程片段化以及工序国际分散化促进了无国界生产系统的发展，这样的生产系统可以是连续的价值链条，也可以是复杂的网络，这些生产的地理范围可能是区域性的，也可能是全球性的，这个生产系统就是全球价值链。全球价值链生产方式在生产活动容易分拆的行业迅速扩展，比如，电子行业、汽车业和服装业，同时全球价值链生产方式把越来越多的部门纳入其生产经营活动中。跨国公司通过国际直接投资等形式组织了全球价值链生产方式为特征的国际分工。在国际分工进一步深化的内在动力下，中国与东盟国家之间的分工关系从"雁型"模式逐渐向区域生产网络转变。根据联合国贸易和发展会议（United Nations Conference on Trade and Development, UNCTAD）数据库的统计数据，从2003年开始，中国从东盟国家进口的零部件类电子产品占工业制成品进口比重已经超过50%。这说明通过区域生产网络，中国与东盟国家之间的生产联系越来越密切，同时也促进了中国与东盟国家之间的双边贸易和相互投资。根据《中国商务年鉴1991》，1991年东盟国家在华投资3.32亿美元。根据中国商务部的统计，2019年底，中国已经在东盟国家建设了25个境外经贸合作区，双边的相互投资额达到了2230亿美元，东盟连续两年成为中国第二大对外投资目的地，东盟是中国第三大投资来源地。2020年，中国对东盟全行业直接投资同比增长52.1%，东盟对华实际投资同比增长1.0%。

2020年的新冠肺炎疫情让世界经济陷入衰退。疫情防控期间，各国普遍执行了居家隔离、航班熔断等防控措施，导致各国的生产下降，消费和投资不足，出口受阻，很多产业的全球供应链出现断链风险。东盟国家作为全球价值链、东亚区域价值链网络的重要节点，疫情也给其经济带来重大打击。东盟国家大部分是高度外向型经济，对外贸易是国民经济发展的重要助推器。为了尽快实现经济复苏，东盟选择了与中国在多个领域开展深度合作。比如，2020年5月29日，中国、东盟发表的《中国-东盟经贸部长关于抗击新冠肺炎疫情加强自贸合作的联合声明》，承诺保持市场开放，消除不必要的贸易限制措施，营造良好的贸易投资环境，充分发挥中国-东盟自贸区在应对疫情中的重要作用，力促区域经济早日复苏，逐步构建新型的中国与东盟经贸关系的微观基础。2020年11月15日，包括中国、东盟十国在内的15个亚太国家签署了《区域全面经济伙伴关系协定》（Regional Comprehensive Economic Partnership，RCEP）。可以预见RCEP的签署不但对东盟国家在后疫情时期的经济复苏助益良多，更将为中国与东盟的经贸关系发展带来新的机遇与广阔合作空间。

"互联互通"是中国与东盟国家现在和未来合作的重要领域。本书以中国与东盟国家之间的基础设施互联互通为研究对象，在梳理国际直接投资相关理论，以及"中国与东盟国家互联互通"已有研究文献的基础上，建立了中国与东盟国家基础设施互联互通建设合作的分析框架、基础设施互联互通建设合作的方法论；评估了东盟国家基础设施互联互通建设环境；检验了中国与东盟国家基础设施互联互通对国际贸易、国际直接投资的影响；提出了中国与东盟国家基础设施互联互通建设的总体思路和国别思路；探讨了中国与东盟国家基础设施互联互通建设的合作模式。

本书的突出特色是应用价值高，给出的建议可操作性强，主要体现在以下方面：

（1）关于中国与东盟国家基础设施互联互通建设的总体思路。基于"中国-东盟命运共同体"的主张，构筑中国与东盟国家之间的共同利益，着眼于中国与东盟国家未来经济的可持续发展，通过多维度、多层次的沟通协调机制，推进互联互通建设，同时，要重视数字基础设施的互联互通建设，因为这是中国与东盟国家经济发展的未来。

（2）关于中国与东盟国家基础设施互联互通建设的任务重点。①基础设施互联互通建设项目需要充分拓展融资渠道，保障充足的资金投入。②贸易畅通是互联互通项目建设的任务重点，中国与东盟国家之间要根据总体思路，尽快提高各自的贸易便利化水平，最终实现贸易畅通。③中国与东盟在互联互通项目建设中，要统一"标准"以提高效率。

（3）关于中国与东盟国家基础设施互联互通建设的国别思路。①东盟各国之间基础设施情况差距较大，因此，中国与东盟国家基础设施互联互通建设时，要针对每个国家自身的情况具体分析。②虽然东盟各国的投资环境存在差异，但是投资障碍和风险的表现形式主要集中在工程融资困难、政策多变、法律制度体系不完善以及地缘政治复杂等方面。③东盟各国目前基础设施建设的重点主要在交通运输与能源（特别是电力）上，中国在东盟各国主要关注和开展经济活动的领域也应该集中在这几个部门。④BOT（Build-Operate-Transfer）与EPC（Engineering Procurement Construction）模式是中国与东盟国家进行基础设施互联互通建设时，采用较多的模式。东盟各国随着经济的发展和吸引外资的需要，近年来愈发重视PPP（Public-Private Partnership）投资的作用，也相继推出了相关法律法规和优惠政策。⑤中国企业未来在东盟国家进行基础设施互联互通合作时可以创新融资建设模式，将传统BOT、EPC模式与ABS（Asset Backed Securitization）、TOT（Transfer-Operate-Transfer）等模式融合，同时构建良好的风险评估机制，重视本地化经营，为中国与东盟国家的长远基础设施互联互通合作提供坚实基础和保障。

（4）关于中国与东盟国家基础设施互联互通建设的合作模式选择。①投资环境较好的东盟国家合作模式选择。新加坡、泰国、马来西亚这三个国家属于投资环境较好的国家，合作模式可以选择：融资模式为ABS/TOT模式，管理模式为EPC/Partnering模式，运营模式为单独承包运营模式/单独承包运输组织模式。②投资环境中等的东盟国家合作模式选择。印度尼西亚、越南、文莱、菲律宾这四个国家属于投资环境中等的国家，合作模式可以选择：融资模式为PPP/TOT模式，管理模式为EPC模式，运营模式为联合承包运营模式/联合承包运输组织模式。③投资环境较差的东盟国家合作模式选择。柬埔寨、老挝、缅甸这三个国家属于投资环境较差的国家。

本书是对中国与东盟国家基础设施互联互通建设理论和实践的一次有意义的探索。本书的研究成果不仅有利于促进中国-东盟经贸合作关系的升级，而且宣传了中国的"一带一路"倡议精神——合作共赢，共谋发展，对"一带一路"合作将产生良好的社会效益。

三十而立，在中国与东盟对话关系建立30周年之际，双方的经贸合作将以基础设施的互联互通建设为起点，在"一带一路"倡议下，在RCEP的推进中，在中国-东盟自由贸易区升级版建设中，向多领域、多层次的合作迈进。

前　言

2013 年中国提出了"一带一路"倡议，以开放为导向，希望通过加强交通、能源和网络等基础设施的互联互通建设，促进"一带一路"沿线国家之间的经济要素有序自由流动、资源高效配置和市场深度融合，开展更大范围、更高水平、更深层次的区域合作，打造开放、包容、均衡、普惠的区域经济合作架构。可见，基础设施互联互通建设是其中的重要内容。东盟是中国重要的战略合作伙伴，双边经贸合作的发展需要进一步升级。此时，推进中国与东盟基础设施互联互通建设的合作，不仅符合东盟国家内部实现互联互通的切实需要，有利于推动中国-东盟经贸合作关系的升级，而且为中国基建企业"走出去"提供了机会，更符合中国提出的"一带一路"倡议精神：和平合作、开放包容、互学互鉴、互利共赢。

本书共由十章组成，根据研究内容的不同，可以分为如下几部分：

第一部分包括第一章和第二章，构建了中国与东盟国家基础设施互联互通建设合作的分析框架。这一部分主要通过梳理国际直接投资的相关理论，以及"中国与东盟国家互联互通"的已有学术文献，整理、消化和吸收相关领域的理论研究成果，学习和掌握现有的研究方法和分析工具，总结现有研究的贡献以及不足之处。并在此基础上，阐释本书的研究价值和研究目的，建立中国与东盟国家基础设施互联互通建设合作的分析框架，以及中国与东盟国家基础设施互联互通建设合作的方法论。

第二部分包括第三章和第四章，分析和评估了东盟国家基础设施互联互通建设的环境。这一部分首先采用统计数据分析、资料梳理等方法，直观分析了中国内部、东盟内部的基础设施互联互通情况，以及中国与东盟之间基础设施互联互通建设现状。接着在此基础上归纳总结了中国与东盟基础设施互联互通建设中存在的问题，并分析了问题产生的原因。最后采用主成分分析法，对东盟基础设施互联互通建设的环境进行了评估，为后续研究提供决策依据和参考。

第三部分包括第五章和第六章，检验了中国与东盟国家基础设施互联互通对国际贸易、国际直接投资（FDI）的影响。第五章采用引力模型，实证检验中国与东盟国家基础设施互联互通的贸易效应。该章有两个特点：其一，从铁路、公路、港口和航空四个方面，分别检验和比较交通基础设施互联互通的贸易效应；其二，运用边界效应引力模型，探讨中国与陆路接壤的东盟国家之间交通基础设施互联互通的贸易效应。第六章采用灰色关联度方法，实证检验中国与东盟基础设施互联互通和国际直接投资的关系。

　　第四部分即第七章，提出了中国与东盟国家基础设施互联互通建设的总体思路。这一部分依据前述章节的理论分析、实证检验的结果，根据中国与东盟国家基础设施互联互通建设情况，设计出中国与东盟基础设施互联互通建设的总体思路，并指出中国与东盟基础设施互联互通的建设重点。这部分内容对推进中国与东盟基础设施互联互通建设具有总领性指导作用。

　　第五部分即第八章，给出了中国与东盟国家基础设施互联互通建设的国别思路。这一部分结合东盟各个成员国在经济、社会、文化和政治等方面的具体国情，分别给出中国与东盟不同国家之间进行基础设施互联互通建设的思路。

　　第六部分即第九章，探讨了中国与东盟国家基础设施互联互通建设的合作模式。这一部分以铁路基础设施为例，在归纳总结基础设施互联互通建设合作模式的基础上，借鉴了中国与泰国、中国与印度尼西亚、中国与老挝铁路建设项目案例的经验，详尽地分析了中国与东盟国家之间铁路基础设施互联互通建设的合作模式选择。

　　第七部分即第十章，分析了中国与东盟国家基础设施互联互通建设的实践案例。这一部分选取了中国与印度尼西亚路桥基础设施互联互通建设为具体分析对象，在分析印度尼西亚路桥基础设施现状，中国企业投资印度尼西亚路桥基础设施情况的基础上，根据现有案例总结相关经验，最终提出中国与印度尼西亚路桥基础设施互联互通建设的对策建议。

　　本书的研究创新点主要体现在以下方面：

　　（1）从理论上看，现有互联互通理论研究主要从区域经济一体化的研究视角，阐释了互联互通建设的经济效应。本书则从现有的国际直接投资理论出发，分析了中国与东盟国家基础设施互联互通建设的"动力"和"需求"，并构建了中国与东盟国家基础设施互联互通建设合作的分析框架，以及基础设施互联互通建设合作的方法论，说明了在互联互通中，设施联通、政策沟通、民心相通、贸易畅通、资金融通之间的相互作用和相互影响。

（2）从实践上看，现有互联互通研究多数对中国与东盟国家互联互通建设给出了粗略思路。本书将依据"基础设施互联互通建设的总体思路→基础设施互联互通的任务重点→基础设施互联互通建设的国别思路→基础设施互联互通建设的合作模式"的逻辑，给出中国与东盟国家基础设施互联互通建设的具体政策建议，并且将这些政策建议具体运用到中国与印度尼西亚路桥基础设施互联互通建设的实践分析中。

本书研究得到以下基本观点：

（1）"互联互通"是一个"联通系统"，在中国与东盟国家基础设施互联互通建设中，设施联通、政策沟通、民心相通、贸易畅通、资金融通是相互作用、相互影响的。中国与东盟国家基础设施互联互通建设的顺利进行，除了"硬件"联通，即基础设施联通，更需要"软件"相通，也就是说需要机制互联互通作为制度上的保障。这些制度主要指涉及基础设施建设的相关协议/安排等，它们为基础设施互联互通建设中需要的生产要素在中国与东盟国家之间的自由流动提供了便利条件。

（2）中国与东盟国家基础设施互联互通建设会促进中国-东盟自由贸易区的大市场效应，也会进一步促进自贸区区域内部贸易和直接投资增加和发展，进而有利于中国-东盟自贸区升级版的建设。

（3）中国与东盟国家基础设施互联互通建设需要依托该区域已有的次区域经济合作来推动，此外，跨境经济走廊也是一条可以尝试的推动途径。而次区域经济合作、跨境经济走廊的顺利实现，离不开政府之间的相互信任和积极沟通协商。因此，各国政府之间多层次、多维度的沟通机制建设，将会促进中国与东盟国家的互联互通。

（4）东盟成员国的国情千差万别，所以中国与东盟基础设施互联互通建设需要注意针对不同国家，采用不同的合作模式。

目　录

第一章　导论 ……………………………………………………………… 1

 第一节　研究背景和意义 ……………………………………………… 1

 第二节　研究内容和框架 ……………………………………………… 6

 第三节　研究思路和方法 ……………………………………………… 9

 第四节　研究创新点和基本观点 …………………………………… 10

第二章　基础设施互联互通的相关理论和文献回顾 ………………… 12

 第一节　核心概念的界定 …………………………………………… 12

 第二节　相关理论的梳理 …………………………………………… 15

 第三节　文献回顾 …………………………………………………… 19

 第四节　中国与东盟基础设施互联互通建设合作的分析框架 …… 23

第三章　中国与东盟基础设施互联互通发展现状 …………………… 26

 第一节　中国内部基础设施互联互通情况 ………………………… 26

 第二节　东盟内部基础设施互联互通情况 ………………………… 36

 第三节　中国与东盟交通基础设施互联互通的发展 ……………… 39

第四章　中国与东盟基础设施互联互通建设问题和环境评估 ……… 46

 第一节　中国与东盟基础设施互联互通建设中存在的问题 ……… 46

 第二节　中国与东盟基础设施互联互通存在问题的原因 ………… 50

 第三节　中国与东盟基础设施互联互通建设的环境评估 ………… 57

第五章 中国与东盟基础设施互联互通的贸易效应 ················ 67

第一节 交通基础设施互联互通贸易效应的理论分析 ············· 67

第二节 加入交通基础设施互联互通的引力模型 ················ 70

第三节 交通基础设施互联互通的贸易效应模型的实证结果和分析 ····· 74

第四节 加入交通基础设施互联互通的边界效应引力模型 ········· 76

第六章 中国与东盟基础设施互联互通和 FDI 的相关性 ·········· 82

第一节 交通基础设施互联互通与 FDI 关系的理论分析 ·········· 82

第二节 交通基础设施互联互通与 FDI 关系的实证检验 ·········· 86

第三节 启示 ······································· 92

第七章 中国与东盟基础设施互联互通建设的总体思路 ··········· 96

第一节 中国与东盟基础设施互联互通建设的总体思路 ·········· 96

第二节 中国与东盟基础设施互联互通建设的任务重点 ·········· 102

第八章 中国与东盟国家基础设施互联互通建设的国别思路 ········ 109

第一节 中国与文莱基础设施互联互通建设的思路 ············· 109

第二节 中国与柬埔寨基础设施互联互通建设的思路 ··········· 114

第三节 中国与印度尼西亚基础设施互联互通建设的思路 ········· 118

第四节 中国与老挝基础设施互联互通建设的思路 ············· 126

第五节 中国与马来西亚基础设施互联互通建设的思路 ·········· 130

第六节 中国与缅甸基础设施互联互通建设的思路 ············· 134

第七节 中国与菲律宾基础设施互联互通建设的思路 ··········· 139

第八节 中国与泰国基础设施互联互通建设的思路 ············· 144

第九节 中国与越南基础设施互联互通建设的思路 ············· 147

第十节 中国与新加坡基础设施互联互通建设的思路 ··········· 151

第九章 中国与东盟基础设施互联互通建设合作模式：以铁路为例 ····· 154

第一节 基础设施互联互通建设的合作模式 ················· 154

第二节 中国与东盟铁路基础设施互联互通建设案例探析 ········· 160

第三节　中国与东盟铁路互联互通建设合作模式选择的策略 …………… 168

第十章　中国与东盟基础设施互联互通建设实践：以印度尼西亚为例 ……… 172

第一节　中国与印度尼西亚路桥基础设施互联互通建设合作的现状 …… 172

第二节　中国企业投资发展中国家路桥设施建设的案例分析 ………… 185

第三节　中国与东盟基础设施互联互通推进的建议 ………………… 190

参考文献 ……………………………………………………………… 195

后　记 ………………………………………………………………… 209

第一章 导论

第一节 研究背景和意义

一、研究背景

1. 中国"一带一路"倡议带来的合作机遇

"一带一路"倡议是开放性、包容性而非排他性、封闭性的区域合作倡议。"一带一路"倡议的基本内涵是以开放为导向，希望通过加强交通、能源和网络等基础设施的互联互通建设，促进经济要素有序自由流动、资源高效配置和市场深度融合，开展更大范围、更高水平、更深层次的区域合作，打造开放、包容、均衡、普惠的区域经济合作架构，以此来解决经济增长和平衡问题①。

从"一带一路"倡议的基本内涵可知，基础设施互联互通建设是"一带一路"沿线国家开展合作的具体内容。"一带一路"沿线国家的要素禀赋不同，经济发展水平有差异，经济、资源、技术等互补性强，利用现有的各国之间机制对接，以及"一带一路"倡议下建立的新的对接机制，相关国家的企业遵循市场规律，通过国际贸易、国际投资、国际经济合作等多种形式，开展基础设施互联互通建设等方面的合作。

东盟所处的位置是太平洋南向印度洋一直延伸到欧洲的交通枢纽，也是中国"21世纪海上丝绸之路"上的一个重要节点，意义重大，而且中国与部分东盟国

---

① 陈积敏. 正确认识"一带一路"［EB/OL］.（2010-02-26）［2019-11-16］. http：//theory. people. com. cn/n1/2018/0226/c40531-29834263. html.

家陆地接壤、水路相同，因此，"一带一路"倡议为中国与东盟国家之间开展基础设施互联互通，尤其是交通基础设施互联互通建设，带来了很好的合作机遇。

2.《东盟互联互通总体规划》传递的合作渴望

2010 年，东盟提出了《东盟互联互通总体规划》，其中明确了东盟互联互通的三大支柱，即基础设施互联互通、机制互联互通和民间互联互通。东盟期望通过东盟国家之间的互联互通，实现经济、政治安全和社会文化共同体的目标。从《东盟互联互通总体规划》中可以看出，基础设施的发展水平成为影响东盟国家社会经济文化发展的决定性因素。现阶段，东盟国家都在努力完善和提高基础设施水平，但是因为大部分东盟国家的经济发展水平有限，基础设施建设和升级中缺乏资金和技术的支持，因此，除依靠东盟内部力量发展基础设施外，还需要依靠外部力量参与东盟的基础设施建设。中国的"一带一路"倡议，与东盟的《东盟互联互通总体规划》在基础设施互联互通上可以实现对接。此外，东盟国家对发展基础设施的迫切渴望，也为中国与东盟国家之间进行基础设施互联互通建设合作创造了机会。

3. 中国企业"走出去"需要的合作契机

经过多年的发展，中国在基础设施建设方面取得了长足的进步。在世界经济论坛《2016-2017 年全球竞争力报告》中，中国铁路交通的竞争力指数为 4.8，世界排名第 17 位；中国的公路质量指数为 4.6，全球排名第 42 位。再者，中国基础设施建设的技术水平也有显著提高，以高速铁路技术为例，中国的高铁发展始于 20 世纪 90 年代，中国高铁技术从引进到消化，再到自主创新，现在已逐渐成熟，并开始引领世界先进水平。中国基础设施建设企业具备了"走向"海外市场的实力。在"一带一路"倡议下，加上东盟国家内部基础设施互联互通的规划，中国基础设施建设企业获得了"走出去"的契机。此外，随着中国基础设施建设企业"走出去"，相关上下游行业的企业也获得了消化富余产能的机会。

4. 中国-东盟经贸合作升级的迫切需求

2002 年 11 月 6 日，中国与东盟签订了《中华人民共和国与东南亚国家联盟全面经济合作框架协议》①（以下简称《全面经济合作框架协议》），这是中国和

---

① 资料来源：中华人民共和国商务部国际经贸关系司［EB/OL］.（2002-12-09）［2022-08-03］. http://gjs.mofcom.gov.cn/aarticle/Nocategory/200212/20021200056452.html.

东盟经贸合作的新开端。2003 年 10 月 8 日，中国加入《东南亚友好合作条约》，标志着双方战略伙伴关系的建立。2010 年 1 月 1 日，根据《中国与东盟全面经济合作框架协议》中的约定，中国-东盟自由贸易区（China and ASEAN Free Trade Area，CAFTA，以下简称中国-东盟自贸区）正式启动，这是发展中国家间最大的自由贸易区，也是中国与东盟合作关系史上的重要里程碑。从此，中国与东盟在贸易、投资等经贸合作领域取得了长足的发展。双边贸易额从 1991 年的 80 亿美元增至 2016 年的 4522 亿美元。中国对东盟的直接投资流量从 2007 年的 9.6 亿美元增至 2016 年的 102.79 亿美元，截至 2016 年底，中国对东盟累计直接投资为 715.54 亿美元，占中国对外直接投资存量总额的 5.3%①。2021 年，中国与东盟之间的货物贸易额达到 8782 亿美元。2020 年和 2021 年，东盟连续两年成为中国第一大贸易伙伴。2021 年，中国对东盟全行业直接投资 143.5 亿美元，东盟对中国实际投资 105.8 亿美元。

2015 年 11 月 22 日，中国政府与东盟十国政府正式签署了中国-东盟自贸区升级谈判成果文件——《中华人民共和国与东南亚国家联盟关于修订〈中国-东盟全面经济合作框架协议〉及项下部分协议的议定书》（以下简称《议定书》）②。这标志着中国-东盟自贸区升级版正式启动并开始建设。《议定书》是在现有的③中国-东盟自贸区基础上完成的第一个升级协议，涵盖了货物贸易、服务贸易、投资、经济技术合作等领域，是对原有协定的丰富、完善、补充和提升，体现了双方深化和拓展经贸合作关系的共同愿望和现实需求。根据中国-东盟自贸区升级版的建设内容，基础设施实现互联互通，将会进一步促进自贸区内货物贸易、服务贸易、直接投资、经济合作等的发展。因此，基础设施互联互通也满足了中国-东盟经贸合作升级的迫切需求。

综上所述，中国与东盟基础设施互联互通建设的合作，不但符合东盟国家内部实现互联互通的切实需要，有利于推动中国-东盟经贸合作关系的升级，而且为中国基建企业"走出去"提供了机会，也符合中国提出的"一带一路"倡议精神——和平合作、开放包容、互学互鉴、互利共赢。

---

① 资料来源：中国商务部的《2016 年度中国对外直接投资统计公报》［EB/OL］.（2017-09-30）［2022-08-24］. http：//fec. mofcom. gov. cn/article/tjsj/tjgb/201709/20170902653690. shtml.

② 资料来源：中国商务部中国自由贸易区服务网［EB/OL］.［2022-08-24］. http：//fta. mofcom. gov. cn/dongmeng_ phase2/dongmeng_ phase2_ special. shtml.

③ 资料来源：中国商务部的《2021 年中国-东盟经贸合作简况》 ［EB/OL］.（2022-01-29）［2022-08-24］. http：//bn. mofcom. gov. cn/article/ztdy/202201/20220103265625. shtml.

二、研究意义

1. 理论意义和科学价值

在《东盟互联互通总体规划》中对"互联互通"这一概念进行了界定。互联互通指"包括基础支持和便利措施的物理的、制度的和人与人的联系，它们形成经济的、政治安全的和社会文化的支柱，为实现一体化的东盟共同体愿景提供支撑"。东盟认为，互联互通包括三个方面的联通：物理联通——交通运输、信息通信技术、能源；制度联通——贸易自由化和便利化、投资和服务自由化和便利化、互认协议/安排、区域运输协议、过境手续、能力建设项目；人与人的联通——教育和文化、旅游。在此基础上，学者不断丰富"互联互通"的内涵，拓展"互联互通"的外延。从区域经济一体化角度，互联互通既可以作为一体化手段，也可以作为一体化目标，包括传统的基础设施建设、制度性自由化安排以及人员互动和交流三个领域（王玉主，2015）。隆国强（2013）认为，互联互通的内涵有广义和狭义之分，广义的互联互通包括实体、政府和民间的互联互通；狭义的互联互通则主要指交通、通信、能源等基础设施之间的互联互通。

还有学者分析了"互联互通"的经济效应。李文韬等（2014）认为，互联互通是区域经济一体化发展的趋势，是创造亚太统一大市场的物质基础。邵峰（2014）指出，互联互通是推动一体化建设的路径和战略举措。王玉主（2015）认为，互联互通有两个效应，一是产品供给角度的规模经济效应，互联互通，特别是基础设施互联互通，有助于突破区域一体化面临的基础设施瓶颈，使规模经济能够在更大的区域内实现；二是需求角度的贸易创造效应，互联互通深化可以让更多的人融入经济全球化、区域化进程，扩大消费人群，或通过降低物流成本扩大消费规模，或把更多产品变为可贸易产品，从而促进国际贸易发展。世界银行的研究证明了互联互通的贸易创造效应，如果亚太经济合作组织（Asia-Pacific Economic Cooperation，APEC）落后经济体能够通过贸易便利化措施提高港口效率、标准协调、电子商务等领域的服务水平，APEC 内部贸易将会增加 2800 亿美元，相当于全部贸易额的 10%。Behrens（2004）指出，国际贸易量主要取决于交通成本降低，那些拥有更好交通基础设施的国家因为能够取得更高的国际贸易流量从而更容易取得区域经济的均衡发展。刘生龙和胡鞍钢（2011）的研究证明了交通基础设施的改善是促进区域经济一体化的重要手段。

这些关于"互联互通"的理论研究主要以区域经济一体化理论为基础，得到的结论本质上印证了区域经济一体化带来的贸易创造效应。实际上，从中国与东盟基础设施互联互通建设合作的背景来看，互联互通带来的益处应该远远大于区域经济一体化理论认为的贸易创造效应。因为单单就东盟提出的"互联互通"概念来看，它是一个"联通系统"，不仅有物理联通，还有制度联通、人与人的联通。如果最终实现这样的互联互通，那么对于中国和东盟国家来说，好处不只有双边贸易的扩大，还应该会有双向投资的增加，生产要素在中国与东盟国家之间的顺畅流动。因此，本书将应用现有的国际直接投资理论，从基础设施互联互通建设的供给方、需求方角度，运用计量模型检验中国与东盟基础设施互联互通建设对贸易、投资的影响，并提出一个中国与东盟基础设施互联互通建设合作的分析框架。这一分析框架将不仅阐释"互联互通"的经济效应，还包含分析设施联通、政策沟通、民心相通、贸易畅通、资金融通之间的相互作用、相互影响。

2. 现实意义和应用前景

中国与东盟之间的基础设施互联互通建设的合作，是一个现实意义突出的论题，部分学者在这方面也进行了探索。吴朝阳（2011）认为，中国参与中国-东盟自贸区基础设施建设，有利于中国自身贸易与投资利益的增强，有助于对外工程承包等业务的拓展，并且关系到中国地缘政治环境及与东盟双边关系的改善。王峰和罗志鹏（2012）认为，东盟国家基础设施存量不足，中国可以加大对东盟国家基础设施的投资。隋博文和傅远佳（2015）指出，中国-东盟海上互联互通不仅包括港航基础设施的互联互通，还包括相互开放腹地市场的政策和机制及产业对接、人文交流等，是双方开展全方位合作的重要保障。郭宏宇和竺彩华（2014）分析了中国-东盟基础设施互联互通建设面临的问题，提出双方要增强战略互信，注重产业对接，并且努力控制基础设施互联互通的融资风险。

这些关于中国与东盟基础设施互联互通建设的现实研究，绝大多数肯定了中国与东盟之间基础设施互联互通的益处，比如，促进了贸易、投资，有利于双方全面经贸合作等，也提到了合作中的风险。这些结论很有价值，但是过于零散，缺乏一个可以用于指导中国与东盟基础设施互联互通建设合作的系统框架。本书将在理论分析的基础上，提出中国与东盟基础设施互联互通建设合作的分析框架，这个分析框架包含了基础设施互联互通建设合作方法论。根据这个方法论，本书在实践上的研究将沿着"基础设施互联互通建设的总体思路→基础设施互联互通的任务重点→基础设施互联互通建设的国别思路→基础设施互联互通建设的合作模式"的逻辑，提出推动中国与东盟基础设施互联互通建设的针对性措施。

这是本书的应用前景所在。

第二节　研究内容和框架

一、研究对象和主要目标

本书的研究对象是中国与东盟之间基础设施互联互通建设的合作。通过研究，本书将在理论上给出中国与东盟基础设施互联互通建设合作的分析框架，以便阐释设施联通、政策沟通、民心相通、贸易畅通、资金融通之间的相互作用、相互影响。在这一分析框架的指导下，本书运用基础设施互联互通建设合作方法论，提出中国与东盟进行基础设施互联互通建设的总体思路、任务重点、国别思路、合作模式，并在此基础上提出实现中国与东盟国家基础设施互联互通建设的措施。

二、研究重点和难点

本书是应用性研究，因此研究重点在于提出推动中国与东盟基础设施互联互通建设的具体思路和有效措施。具体而言，本书研究重点包括：①中国与东盟基础设施互联互通建设的总体思路是什么；②中国与东盟基础设施互联互通建设的任务重点在哪里；③中国与东盟各个国家进行基础设施互联互通建设的具体思路是什么；④中国与东盟基础设施互联互通建设的合作模式有哪些，以及具体的合作模式选择等。

本书的研究难点在于构建中国与东盟基础设施互联互通建设合作的分析框架，以及基础设施互联互通建设合作的方法论。因为中国与东盟基础设施互联互通建设的思路和措施，需要在这一分析框架指导下提出来。

三、主要内容和总体框架

1. 研究的主要内容

（1）相关理论和现实背景的分析。这一部分是本书第二章和第三章的内容，主要通过梳理国际直接投资相关理论，以及"中国与东盟互联互通"的研究文献，整理、消化、吸收相关领域的理论研究成果，学习、掌握现有的研究方法和分析工具，总结现有研究的贡献及不足之处。并在此基础上，阐释本书的研究价值和目的，建立本书研究的中国与东盟基础设施互联互通建设合作的分析框架，以及基础设施互联互通建设合作的方法论。此外，这一部分还将通过查阅资料、调研等方式，弄清楚东盟内部基础设施互联互通情况、中国内部基础设施互联互通情况、中国与东盟基础设施互联互通情况，以了解中国与东盟基础设施互联互通建设的现状。这是本书研究的现实背景分析，为后续的深入研究提供现实基础。

（2）基础设施互联互通建设条件的分析。这一部分是本书第四章的内容，目的是对中国与东盟基础设施互联互通建设条件深度剖析。这一部分在归纳总结中国与东盟基础设施互联互通建设中存在问题的基础上，分析了问题产生的原因；采用主成分分析法，对中国与东盟交通基础设施互联互通建设的环境进行评估，为后续研究提供决策依据和参考。

（3）基础设施互联互通经济效应的检验。这一部分是本书第五章、第六章的内容，目的是检验中国与东盟基础设施互联互通建设对国际贸易、直接投资的影响。第五章研究的是中国与东盟基础设施互联互通对国际贸易的影响。这一章将以交通基础设施互联互通为研究对象，采用引力模型，实证检验中国与东盟基础设施互联互通的贸易效应。本章有两个特点：其一，从铁路、公路、港口和航空四个方面，分别检验和比较交通基础设施互联互通的贸易效应；其二，运用边界效应引力模型，探讨中国与陆路接壤的东盟国家之间交通基础设施互联互通的贸易效应。第六章研究的是中国与东盟基础设施互联互通对外资流入的影响。这一章将以交通基础设施互联互通为研究对象，采用灰色关联度方法，实证检验中国与东盟基础设施互联互通和国际直接投资的关系。

（4）基础设施互联互通建设的总体思路。这一部分是本书第七章的内容。这一章将依据前述章节的理论分析、实证检验的结果，设计出中国与东盟之间基础设施互联互通建设的总体思路，并指出建设的重点。本章对推进中国与东盟之间基础设施互联互通建设具有总领性指导作用。

（5）基础设施互联互通建设的国别思路。这一部分是本书第八章的内容。这一章在前述理论推演、实证分析的基础上，依据第七章提出的中国与东盟基础设施互联互通建设总体思路，结合东盟各个成员国在经济、社会、文化和政治等方面的具体国情，分别给出中国与东盟不同国家之间进行基础设施互联互通建设的思路。

（6）基础设施互联互通建设的合作模式。这一部分是本书第九章的内容。这一章是中国与东盟基础设施互联互通建设实践性思路的具体落实章节。本章根据第七章和第八章的思路，以铁路基础设施为例，在归纳总结基础设施互联互通建设合作模式的基础上，借鉴了中国与泰国、中国与印度尼西亚、中国与老挝铁路建设项目案例的经验，详尽地分析了中国与东盟国家之间铁路基础设施互联互通建设的合作模式选择。

（7）基础设施互联互通建设的实践案例。这一部分是本书第十章的内容，是本书前述章节分析基础上的实践篇。这一章将选取中国与印度尼西亚路桥基础设施互联互通建设为具体分析对象，在分析印度尼西亚路桥基础设施现状，以及中国企业投资印度尼西亚路桥基础设施情况的基础上，根据现有案例，最终提出中国与印度尼西亚路桥基础设施互联互通建设的对策建议。

2. 研究框架

本书研究的总体框架如图1-1所示。

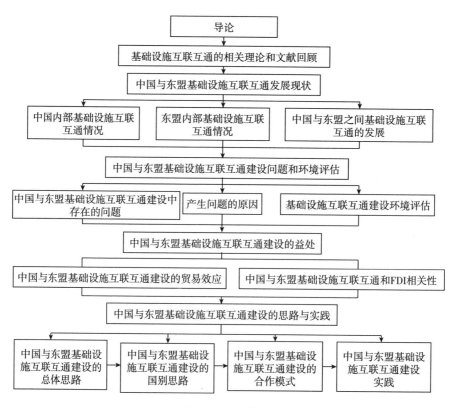

图1-1 研究框架

第三节　研究思路和方法

一、基本思路

本书将遵循以下思路开展研究：

第一，本书在梳理现有互联互通相关文献基础上，构建中国与东盟基础设施互联互通建设合作的分析框架，以及基础设施互联互通建设合作的方法论。这个分析框架、方法论，诠释了基础设施互联互通建设中，设施联通、政策沟通、民心相通、贸易畅通、资金融通之间的相互作用、相互影响。这为后续研究提供了理论基础。

第二，本书采用统计数据以及能够反映基础设施建设情况的指标，说明中国内部、东盟内部、中国与东盟之间基础设施互联互通建设现状。在此基础上，本书归纳总结基础设施互联互通建设存在的问题，并探讨原因，采用主成分分析法，讨论东盟不同的国家与中国进行基础设施互联互通的建设环境。这为后续的基础设施互联互通建设的总体思路、任务重点、国别思路、合作模式提供了选择依据。

第三，本书采用引力模型、边界效应引力模型，以及灰色关联度等计量方法，实证检验中国与东盟基础设施互联互通建设对双边贸易、外资流入的影响。这是为了说明基础设施互联互通对中国与东盟国家的经济发展有促进作用。

第四，本书在定性、定量分析的基础上，依照"基础设施互联互通建设的总体思路→基础设施互联互通的任务重点→基础设施互联互通建设的国别思路→基础设施互联互通建设的合作模式"的逻辑，提出推动中国与东盟基础设施互联互通建设的建议和措施。

二、研究方法

1. 规范分析法

本书梳理了相关国际直接投资理论，总结出中国与东盟基础设施互联互通建设合作的"动力"和"需求"，在结合现有互联互通相关研究的基础上，建立了中国与东盟基础设施互联互通建设合作的分析框架，以及基础设施互联互通建设合作的方法论。这为后续研究提供了理论支撑。

2. 实证分析法

本书的实证分析法主要运用在：①第四章的基础设施互联互通建设环境分析，采用的是主成分分析法。②第五章的基础设施互联互通建设对国际贸易的影响，采用的是引力模型、边界效应引力模型。③第六章的基础设施互联互通建设对外资流入的影响，采用的是灰色关联度分析法。这些为后续研究提供了现实支持。

3. 案例分析法

本书的案例分析法主要运用在第九章和第十章。本书通过对国际上相关典型案例进行分析，结合理论和现实的分析结果，提出中国与东盟基础设施互联互通建设合作的建议。这些是本书研究成果在实际中的具体运用。

第四节　研究创新点和基本观点

一、创新点

本书的研究创新点主要体现在理论和实践两个方面。首先，从理论来看，现有互联互通理论研究主要从区域经济一体化的研究视角，阐释了互联互通建设的经济效应，本书则从现有的国际直接投资理论出发，分析了中国与东盟基础设施互联互通建设的"动力"和"需求"，并构建了一个中国与东盟基础设施互联互通建设合作的分析框架，以及基础设施互联互通建设合作的方法论，说明了在互联互通中，设施联通、政策沟通、民心相通、贸易畅通、资金融通之间的相互作用、相互影响。

其次，从实践来看，现有互联互通研究多数对中国与东盟进行互联互通建设给出了粗略思路，本书则依据"基础设施互联互通建设的总体思路→基础设施互联互通的任务重点→基础设施互联互通建设的国别思路→基础设施互联互通建设的合作模式"的逻辑，给出中国与东盟基础设施互联互通建设的具体政策建议，并将这些政策建议具体运用到中国与印度尼西亚路桥基础设施互联互通建设的实践分析中。

二、基本观点

（1）在中国与东盟基础设施互联互通建设中，设施联通、政策沟通、民心相通、贸易畅通、资金融通是相互作用、相互影响的。中国与东盟基础设施互联互通建设的顺利进行，除了"硬件"联通，即基础设施联通，更需要建设"软件"相通，也就是说需要机制互联互通作为制度上的保障。这些制度主要指涉及基础设施建设的相关协议/安排等，它们为基础设施互联互通建设中需要的生产要素在中国与东盟国家之间的自由流动提供了便利条件。

（2）中国与东盟基础设施互联互通建设会促进中国-东盟自由贸易区的大市场效应，进一步促进自贸区内部贸易和直接投资的增加和发展，有利于中国-东盟自贸区升级版的建设。

（3）中国与东盟基础设施互联互通建设需要依托该区域已有的次区域经济合作来推动，此外，跨境经济走廊也是一条可以尝试的推动途径。而次区域经济合作、跨境经济走廊的顺利实现，离不开政府之间的相互信任和积极沟通协商。

（4）中国与东盟基础设施互联互通建设需要注意针对不同国家，采用不同的合作模式。

第二章 基础设施互联互通的相关理论和文献回顾

本章对研究中涉及的核心概念进行了界定，并系统地梳理了与基础设施互联互通有关的国际投资理论，在此基础上提出了本书研究的理论分析框架，主要包括以下内容：第一，中国与东盟国家开展基础设施互联互通建设的动因；第二，东盟国家愿意与中国进行基础设施互联互通建设的原因；第三，基础设施互联互通建设给中国和东盟国家带来的益处；第四，中国与东盟国家基础设施互联互通建设对中国-东盟自由贸易区升级版建设的作用。此外，本章还梳理了中国与东盟国家基础设施互联互通建设的相关研究，以此为基点，阐释了本书的研究价值。

第一节 核心概念的界定

一、基础设施的定义及其特征

基础设施是指为国家生产和居民日常活动提供支持与服务的公共系统设施，主要用于保障国家或地区日常经济活动的正常进行。基础设施包含的范围非常广，通常将其分为基础建设型设施和社会性基础设施。其中，基础建设型设施是指国家或地区间的公共设施项目建设，如桥梁、公路、铁路、机场、通信、水电煤气等；而社会性基础设施则是指如医疗卫生、文化教育、科技、体育等社会事业设施。世界银行将基础设施的概念划分为以下三个领域：第一，公共设施建设，如通信设备、电力、煤气管道、卫生设施、排污系统，以及固体废弃物的收集与处理等；第二，公共工程建设，如水坝、城市道路等；第三，其他交通部门，主要包括城市与城市间公路与铁路、城市公共交通、港口、航道与机场等。

一般而言，基础设施的建设和发展具有以下几个特征：

第一，基础性和先行性。这是指基础设施的建设是所有商品和服务生产中必不可少的，若是基础设施建设不完善，其他贸易经营活动便很难形成。

第二，不可贸易性。这是指基础设施是不能通过贸易从别国进口到本国的。一个国家可以从国外进行融资和引进国内所需的技术设备、物质资源等，可是一个国家想从国外直接整体引进公路、铁路、桥梁等基础设施却是无法想象的。

第三，整体不可分性。一般而言，基础设施只有在项目建成后，其建设达到了一定的规模时才能为国家或地区提供有效的服务，像公路、铁路、桥梁这样的行业，小规模的投资或未完成的施工是无法发挥其基本作用的。比如连接两地的铁路不能留半截不修完、公路不可以只建一半、建设大桥不能只建到河中间，等等。

第四，准公共物品性。基础设施的准公共物品性主要是其提供的服务具有相对的非排他性和非竞争性，即准公共物品。非竞争性是指商品的生产成本不会随着商品消费的增加而增加，即边际成本为零。比如，城市公路的修建费用并不会因为当年一个新出生的婴儿而增加费用。非排他性则是指当一个人使用基础设施提供的服务时，无法禁止他人同时使用，或是除非花费大量的代价才能禁止他人使用，也就是说，存在"免费搭车"。

二、互联互通的概念提出与内涵扩展

2010 年的《东盟互联互通总体规划》中，确立了东盟互联互通的三大支柱，即基础设施互联互通、机制互联互通和民间互联互通。其中，基础设施互联互通包括交通运输、信息与通信技术、能源网络等；机制互联互通包括贸易和投资的便利化和自由化、区域运输协议、劳动力自由流动等；民间互联互通包括人口流动以及教育、文化、旅游业的交流和合作等。而且《东盟互联互通总体规划》中也说明了互联互通是为了在东盟国家最终实现经济、政治安全和社会文化共同体的目标而采取的必要措施和手段，因此，互联互通包括实体互联互通（交通、信息与通信、能源）、机制互联互通，以及民间互联互通（教育、文化、旅游业）。

在东盟的"互联互通"之后，中国给出了积极响应。在中国共产党第十八次全国代表大会报告中指出："统筹双边、多边、区域次区域开放合作，加快实施自由贸易区战略，推动同周边国家互联互通。"① 随后，中国对"互联互通"的基本内涵进行了深入阐述，中国要建设的互联互通是基础设施、制度规章、人员交流三位一体，是政策沟通、设施联通、贸易畅通、资金融通、民心相通五大领域齐头并进②。为此，中国发布《推动共建丝绸之路经济带和 21 世纪海上丝绸之路的愿景与行动》，创设了亚投行和丝路基金；中国与东盟成立了互联互通合作委员会，设立了中国-东盟投资合作基金、中国-东盟海上合作基金和中国-东盟基础设施专项贷款，并倡导建设周边命运共同体。

本书对"基础设施互联互通"的内涵做如下解释：基础设施互联互通指的是交通、信息与通信、能源等基础设施之间的互联互通。而中国与东盟基础设施互联互通是中国与东盟国家之间上述基础设施之间物理联通的状态。现阶段，中国与东盟国家之间重点推进的是交通基础设施的互联互通建设，这涉及公路、铁路、航空、海运等基础设施之间的互联互通。因此，本书将把研究的重点放在交通基础设施互联互通建设合作的推进上面。

三、基础设施互联互通的贸易效应

本书认为基础设施互联互通的贸易效应指的是国家之间的基础设施尤其是交通基础设施实现物理连接后，再加上通关手续的简化，实现了商品、人员等生产要素能够无障碍流动，最终促进了国家之间贸易量的增长。基础设施互联互通的贸易效应实质是因为基础设施互联互通带来的交易成本降低，从而促进双边贸易发展。

四、互联互通的投资效应

本书认为基础设施互联互通的投资效应指的是国家之间的基础设施尤其是交通基础设施实现物理连接后，加上各国制定的吸引外资的政策，改善了参与基础设施互联互通建设项目的国家的投资环境，降低了国际直接投资在该国的生产经营成本，最终提高了流入这些国家的外资量。基础设施互联互通的投资效应实质是基础设施互联互通改善了东道国投资环境，带来国际直接投资者生产经营成本

---

① 资料来源：新华网《胡锦涛在中国共产党第十八次全国代表大会上的报告》［EB/OL］.（2012-11-17）［2022-08-27］. http：//news. xinhuanet. com/18cpcnc/2012/11/17/c_ 113711665. htm.

② 资料来源：环球网《习近平：加强互联互通伙伴关系讲话全文》［EB/OL］.（2014-11-09）［2022-08-27］. https：//china. huanqiu. com/article/9CaKrnJFNHK.

降低，从而促进国际直接投资的流入。

第二节 相关理论的梳理

关于国际直接投资发生的动因、发展中国家吸引国际直接投资的原因、国际直接投资对东道国经济发展的影响等，现有的国际直接投资理论都有相关论述。

一、国际生产折衷理论

20世纪70年代，英国雷丁大学教授邓宁（John H. Dunning）提出了国际生产折衷理论，即国际生产综合理论。该理论吸收区位理论同时融入俄林的要素禀赋论以及巴克利、卡森的内部化理论，可谓集各家学说之大成，用以解释跨国公司国际直接投资、国际经营中出口贸易，以及国际技术转让三种主要方式的成因。

国际生产折衷理论的核心思想由三项优势构成，即"所有权优势""内部化优势""区位优势"，简称"三优势模式"（OIL Paradigm）。"所有权优势"又称"竞争优势"，是指企业具有独自占有、垄断性质的优势，它的主要核心在于企业的所有权优势越大，其进行国外直接投资的能力越强；"内部化优势"是指企业所拥有的要素禀赋在同一个所有权的企业内部，根据企业共同制定的战略目标进行资源交换和配置，以使企业所拥有的要素禀赋和垄断优势得到充分的发挥，其核心思想是企业内部化优势的高低，对跨国公司选择国外直接投资的形式和规模产生直接影响；"区位优势"是指东道国天然的、无法转移的要素禀赋优势，比如地理位置优势、自然资源优势以及潜在的市场等，还包括东道国经济制度、政策法规以及投资环境等区位因素，其核心思想是区位优势会直接影响跨国公司投资的方向与布局。

邓宁的国际生产折衷理论从分析研究各个国家政府的政策目标、产业结构、经济发展水平以及政府的政策措施出发，解释和说明各国企业在国际化经营中，所有权优势、内部化优势和区位优势的特点及其表现形式，同时将三者与各国跨国公司国际生产的特征与类型联系起来。国际生产折衷理论认为，一国进行国际直接投资必须同时具备这三种优势，三者缺一不可。

二、边际产业扩张理论

日本一桥大学小岛清（Kiyoshi Kojima）教授于1978年提出了著名的边际产业扩张理论。该理论建立在对日本早期对外直接投资研究的基础之上，认为对外投资应该按照从投资国比较劣势产业（亦称边际产业）到对方国的比较优势产业依次进行，对发展中国家的工业投资要从技术容易、差距小的产业开始并且依次进行转移，按照比较成本及其波动依次推进。同时，该理论认为一国应该对本国具有比较优势的某产业实施专业化并出口该产品，并且收窄比较劣势的产业，通过国际对外投资将该产业转移，最后再由东道国出口产品到母国。

三、产品生命周期理论

哈佛大学教授雷蒙德·弗农（Raymond Vernon）于1966年在他的《产品周期中的国际投资和国际贸易》一文中首次提出了产品周期理论，并且由此理论阐释了国际贸易产生的原因。产品生命周期理论从发达国家的视角出发，解释了某一些产业从发达国家（或地区）向发展中国家（或地区）的逐步迁移。1970年之后弗农对产品生命周期理论进行了进一步修正和完善，解释发达经济国家之间的对外投资，阐明了发达经济体之间的对外投资。

产品生命周期理论的首要观点是应按照某项产品的生命周期选择产品转移的最为适当的时机。通过对区域间（或国际间）产业与产品的周期性发展进程以及由此导致的产业和产品转移的分析，把产品的生命周期划分为三个阶段：创新产品阶段（生产具有竞争优势，通过出口进入他国市场）、成熟产品阶段（采取技术转让进入他国市场）和标准产品阶段（通过对外直接投资将生产转移到最具优势的国家或地区）。

四、国家竞争优势理论

国家竞争优势理论，也被称作"国家竞争优势钻石理论"或"钻石理论"。最先是由哈佛大学商学院教授迈克尔·波特（Michael E. Porter）在其代表作《国家竞争优势》（*The Competitive Advantage of Nations*）中提出的。钻石理论试图解释如何才能创造并且保持可持续发展的相对优势。波特在对传统的比较优势理论进行归纳总结后，在其基础之上提出了独树一帜的"国家竞争优势理论"，是对比较优势理论的超越，为国际贸易理论的发展做出了巨大的贡献。

国家竞争优势理论给我们的启示是：在开放型经济的背景下，各国（或各地区）的产业结构构成并不是一成不变的，各国产业发展具有极强的能动性和可选择性，固有的比较优势不应成为谋求增强国际竞争优势的障碍。

国家竞争优势理论对于理解国家（或地区）全球竞争地位提供了一种全新的思路，并且逐渐成为政府和企业思考经济、制定公共政策的一种不可或缺的新方法论，由此，吸引了众多的经济学家对于该理论的深入研究。

五、双缺口理论

双缺口理论又称"汇瓶颈论"或"填补缺口论"，研究如何利用外资来填补发展中国家存在的储蓄缺口和外汇缺口的理论。最早由美国经济学家钱纳里和斯特劳特在其所著《外援与经济发展》（1966）一文中提出。该模型是在凯恩斯宏观经济理论基础上发展起来的，是发展中国家利用外资的重要理论依据。其基本论点是，发展中国家的国内储蓄和外汇供给，与完成经济发展预期目标所必需的资金数量之间通常存在缺口，其中追加投资所需的国内储蓄缺口称为"储蓄缺口"，筹集进口品所需的外汇短缺称为"外汇缺口"。假定这两个缺口互不相等，且无替代性，则两个缺口都对发展中国家的经济发展具有很强的约束性。在这种情况下，发展中国家可以通过引进外资来弥补上述两个缺口，使外资在克服外汇紧张和提高实际经济增长率方面发挥关键作用。例如，通过外资引进一台新型机器，该国不需要出口资源就能得到这项进口，同时也不必由国内储蓄弥补，就能得到这项投资货物，因而有助于同时减缓外汇和储蓄不足的瓶颈现象，为调节经济均衡增长创造条件①。

六、现有理论对研究的指导作用

上述理论从不同的方面阐释了一国企业进行国际直接投资的动因及时机，也解释了东道国吸引国际直接投资的原因。它们都能够成为中国与东盟进行基础设施互联互通建设合作的重要理论指导。

从国际直接投资的动因来看，国际生产折衷理论、边际产业扩张理论、国家竞争优势理论等解释了中国与东盟国家开展基础设施互联互通建设的动因。总体

---

① 李伟民. 金融大辞典［M］. 哈尔滨：黑龙江人民出版社，2002.

而言，改革开放以来，中国基础设施建设的相关行业发展迅速，不仅改善了国内基础设施水平，而且技术水平、生产管理经验等都有了长足进步。这些就是国际生产折衷理论中提到的"所有权优势"，国家竞争优势理论中所说的"竞争优势"。同时，一些行业还出现了产能富余的现象，这些行业的资本急需到海外寻找投资场所。这与边际产业扩张理论的论述相吻合。

从国际直接投资的时机来看，产品生命周期理论可以解释现阶段是中国与东盟国家进行基础设施互联互通建设合作的好时机。因为正如前述分析可知，中国基础设施建设的相关行业已经处于技术成熟、管理经验丰富的阶段，即产品生命周期理论所说的"标准产品阶段"，这一阶段可以通过国际直接投资，将生产转移到最具优势的国家或地区。

从东道国吸引国际直接投资的原因来看，双缺口理论很好地阐释了东盟国家与中国进行基础设施互联互通建设合作的原因。因为东盟大部分国家基础设施水平落后，但自身财政又无力承担基础设施建设的巨额资金需求，同时自身技术水平也不高。为了发展经济，必须提高基础设施水平，所以引进外资成了一条较好的建设途径。

表2-1很好地概括了上述理论对中国与东盟国家进行基础设施互联互通建设合作的理论指导意义。中国与东盟基础设施互联互通建设对双方都有好处。①中国-东盟自贸区升级版建设，需要通过双边贸易便利化水平的提高，来实现双边贸易的发展。而贸易便利化水平的提高，离不开物流的顺畅以及各国政策的顺利对接等。通过基础设施互联互通建设合作可以实现这一点。②中国-东盟自贸区升级版的建设，需要提高中国与东盟国家之间的双向投资水平。而无论是中国与东盟之间的，还是中国内部的、东盟内部的基础设施互联互通水平的提高，都有利于改善投资环境，进而促进中国与东盟国家之间的双向投资。③中国-东盟自贸区内贸易便利化水平提高，有利于自贸区外部的国家与自贸区内部国家之间贸易的发展，带来贸易创造效应。④中国-东盟自贸区内整体投资环境的改善，有利于吸引自贸区外部的投资流入，不但解决了发展中国家的资金短缺问题，还带来了自贸区的投资创造效应，同时，通过国际投资的技术（知识）溢出效应，还可以促进自贸区内部国家的技术升级、提高生产管理水平等。

表2-1　现有理论对中国与东盟基础设施互联互通建设合作的指导意义

	中国（投资国角度）		东盟国家（引资国角度）	
基础设施互联互通建设合作的原因	技术优势、生产管理水平高	①国际生产折衷理论的"所有权优势"②国际竞争优势理论的"竞争优势"	缺技术、资本	双缺口理论
	产能富余	边际产业转移理论的"边际产业"		
基础设施互联互通建设合作的时机	技术成熟、管理经验丰富	产品生命周期理论的"标准化产品阶段"	—	
基础设施互联互通建设合作的益处	①中国-东盟双边贸易增长②中国-东盟双向投资增长③中国-东盟自贸区的贸易创造效应④中国-东盟自贸区的投资创造效应和外资技术（知识）溢出效应			

资料来源：笔者根据相关资料整理。

第三节　文献回顾

基础设施建设一直是学术界关注的重点，尤其是发展中国家如何提高基础设施水平等方面。2013年以来，随着"一带一路"倡议的提出，更多学者开始关注"一带一路"沿线国家在基础设施建设上的合作问题，其中，基础设施互联互通建设成为研究热点。目前，关于基础设施互联互通建设的研究文献，主要集中在以下研究领域：①基础设施互联互通建设与国际贸易发展；②基础设施互联互通建设与国际直接投资流入；③基础设施互联互通建设的合作模式；④中国与东盟国家进行基础设施互联互通建设的挑战。

一、基础设施互联互通建设与国际贸易发展

关于基础设施互联互通建设对国际贸易发展的作用，尽管现有文献研究中选择的国家（或地区）不同，但是大多数观点都认为基础设施互联互通建设能够促进国际贸易发展（Rojas et al.，2005；De，2006；刘生龙和胡鞍钢，2011；刘育红和王曦，2014；王晓东和邓丹萱，2014；龚新蜀和马骏，2014；何敏等，

2015），还有不少学者认为，基础设施互联互通建设不但促进了国际贸易发展，而且促进了互联互通建设涉及的区域内的经济、文化和社会交流（Anushree et al.，2009）；中国与东盟国家之间的基础设施互联互通建设除了促进经贸发展，还具有重要经济和政治意义（吴朝阳，2011）；中国与东盟国家之间的铁路基础设施互联互通建设对旅游业发展也有促进作用（埃索斯·芬妮莎和王浩，2014）。王晓东等（2014）指出交通基础设施互联互通有直接和间接两个方面的经济增长效应。

现有文献认为，基础设施互联互通建设通过降低贸易成本，促进国际贸易发展。基础设施互联互通降低贸易成本主要体现在：①道路基础设施互联互通的发展和改进，比如，铁路基础设施互联互通降低了运输成本，加快了通行速度，促进了贸易发展（Francois and Manchin，2013；Sheperd and Wilson，2007；Donaldson，2008；Stone and Strutt，2009；Donaubauer et al.，2018）。其中，Fujimura 和 Edmonds（2006）测算出大湄公河次区域内道路基础设施质量的提高，可以降低45%的运输成本。②基础设施互联互通提高了出口效率，促进了贸易发展。比如，港口效率提高能够促进贸易发展（Nordås and Piermartini，2004）。在中国对外贸易中，如果贸易伙伴的基础设施联通状况好、资金融通情况佳、两国的政策沟通顺畅，中国出口贸易的效率会提高（葛明等，2018）。

但是在不同的国家之间，基础设施互联互通发展对贸易成本的影响程度不同。Bougheas 等（1999）的研究认为，发展程度不同的国家，基础设施的数量、质量差别大，因此基础设施互联互通建设对运输成本的影响不同，从而对贸易发展的影响就不同。Limão 和 Venables（2001）研究指出，内陆国家因为没有出海通道，所以运输成本很高，因此更需要通过建设和改善与接壤国家之间的交通基础设施互联互通，来降低运输成本，促进贸易发展。Edwards 和 Odendaal（2008）的研究则表明，原来基础设施差的国家，基础设施状况改善之后，运输成本的降低、对外贸易的发展，都显著大于原来基础设施好的国家。

二、基础设施互联互通建设与国际直接投资流入

关于基础设施互联互通建设对国际直接投资的影响，现有研究文献都认为，交通基础设施互联互通，能够有效降低参与互联互通的国家（或地区）之间生产要素的流动成本，能够营造出便利的投资环境，吸引更多国际直接投资进入该区域。Kumar Nagesh（2015）针对南亚地区的研究发现，南亚国家之间交通网络

不发达且连通性差，增加了南亚地区国家之间、南亚地区国家与欧美国家之间的交易成本，也限制了国际直接投资的流入。王峰和罗志鹏（2012）的研究发现，交通基础设施互联互通能够降低企业生产成本和运输费用，扩大区域内贸易，提升区域竞争力，推动原料、能源、金融资本等多行业的发展，吸引外国资本进入。张建平（2015）的研究表明，亚太地区的互联互通不仅有助于该地区发展中经济体摆脱贫困，还有助于这些经济体吸引外资，尽快融入该地区产业链及供应链体系。

三、基础设施互联互通建设的合作模式

关于基础设施互联互通建设采用的合作模式，现有研究得出了丰富的结论。基础设施作为公共物品，建设周期长、资本投入多、风险高，因此，采用何种融资模式一直是学术界关注的重点问题。不少学者主张采用公私合作的建设模式。因为这种建设模式既利用了公共资金又利用了私人资本，有利于促进基础设施这类公共物品的建设。张建平（2015）的研究表明亚太经合组织推行的公私合作模式适用于推广到亚太地区的基础设施互联互通建设中。陈新明和杨耀源（2016）的研究也证明了公私合作的建设模式在东盟国家基础设施互联互通建设中有较好的效果。还有部分学者主张根据具体项目的特点，选择融资模式。比如，车探来（2017）认为，在推进丝绸之路经济带铁路互联互通的过程中，应根据合作项目的具体情况采用适宜的融资模式，例如，TOT、ABS、融资租赁等。张协奎和苏彩虹（2018）的研究指出，中国与柬埔寨基础设施建设的合作中，可以采用两国共同发行债券的融资模式，采用施工管理承包的项目管理模式。除了融资模式，项目管理、运营模式也是研究关注的重点。孙群（2015）认为，中国与老挝在铁路基础设施互联互通建设合作中，可以采取受托承包经营的项目管理、运营模式。因为基础设施互联互通建设是一个复杂工程，参与方在利益分配方面容易产生分歧甚至纠纷。因此，参与建设的国家政府需要对基础设施互联互通项目的未来收益分配、参与方的权利和义务等方面进行引导，简而言之，尽管融资模式、项目管理模式、运营模式多样化，但是参与建设的国家政府要起到主导作用（范祚军和何欢，2016）。

四、中国与东盟国家进行基础设施互联互通建设的挑战

在基础设施互联互通建设的研究文献中，具体到中国与东盟国家基础设施互

联互通建设合作方面，学者的研究发现以下因素是基础设施互联互通建设推进的挑战。①关于资金方面的问题，中国与东盟国家在基础设施互联互通建设中存在着资金来源有限、资金额度较少、资金流向集中（主要流往能源行业）（竺彩华等，2013），以及资金使用效率低下等问题（韦朝晖等，2013；冯氏惠，2015）。②关于软环境联通的问题，中国与东盟国家在基础设施互联互通建设中存在着各国技术标准不统一，海关的通关程序烦琐复杂，国家之间语言不同带来的沟通不顺畅，各国之间的协调机制不完善，信息不畅通等问题（波萨·潘尼查康和暨佩娟，2013；斯蒂芬·格罗夫和杨意，2013；李文韬等，2014；杨然，2014；郭宏宇和竺彩华，2014；埃索斯·芬妮莎和王浩，2014；王玉主，2015；陈秀莲和张静雯，2018）。③关于东盟国家自身的经济、政治等问题，比如经济发展水平低下，基础设施能力不足，恐怖主义势力存在带来政局不稳，项目建设中经常遭遇环保问题阻碍等（陈秀莲和张静雯，2018；史烘堃，2017；林智荣和覃娟，2015）。

五、研究方法的梳理

从研究方法来看，现有研究主要采用了国际贸易（或者国际投资）引力模型、一般均衡模型（Donaldson，2008；Stone and Strutt，2009）、向量自回归模型（VAR）（龚新蜀和马骏，2014）、误差修正模型（刘伦武，2013）等来实证检验基础设施互联互通对国际贸易的影响。其中，国际贸易引力模型是最普遍使用的研究方法，而且大部分学者在运用时都根据研究对象对经典引力模型进行了修正，最基本的修正是在经典引力模型中加入反映基础设施的变量（Nordås and Piermartini，2004；Rojas et al.，2005；刘生龙和胡鞍钢，2011）。此外，De（2006）对引力模型的修正表现在用贸易流动性指数替代经典引力模型中的贸易流量，研究中的贸易流动性指数采用主成分分析法估算而得。刘育红和王曦（2014）则是在经典引力模型中加入交通密度变量。王晓东和邓丹萱（2014）为了探讨不同类型的基础设施对贸易发展作用的差异性，在经典引力模型中引入分别反映港口、航空、公路、铁路、电信和网络等各类基础设施的变量，以及通过因子分析法计算出来的基础设施综合指数。何敏等（2015）则运用拓展的引力模型和边界效应引力模型，分交通、通信及能源基础设施三个方面，探讨了基础设施建设对贸易发展的影响，并且比较了三种类型基础设施影响的大小。

六、文献评述

现有研究文献阐释了基础设施互联互通能够促进贸易发展、改善东道国投资环境、增加外资流入，也指出了可以采用多种融资模式、项目管理模式、运营模式，但是要注意发挥各国政府在其中的主导和引导作用，更说明了中国与东盟基础设施互联互通建设中面临的各种挑战。现有研究成果不但丰富且很有价值，但是还存在以下不足：①部分研究只针对东盟的某一个国家，或者将东盟作为一个整体而没有区分东盟国家的具体情况；②部分研究仅关注基础设施互联互通建设的具体问题，并未考虑东道国国情的不同；③部分研究没有对基础设施互联互通进行单独研究，而是着眼于互联互通建设的整体问题。

鉴于此，本书对中国与东盟基础设施互联互通建设的研究将期望在以下方面有所贡献：①以基础设施互联互通建设为研究对象，尤其是交通基础设施互联互通，因为中国与东盟国家之间互联互通建设推进的首要和重要领域就是基础设施尤其是交通基础设施的互联互通；②将采用主成分分析法，分别判断东盟各国的基础设施互联互通建设环境，将它们分类，并在此基础上，给出中国与不同类型的东盟国家进行基础设施互联互通建设时合作模式的选择思路；③在基础设施互联互通建设的合作模式研究中，还具体分为融资模式、管理模式和运营模式进行讨论，并给出具体的具有针对性的对策建议。这些将使本书的研究根据有实际应用价值。

第四节　中国与东盟基础设施互联互通建设合作的分析框架

根据本章第二节对国际直接投资理论的梳理，以及相关理论对本书的指导可知，从供给方角度来看，现有的相关理论阐释了中国参与东盟国家的基础设施互联互通建设的"动力"：具备"走出去"的某种优势；从需求方角度来看，现有相关理论阐释了东盟国家愿意与中国进行基础设施互联互通建设的"需求"：需要建设基础设施的技术和资金；从供需双方进行基础设施互联互通建设后的收益来看，最直接的是增进了双边贸易发展，改善了投资环境，促进了外资流入。从理论上找到了中国与东盟进行基础设施互联互通建设合作的"动力"和"需求",以及参与建设合作各方的收益之后,如何指导基础设施互联互通建设合作的开展,是本书最终尝试解决的问题。

本书将在相关理论指导下,借鉴和学习现有文献研究的方法、思路等,首先,评估中国与东盟开展基础设施互联互通建设合作的环境;其次,判断基础设施互联互通建设对国际贸易和国际直接投资的影响;再次,提出中国与东盟基础设施互联互通建设的思路;最后,将总体思路落实于基础设施互联互通建设的合作模式分析中,以及具体国家、具体行业的互联互通建设合作案例中。因此,本书在总结和学习现有研究的基础上,提出了一个"基础设施互联互通建设合作的方法论",这个方法论将用于指导本书的分析和研究(见图2-1)。

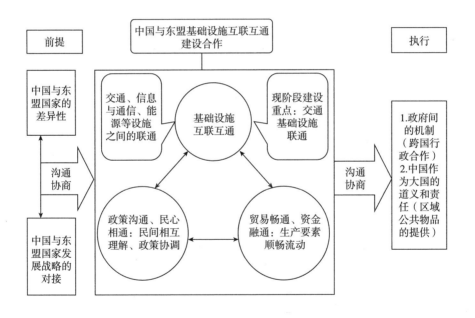

图2-1 基础设施互联互通建设合作方法论

资料来源:根据吴泽林:《亚洲区域合作的互联互通:一个初步的分析框架》(发表于《世界经济与政治》2016年第6期)的图,结合本书研究绘制。

根据图2-1,中国与东盟进行基础设施互联互通建设合作时,首先要尊重中国与东盟国家之间经济、政治、文化、制度等方面的差异性,在中国与东盟国家发展战略中寻找契合点,在此基础上沟通协商,求同存异。在推进基础设施互联互通建设时，以设施联通为落脚点，重点推进交通基础设施的联通。在此过程中，中国与东盟国家之间要重视政策沟通、民心相通，以增进民间相互理解、政策相互协调。同时，中国与东盟国家之间需要逐步实现贸易畅通、资金融通，如此能够保证生产要素在中国-东盟区域内的顺畅流动，为基础设施互联互通提供物资、资金等的保障。在中国与东盟进行基础设施互联互通建设合作的过程中，通过跨国行政合作，中国与东盟国家之间建立起政府间的沟通机制，以利于沟通协商。此外，中国还应承担起大国的道义和责任，为中国-东盟区域内提供公共物品，比如，亚洲基础设施投资银行的建立。

第三章　中国与东盟基础设施互联互通发展现状

现阶段，中国与东盟基础设施互联互通建设主要集中体现在交通基础设施的互联互通上，因此，本章将分析中国内部、东盟内部、中国与东盟之间交通基础设施互联互通发展的情况，"窥一斑而知全豹"，以了解中国与东盟基础设施互联互通建设的现状。

第一节　中国内部基础设施互联互通情况

一、中国铁路基础设施现状[①]

铁路运输在中国综合交通运输体系中有着举足轻重的地位。2003年，中国提出的发展战略中，提出了推进铁路交通的跨越式发展，从此，中国铁路交通进入了发展的快车道。截至2016年底，中国铁路营业里程为12.4万千米，居世界第二位，高速铁路营业里程为2.2万千米，居世界第一位，截至2018年底，中国的铁路营业里程比2016年增长了5.6%，达到13.1万千米（见图3-1）。在世界经济论坛《2016-2017全球竞争力报告》中，中国铁路交通的竞争力指数为4.8，世界排名第17位。截至2018年底，中国的全国铁路路网密度为136.0千米/万平方千米，增加了3.7千米/万平方千米。已基本形成"三横五纵"的铁路网，贯穿南北，横贯东西。

[①]　资料来源：2016年、2017年、2018年《中国铁道年鉴》［EB/OL］．［2022-08-28］．https：//data. cnki. net/trade/Yearbook/Single/N2020010195？zcode＝Z014.

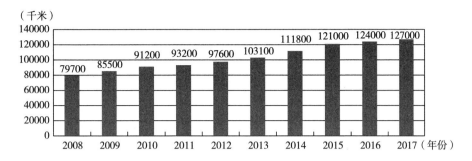

图 3-1　2008~2017 年中国铁路营业里程

资料来源：中经网统计数据库。

中国铁路建设历史上经历了 6 次大提速，让中国的铁路运输效率不断提升。从表 3-1 可知，中国 6 次铁路大提速的时间间隔不长，2004 年和 2007 年的两次提速把范围扩大到了全国。在第六次大提速完成之后，运行时速 120 千米的铁路里程已达到 2.2 万千米，占中国铁路总里程的 17.8%。

表 3-1　中国 6 次铁路大提速概览

次序	年份	范围	线路里程（单位：千米）		
			V>120	V>140	V>160
1	1997	京广线、京沪线、京哈线	1398	588	752
2	1998	京广线、京沪线、京哈线	6449	3522	1104
3	2000	陇海线、兰新线、京九线、浙赣线	9581	6548	1104
4	2001	京九线、武昌—成都、京广线南段、浙赣线、哈大线	13166	9779	1104
5	2004	全国	16000	n/m	9000
6	2007	全国	22000	n/m	n/m

注：1. V 的单位是千米/小时。2. n/m 表示数据缺失。

资料来源：笔者根据相关资料整理。

中国铁路的提速，使其具备了更大的运力和更高的运输效率。从 2005 年至 2017 年，中国铁路的客货运量呈现上升趋势，客运量从 2005 年的 11 亿人次提升到了 2017 年的 30 亿人次，货运量从 2005 年的 26.9 亿吨提升到了 2017 年的 36.9 亿吨（见图 3-2）。以 2017 年为例，全国铁路货运总周转量完成 26962.20

亿吨千米，比 2016 年增加了 3169.94 亿吨千米，增长 13.3%，其中，集装箱、商品汽车、散货快运发送量比 2016 年分别增长 47.9%、58% 和 9.3%。铁路的发展为沿线经济带来源源不断的发展机遇。铁路综合枢纽有机衔接配套，信息服务平台的建立，使得铁路系统整体服务水平得到提升。

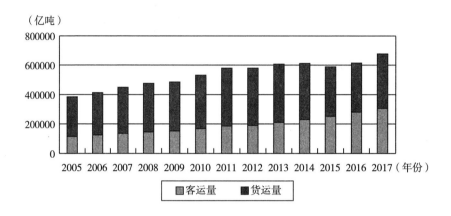

图 3-2　2005~2017 年中国铁路客货运量

资料来源：中经网统计数据库。

中国的高速铁路发展始于 20 世纪 90 年代，中国高铁的技术发展之路从引进到消化，到自主创新，逐渐成熟后开始引领世界。截至 2016 年底，中国 2.2 万千米运营高铁里程，占据了世界高铁里程的 40%。根据《中长期铁路网规划》①（2016~2030 年），到 2025 年，中国高铁运营里程将达到 3.8 万千米，并将覆盖更大范围的城市。到 2030 年，基本实现内外互联互通、区际多路畅通、省会高铁连通、地市快速通达、县域基本覆盖。除里程外，中国高铁的运行时速也是世界顶尖水平。未来，新增的高速铁路主通道项目设计时速将不低于 250 千米，其中沿线连接特大城市、穿过人口密集地区、穿越经济发达地区的高速铁路的设计时速将不低于 350 千米。大范围、高时速的中国高铁网络，规划形成覆盖范围更广的"八纵八横"的新格局。同时在东部密集的城市集群中，以城际铁路联通，进一步扩大小时城市圈（见图 3-3）。

---

①　资料来源：中国中央人民政府．发展改革委印发《中长期铁路网规划》［EB/OL］．（2016-07-20）［2022-08-28］．http：//www.gov.cn/xinwen/2016-07/20/content_ 5093165.htm.

图 3-3　2008~2017 年高铁总里程及占铁路总里程的比重

资料来源：中经网统计数据库。

二、中国公路基础设施现状

截至 2017 年底，中国全国公路总里程为 477.35 万千米，比 2016 年增加了 7.72 万千米（见图 3-4）；公路密度为 49.72 千米/百平方千米，比 2016 年增加了 0.81 千米/百平方千米；高速公路里程 13.65 万千米，比 2016 年增加 0.65 万千米；高速公路车道里程 60.44 万千米，比 2016 年增加了 2.90 万千米。按照公路适应的年平均昼夜交通量及其使用任务和性质，将公路分为五个技术等级[1]，即高速公路、一级公路、二级公路、三级公路、四级公路。其中，高速公路能适应年平均昼夜汽车交通量 25000 辆以上；一级公路能够适应年平均昼夜汽车交通量 5000~25000 辆；二级公路能适应按各种车辆折算成中型载重汽车的年平均昼夜交通量 2000~5000 辆；三级公路能适应按各种车辆折算成中型载重汽车的年平均昼夜交通量 2000 辆以下；四级公路能适应按各种车辆折算成中型载重汽车的年平均昼夜交通量 200 辆以下。从公路质量来看，中级及以上的公路里程达到 60.12 万千米，同比上年增加 2.63 万千米，占公路总里程的 12.8%[2]。在世界经济论坛《2016—2017 全球竞争力报告》中，中国的公路质量指数为 4.6，全球排名第 42 位，反映出中国的公路水平竞争力较强。

---

① JTG B01-2014 公路工程技术标准［M］. 北京：人民交通出版社，2004.

② 资料来源：中国交通运输部 .2017 年交通运输行业发展统计公报［EB/OL］.（2018-03-30）［2022-08-28］. https://xxgk. mot. gov. cn/jigou/zhghs/201806/t20180622_ 3036269. html；中经网统计数据库：https://db. cei. cn/jsps/Home.

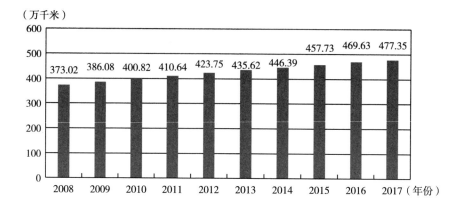

（万千米）

图 3-4　2008~2017 年全国公路总里程

资料来源：中经网统计数据库。

到 2017 年底，中国的公路网（包括高速公路网在内）已经基本覆盖全国各主要城市。整体的公路网密度，依然呈现东密西疏的状态。根据《国家公路网规划》（2013-2030 年），在 2030 年中国要基本建成首都辐射省会、省际多路连通、地市高速通达、县县国道覆盖的公路网络，实现 1000 千米以内的省会间可当日到达，东中部地区省会到地市可当日往返、西部地区省会到地市可当日到达[①]。在 2013 年，西藏墨脱公路正式建成通车后，中国已经实现县县通公路的规划目标。中国已建成由 7 条首都放射线、11 条南北总线、18 条东西横线，以及其他 6 条地区环线、若干条并行线和联络线组成的高速公路网。未来将实现北起鹤岗，南至海口，东起上海，西至霍尔果斯的更大范围的高速公路覆盖[②]。高速公路的配套服务设施也随之显著提升，实现全国高速实时流量监控，保障路网畅通。

从图 3-5 可以看出，2000~2017 年，中国公路的货运量呈现上升趋势，货运量从 2000 年的 103.9 亿吨增加到了 2017 年的 368.7 亿吨。2017 年全年完成货运量 368.7 亿吨，比 2016 年增长了 10.3%，货物周转量 66771.52 亿吨千米，比 2016 年增长了 9.3%。

---

① 资料来源：中国国家发展和改革委员会. 国家公路网规划（2013-2030 年）［EB/OL］.（2013-05-24）［2022-08-28］. https://zfxxgk.ndrc.gov.cn/web/itemfinfo.jsp? id=285.

② 连接鹤岗和霍尔果斯的高速公路正在建设中。

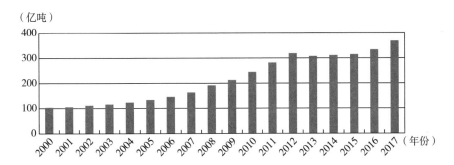

图 3-5　2000~2017 年中国的全国公路货运量

资料来源：中经网统计数据库。

互联网时代，万物互联正逐渐成为未来发展的一个主要趋势。反映在交通运输上，无人驾驶技术正在逐渐从实验室走进现实。在 2018 年的中国各省份公路建设规划中，浙江省的杭绍甬超级高速获得国家批准。这将是中国第一条设计时速超过 120 千米，达到 150 千米的高速公路，同时在该高速的配套设施中，已预留了为未来无人驾驶做准备的各类接口设计。这说明中国的公路建设将开始向信息化时代深入迈进。

三、中国航运基础设施现状

中国航运包含内河运输和海洋运输。中国内河航道主要分布在长江、珠江、淮河及黑龙江水系，其中长江、珠江和淮河 3 个水系通航里程占全国通航总里程的 82.3%（见图 3-6）。长江水系航道的总体条件最好，里程为 70000 多千米，占全国通航里程的 70%，长江干线通航里程为 3638.5 千米，是中国中部地区货物出海的黄金通道，长江口至武汉航道，可以运行排水量 5000 吨以上的货船。

海洋运输分为沿海运输和远洋运输。中国的沿海运输以温州为界，以北至丹东地区为北方沿海，主要运输产品为石油、煤炭；以南至北部湾一带为南方沿海，主要运输产品为农产品、食盐等。现在南北沿海的运输通道逐渐打通，已渐渐模糊了南北沿海的概念。

远洋运输是中国对外航运的重点。中国沿海港口共计 38 个（见表 3-2）。中国沿海港口建设重点围绕煤炭、集装箱、进口铁矿石、粮食、陆岛滚装、深水出海航道等运输系统进行，特别加强了集装箱运输系统的建设。政府集中力量在大连、天津、青岛、上海、宁波、厦门和深圳等多个港口建设了一批深水集装箱码

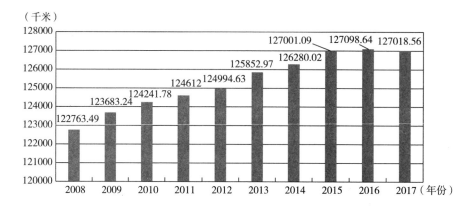

图 3-6 2008~2017 年中国的全国内河航道通航里程

资料来源：中经网统计数据库。

头，为中国集装箱枢纽港的形成奠定了基础。一些大港口年总吞吐量超过亿吨，上海港、深圳港、青岛港、天津港、广州港、厦门港、宁波港、大连港八个港口已进入集装箱港口世界 50 强，仅 2021 年全年，宁波舟山港的集装箱吞吐量为 3108 万 TEU，外贸吞吐量为 56179 万吨（见表 3-3）。

表 3-2 中国沿海港口——按省（自治区、直辖市）划分

省（自治区、直辖市）	港口
上海市	上海港
天津市	天津港
山东省	烟台港、威海港、青岛港、日照港
广东省	汕头港、汕尾港、惠州港、深圳港、虎门港、广州港、中山港、珠海港、江门港、阳江港、茂名港、湛江港
广西壮族自治区	北部湾港
河北省	秦皇岛港、黄骅港、唐山港
江苏省	连云港
浙江省	嘉兴港、宁波—舟山港、台州港、温州港
海南省	海口港、洋浦港、八所港
福建省	福州港、莆田港、泉州港、厦门港
辽宁省	丹东港、大连港、营口港、锦州港

资料来源：根据中国海运信息网数据整理，http：//shippingmart.com.cn/？package＝bro&module＝chinaport。

表 3-3 2021 年中国内地主要深水港口集装箱吞吐量、码头吞吐量

港口	集装箱吞吐量（万 TEU）	货物吞吐量（万吨）	外贸吞吐量（万吨）
宁波舟山	3108	122405	56179
深圳	2877	27838	20851
青岛	2371	63029	45881
厦门	1205	22756	11671
大连	367	31553	13861
唐山	329	72240	25563
湛江	140	25555	10703

注：TEU（Twenty-Foot Equivalent Unit），这种尺寸的标准集装箱被称为标准箱。

资料来源：中国交通运输部.《2021 年 12 月全国港口货物、集装箱吞吐量》［EB/OL］. https：//
xxgk. mot. gov. cn/2020/jigou/zhghs/202201/t20220119_3637308. html.

    截至 2017 年，中国已开通 90 多条远洋航线，这些航线通往除南极洲外的六大洲 150 多个国家的 600 多个主要港口。主要包括东西南北四条主要远洋航线（见表 3-4）。随着中国与"一带一路"沿线国家合作的持续推进，中国对外贸易对港口的装卸效率提出了更高的要求。中国的港口在信息化时代开始了新的突破。正在试运营的洋山深水港四期，是全球最大的全自动化码头。从装卸、水平运输到堆场装卸全过程实现智能化、无人化的操作，仅需 9 人即可完成整个码头作业的监控管理。来自全球各地的船只在此装卸，可以节约超过 10 小时以上的装卸时间。这种智能化、无人化的码头，运营成本得到降低的同时，安全性、作业效率和环保方面都有了巨大的提升。洋山港四期也是中国码头未来的发展方向。

表 3-4 2017 年中国主要远洋航线

航线名称	路径
东行线	从中国沿海各大港出发，抵达日本，往东穿越太平洋到达美国、加拿大和南美各国西海岸的主要港口，或穿过巴拿马运河抵达东海岸
西行线	从中国沿海各大港出发，经新加坡和马六甲海峡，向西经印度洋进入红海，出苏伊士运河，经地中海进入大西洋，抵达欧洲、非洲各国港口
南行线	从中国沿海各大港出发，向南航行，到达东南亚、澳大利亚等地
北行线	从中国沿海各港向北航行，到达朝鲜和俄罗斯东部各个海港

资料来源：笔者根据网络资料整理。

四、中国航空基础设施现状

航空运输包括商业航空和通用航空。改革开放以来，中国航空运输持续快速发展。截至 2017 年底，中国境内民用航空机场共有 229 个[①]，其中定期航班[②]通航机场 228 个，定期航班通航城市 224 个[③]；其中拥有最高等级[④] 4F 的机场有 17 个，分布在全国各区域；国内外航线总里程 763 万多千米（见图 3-7），国内航线共有 3615 条，国际航线 803 条（见表 3-5）。

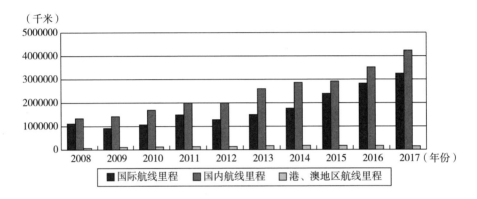

图 3-7 2008~2017 年民航航线里程

资料来源：中经网统计数据库。

表 3-5 2008~2017 年民航航线条数 单位：条

年份	2008	2009	2010	2011	2012	2013	2014	2015	2016	2017
民航航线条数	1532	1592	1880	2290	2457	2876	3142	3326	3794	4418
国际航线条数	297	263	302	443	381	427	490	660	739	803
国内航线条数	1235	1329	1578	1847	2076	2449	2652	2666	3055	3615
港、澳地区航线条数	49	72	85	91	99	107	114	109	109	96

资料来源：中经网统计数据库。

---

① 获得国际民航联盟认证的机场数量，不包括中国香港、澳门和台湾地区。

② 定期航班，是指具有固定执飞任务的航班，包括固定的起飞时间、固定机型、固定航线。类似海运中的班轮。我们日常乘坐的航班多为定期航班，运力紧张的时候，会视需求而增加临时航班。

③ 资料来源：中国交通运输部 . 2017 年民航机场生产统计公报 [EB/OL] . （2018-03-07）［2022-08-28］. https：//www. mot. gov. cn/tongjishuju/minhang/201804/t20180409_ 3007846. html.

④ 该等级为飞行区等级，按照航空民航标准-MH 5001-2013，飞行区等级可分为：4F、4E、4D、4C、3C，可向下兼容。等级最高的 4F 机场具备起降空客 A380 等四发远程宽体超大型客机。

截至 2017 年，全国机场全年旅客总吞吐量超 11 亿人次，较 2016 年增长 12.9%。其中，国内航线完成 103614.6 万人次，较 2016 年增长 13.4%；国际航线完成 11172.1 万人次，比 2016 年增长 9.2%。全国机场 2017 年客运吞吐量超过 1000 万人次的机场有 32 个，其中排名前 10 的机场如图 3-8 所示。

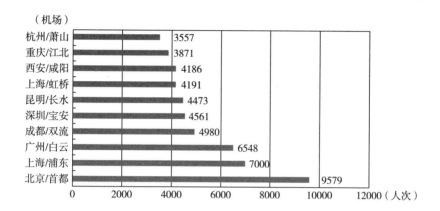

图 3-8　2017 年中国客运吞吐量排名前 10 的机场

资料来源：中国民航资源网。

2000~2017 年，全国航运货邮运输量呈现持续快速增长的趋势（见图 3-9）。2017 年，中国航空运输完成货邮运输量 705.8 万吨，比 2016 年增长 5.7%；货邮周转量 243.54 亿吨千米，比 2016 年增长 9.5%；完成货邮吞吐量 1617.7 万吨，比 2016 年增长 7.1%。2017 年，中国民航运输机场完成旅客吞吐量 11.48 亿人次，比 2016 年增长 12.9%。

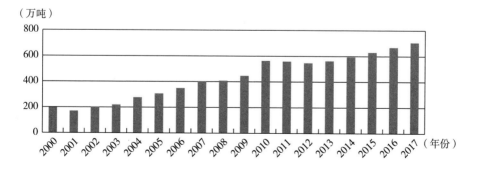

图 3-9　2000~2017 年全国航运货邮运输量

资料来源：中经网统计数据库。

中国航空货邮吞吐量集中在华东、华北和中南三个地区，东北地区、西北地区和新疆所占的比重较小（见图3-10）。这反映出中国航空运输在中、东部地区的货运体系更为发达。随着中国与"一带一路"沿线国家经贸关系的日益紧密，中国与这些国家之间的航空联系也越来越多，以2017年1~4月为例，中国与"一带一路"沿线国家国际民航客运量在中国民航国际旅客中的比重已经达到47.1%①。2017年，夏、秋航季包括国航、东航、南航等在内的26家中方航空公司运营到35个"一带一路"沿线国家的定期航班，通航47个国内城市和80个国外城市，每周2619班，包括2567班客运航班和52班货运航班。这些数字与2013年的夏、秋航季相比，新增4个通航国家，20个国外通航城市，1430班每周航班数。

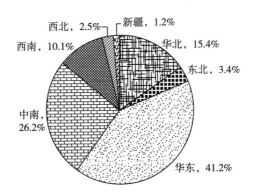

图3-10 2017年中国航空货邮吞吐量的地区分布

资料来源：中国民航资源网。

第二节　东盟内部基础设施互联互通情况

一、东盟国家的交通基础设施现状

根据世界经济论坛的《2017-2018世界竞争力报告》，东盟国家的交通基础

---

① 资料来源：范斯腾. 中国民航与"一带一路"沿线国家民航旅客运输量迅猛增长［EB/OL］.（2017-05-17）［2022-08-03］. http：//news. cnr. cn/native/gd/20170517/t20170517_ 523760541. shtml.

设施水平大致可以分为三个层级：第一级国家是新加坡、马来西亚、文莱；第二级国家是印度尼西亚、泰国；第三级国家是越南、柬埔寨、老挝、缅甸、菲律宾（见图 3-11）。

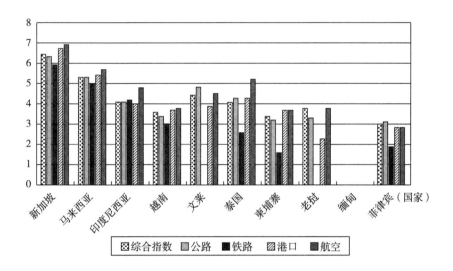

图 3-11 2017 年东盟十国交通基础设施全球竞争力指数

注：竞争力指数范围为 [0，10]，0 表示无竞争力，10 表示竞争力极强。其中缅甸数据缺失，文莱、老挝铁路无铁路竞争力指数数据。

资料来源：《2017-2018 全球竞争力报告》。

在第一级国家中，新加坡交通基础设施发展较为全面，极具竞争力，综合竞争力指数全球排名第二位，其中，新加坡的机场设施建设更是位居全球榜首，在2017 年国际机场协会的调查中，新加坡樟宜机场被评为全球最受旅客欢迎的机场。2017 年，新加坡樟宜机场运送旅客达到 6220 万人次，是新加坡联通世界的主要通道。新加坡港是全球十大港口之一，先进的信息管理系统使之成为全球最具科技含量的港口之一。新加坡的铁路系统主要包括 SMRT 地铁和新加坡地铁系统，由南北线、东西线、东北线和环线四条线路组成，全长 199.4 千米，支撑起了全国高效的公共交通系统。马来西亚和文莱经济实力的强大，在交通基础设施建设方面也走进了东盟的第一梯队。

在第二级国家中，泰国拥有最高的铁路里程，2014 年已达 5327 千米。泰国位于泰国湾，拥有 47 个港口，其中国际港口 21 个，曼谷是泰国最重要的港口，全国95%的出口和几乎全部进口商品都需要通过曼谷港。从曼谷出发的远洋航线可达中国、日本、美国、欧洲和新加坡。

在第三级国家中，交通基础设施整体建设十分不完善，全球竞争力弱。缅甸的交通主要靠公路，但公路密度在东盟中最低，港口在东盟港口中排第9位，铁路建设稍好一些。越南近年来高速公路发展迅速，但港口和航空比较薄弱。老挝公路密度仅高于缅甸，铁路里程不高且质量低。

总之，除第一级国家外，其余东盟国家的交通基础设施建设均处于较低的水平。这不仅制约了本国经济发展，而且阻碍了东盟内部的互联互通的推进。而"一带一路"倡议提出了包括设施联通在内的"五通"建设。面对这个合作开放的平台，东盟各国如果能够抓住机遇，积极参与到"一带一路"互联互通建设中，引进先进技术和优质资金，则不失为一个提升自身基础设施的良好机会。

二、东盟内部的交通互联互通

虽然东盟各国交通基础设施的建设水平参差不齐，但是在各国间的互联互通建设中依旧取得了一定成果。陆路交通方面，铺装路面里程有了显著增加，特别是东盟中道路铺装率最低的柬埔寨，进步尤为显著。同时东盟公路网工程的推进，使东盟各国在陆上的联系更为紧密。水路交通方面，东盟持续致力于打造一个协调统一的东盟海运市场，以提升东盟内部的海上运输效率，提高在全球的竞争力。航空运输方面，东盟内部达成了飞行器维修保养服务、出售和民航市场服务等方面的合作协议，以及多边航空服务合作协议（MAAS）、全面开放旅客航空服务多边协议（MAFLPA）等，一起推动东盟上空高速交通网络的建立。

三、东盟国家交通基础设施互联互通规划

随着东盟一体化程度加强的客观需要，东盟内部互联互通建设的需求更加强烈。东盟于2016年9月6日签署了《东盟互联互通总规划2025》，其愿景是打造一个无缝衔接的、全面连接和融合的东盟，从而使东盟更具竞争力、包容性和共同体意识。该规划强调了物理联通（如交通运输、信息通信技术和能源）、制度联通（如贸易、投资、服务自由化），以及民心相通（如教育、文化、旅游）三个层面互联互通的重要性，明确了5个重点领域和14个重点倡议，将为推动东盟共同体政治、安全、经济、社会文化三个重点领域的一体化进程、缩小成员间发展差距方面提供基础性保障。

东盟内部互联互通，分为陆上国家联通和海岛国家联通。陆上国家包括越南、老挝、柬埔寨、泰国、缅甸、马来西亚。海岛国家包括菲律宾、印度尼西亚、新加坡。陆上和海岛的国家先联通，再互相之间进行联通，是一种可行的思路。《东盟互联互通总规划2025》对此做了规划：

（1）着力打造东盟陆路运输中的旗舰项目。东盟公路网（AHN）和新加坡-昆明（中国）铁路（SKRL）。这两个旗舰项目是"泛亚公路网"的重要补充，是东盟公路网中的重要组成部分。东盟公路网的缺失路段基本存在于缅甸境内，重点将改善印度尼西亚、老挝、马来西亚、缅甸、菲律宾、越南六国国内5300多千米、低于Ⅲ级标准的公路。

（2）建设过境运输路线（TTRs），提升陆路跨境运输的便捷程度。加强东盟海岛国家与陆上国家之间的交通联系。

（3）打造铁路线方面的旗舰项目。新加坡-昆明（中国）铁路，其中穿越马来西亚、泰国、柬埔寨和越南，包括泰国-缅甸，泰国-老挝这两条支线。通过这条铁路线，基本把东盟国家联通。

（4）提升东盟内河运输能力，完善港口等配套服务设施，增强陆运、海运等联运能力，同时要改善内河运输管理等规章制度。

（5）扩展东盟各国主要门户港口的吞吐能力，以解决其"相对饱和"的现状，适应各国国际贸易多货物运输的需求。

（6）发展东盟各国机场基础设施和配套服务，协调统一东盟民航空中导航系统和程序。

第三节　中国与东盟交通基础设施互联互通的发展

一、中国与东盟各国交通基础设施互联互通规划

2016年11月17日通过的《中国-东盟交通合作战略规划》（修订版）、《中国-东盟交通运输科技合作战略》和部长级联合声明，是推动"一带一路"倡议和《东盟互联互通总规划2025》相对接的重要信号。自2002年中国和东盟正式建立了交通合作关系开始，中国和东盟在铁路、公路、桥梁、港口等交通运输领

域一直进行着互联互通建设：一方面，完善各方交通基础设施硬件上的互联互通，另一方面，加强在规范统一、制度衔接，新增航线、跨境客货运协议等交通软环境方面的合作。

《中国-东盟交通合作战略规划》（修订版）提出了建设中国-东盟运输大通道的概念。运输通道结合了单一运输方式和多式联运的特征。通道走向则根据货物人员流动的主要方向和运输需求制定，连接中国与东盟各国的首都、主要城市、工农业生产基地，借助交通线，把大量的资源及核心产业集中起来，为多条跨国经济走廊打下交通基础①。中国和东盟要努力打造的是中国与东盟国家之间"四纵三横"的运输大通道，进一步提高中国和东盟之间人员货物往来的便利程度，为中国-东盟自由贸易区打造升级版保驾护航，为"一带一路"建设夯实基础。

"四纵三横"的运输大通道包括：

一纵：中国-缅甸-安达曼通道，起于中国云南，终至缅甸仰光，是一条从中国云南省出发，经由陆路进入缅甸境内，通向印度洋安达曼海。

二纵：中国-老挝-泰国-马来西亚-新加坡通道，由新加坡-昆明的泛亚铁路、昆曼公路、澜湄航道等国际运输路线组成。

三纵：中国-越南-老挝-柬埔寨通道，是一条由海、陆交通通道组成的综合运输通道。海路由中国两广地区沿海港口，越南北部海港，中越红河航道及内河港口组成，陆路则由昆邕至越南河内的跨国公路、铁路等组成。

四纵：海上运输通道。

一横：马六甲海峡及新加坡通道，主要是一条东西走向的海运通道。

二横：越南-柬埔寨-泰国-缅甸通道，途经胡志明市、金边、曼谷、仰光，包括泛亚铁路的部分路段，联通了中南半岛上的主要国家。

三横：越南-中国-缅甸-孟加拉国-印度通道，是21世纪海上丝绸之路的影响力向南亚延伸的关键组成部分。

二、中国与东盟交通基础设施硬件的互联互通

1. 陆路联通

陆路交通主要分为铁路和公路，两者在中国和东盟的经贸往来中，具有较强

---

① 引自《中国-东盟交通合作战略规划》。

的重要性。在《中国-东盟交通合作战略规划》（修订版）中构建的四纵三横交通通道里，有"三纵两横"都包含了陆路交通在内。公路交通已趋近饱和，提升公路网密度，强化公路质量，简化跨境货物通关手续时跨境公路联通发展迫切需要解决的问题。

相较于公路，中国-东盟的跨境铁路运力还有潜力可挖，所以，中国与东盟都在为此努力。例如，2017年12月，中老铁路项目第一条隧道全线贯通。中老铁路从云南玉溪市出发，抵达老挝首都万象，全长414千米，设计时速160千米，中老铁路建成之后，将终结中国和老挝之间没有铁路线联通的历史，未来也可联通泰国、马来西亚的铁路网，成为泛亚铁路体系中的一条重要分支。2018年初，南宁-河内中欧跨境集装箱运输班列实现常态化运行，每周进行一次双向运行：从南宁出发，经凭祥口岸，历时20小时，行程400多千米，抵达越南首都河内。相较于公路运输，这趟中欧跨境集装箱班列由于运量大、运输货损少，通关便捷，以及可以实现门对门等优势，节省了近20%的运输成本，为越南以及东盟提供了与中国乃至欧洲货物往来的黄金通道。2018年2月26日，"蓉欧+"东盟国际铁路通道首次试运成功，打通了东盟-中国-欧洲三个区域的货运通道。该条通道从越南东英站出发，经凭祥铁路口岸进入中国境内，随后直达成都，最后驶向终点站波兰罗兹。"蓉欧+"东盟国际铁路通道，大大提高了越南及东盟国家货物往来中国、欧洲的效率。

2. 水路交通

水运最大的优势在于单次运量大。中国和东盟水运联通可分为海运联通和内河运输联通两方面。海运联通方面的关键在于各个跨国港口之间的合作。由于地理位置的先天优势，中国西南的广东、广西两省（区）的港口在对东盟海上国际运输方面发挥着桥头堡的作用。2010年8月12日，包括两广地区在内的众多港口物流企业与新加坡、泰国的港口物流公司一同签订合作协议，双方共同着力建设中国-东盟跨国港口航运体系。2013年，合作协议升级成港口城市合作网络，截至2017年，包括新加坡、马来西亚、泰国、文莱、中国等国家在内的24个港口、城市和航港机构加入该合作网络。

中国和东盟的内河运输主要是澜沧江-湄公河国际航道建设，《澜沧江-湄公河商船通航协定》的正式签署，推动了中国和东盟水陆运输互联互通。截至2015年货运量达到150万吨，客运量达20万人次以上。成为湄澜流域重要的经济纽带。中国公安部和泰国、缅甸、老挝三国开启的湄公河联合安全巡航，为该航道的运输秩序提供了安全保障。

3. 航空运输

航空运输是中国-东盟交通立体互联互通网络的重要组成部分。至今，中国和东盟十国的首都实现了直接通航（见表3-6）。航空运输为中国-东盟之间的人员货物往来构建起了一条高速的空中联通网络。《中国与东盟航空合作框架》《东盟-中国航空运输协议》，为中国和东盟之间的航空运输打下基础。此外，2017年，澜湄航空正式通航。这个由中国和柬埔寨合资建立的航空公司计划将在包括柬埔寨、越南、老挝、缅甸、泰国和中国在内的澜湄六国之间开通更多航线，使柬埔寨"四角战略"与中国的"一带一路"倡议相对接，推进澜湄区域互联互通。搭建起中国与澜湄流域的空中高速通道。

表3-6　中国与东盟各国通航情况

国别	通航航空公司数	国别	通航航空公司数
新加坡	26	老挝	2
马来西亚	8	缅甸	3
印度尼西亚	6	泰国	9
文莱	1	柬埔寨	5
越南	5	菲律宾	4

资料来源：中国民航局官方网站。

三、中国与东盟互联互通建设的具体进展

1. 广西（中国）-东盟铁路互联互通的建设

广西与东盟水陆相接，地理位置优越，是中国连接东盟的重要省份。广西与东盟联通的铁路线主要有三条：已建成的广西南宁-越南河内路线、正在建设中的广西德保-靖西-越南路线、正在建设中的防城港-东兴-芒街-下龙-海防-河内路线。

广西南宁-越南河内路线是广西联通东盟的要道。目前，南宁铁路网主要包括：南贵线、湘桂线、南广线、南昆线等，这些铁路线将广西与西南、华南等地区紧密地连接在了一起，广西附近的贵州、湖南、广东等省份可中转南宁抵达河内，交通较为便捷。东盟各国也可中转南宁抵达中国内陆地区。

广西德保-靖西-越南路线也是广西联通东盟的重要货运通道，《广西铁路国际运输通道建设问题研究》报告指出该条铁路线计划打通广西至越南的西向交通通道。目前，时速 120 千米的广西德保-靖西铁路线已经开始运营，线路总长度为 40 千米。德保、靖西均隶属于广西百色市，靖西与中国西部边境的龙邦口岸只相隔 30 千米，德靖线的开通使得途经龙邦口岸的国际货物运输变得更加便利，有利于促进中国与东盟的双边贸易。

广西防城港-东兴-芒街-下龙-海防-河内铁路也是中国规划的广西与东盟联通的铁路线。其中，防城港至东兴段长度为 47.6 千米，已于 2017 年底开工建设，工期 3 年，主要技术标准为国铁 I 级，双线电气化。该段铁路是中国面向越南及东南亚国家的主通道，也是广西对"一带一路"倡议的积极实践，不仅有利于创设广西开放新格局，还利于加强中国与东盟的铁路联通。

2. 云南（中国）-东盟铁路互联互通的建设

云南在中国-东盟铁路互联互通建设中处于重要的地位。泛亚铁路中国-东盟段开端为云南昆明，终端为新加坡，具体可分为三大路线：昆明-玉溪-蒙自-河口-河内-胡志明-曼谷-科伦坡-新加坡，此为东线；昆明-玉溪-磨憨-万象-科伦坡-新加坡，此为中线；昆明-大理-保山-瑞丽-仰光-科伦坡-新加坡，此为西线。

其中，东线的铁路货运发展良好。东线所经地带地势平坦，能够为建设提供先天优势，该方案早早便被列入优先考虑的范围。目前，云南境内的昆玉河铁路至河口口岸，已开通为标准轨铁路，改善了之前运输效率低下的弊端，然而铁路线所经的越南段并非使用标准轨，目前的解决办法是使用统一的集装箱来改善轨距不同对跨境运输造成的影响。

中线的玉磨铁路，即玉溪-磨憨段总长度为 508 千米，已于 2016 年 4 月正式开工，主要技术标准为国铁 I 级，时速 160 千米。2019 年初，玉溪至磨憨铁路研和站正式开通使用，接入全国铁路网，这是玉磨铁路首个投入使用的车站。研和站位于玉磨铁路起点玉溪市，是玉溪至磨憨方向的第一个车站，为货运站，是中老国际通道的重要物流中心。磨憨到老挝段全线采用中国技术标准设计、建设，使用中国设备运营，设计时速 160 千米，已于 2021 年 12 月通车。

西线通往缅甸的铁路建设比较缓慢，虽然中国与缅甸已于 2011 年达成了铁路合作相关协议，但是受缅甸国内因素影响，双方的合作只能搁浅。中国境内由大理站到瑞丽站的铁路线已于 2015 年 12 月开工建设，全长 330 千米，设计时速

140 千米，将于 2022 年 12 月开通运营，是国铁 I 级单线电气化铁路。2018 年 10
月，中铁二院与缅甸铁路公司签署了一项极其重要的谅解备忘录，确定了关于曼
德勒-木姐铁路可行性，曼德勒-木姐铁路不仅是中缅铁路缅甸境内起始段，还
是中缅经济走廊骨架支撑。

四、交通基础设施建设的机制对接

目前，中国和东盟之间已经形成较为全面、有效的交通运输合作的衔接机
制，为中国-东盟交通基础设施互联互通的建设和发展提供了重要保障。中国-
东盟涉及交通基础设施的主要协议如表 3-7 所示：

表 3-7　中国-东盟交通基础设施互联互通合作机制

时间	机制及协议等	意义
2002 年 9 月	第一届中国-东盟"10+1"交通部长会议机制	此项机制拉开了双方在交通领域的合作序幕，至今已有二十年
2002 年 11 月	《中国-东盟全面经济合作框架协议》	该协议规定了中国-东盟自贸区的法律规则和基本构架，并提出了以投资交通、农业、人力资源、信息技术等领域为经济合作重点
2004 年 11 月	《中国-东盟交通合作谅解备忘录》	该协议明确了双方未来的合作方向，并为后续相关的协定及合作谅解备忘录提供了框架
2005 年 12 月	海运磋商机制	此项机制在自然灾害、海上安全、环境污染、港口监督等方面达成共识；组织推进海上联合搜救沙盘推演及实船演练等项目
2007 年 11 月	《中国-东盟海运协定》	该协定加强了双方在交通领域中的海运合作
2010 年 11 月	《中国-东盟航空运输协定》	该协定加强了双方在交通领域中的航运合作，目前已与东盟所有国家均签订
2010 年 12 月	《东盟互联互通总规划》（2025）	该规划落实了 2005 年 12 月第九次中国-东盟领导人会议上所达成的共识：确定交通为中国和东盟间合作的十大重点领域之一
2013 年 9 月	《中国-东盟互联互通交通部长特别会议联合声明》	该声明就深化交通互联互通合作中的重要政策问题达成共识
2016 年 11 月	《中国-东盟交通合作战略规划》（修订版）《中国-东盟交通运输科技合作战略》	这两份文件是"一带一路"倡议与东盟国家交通战略规划的完美对接，并确定未来将打造联通中国与东盟各国的"四纵三横"共七条主要通道，以及建立对接交通技术标准和提高科技创新能力的合作平台

资料来源：本书根据相关资料整理。

《中国-东盟全面经济合作框架协议》签订于2002年，是中国与东盟最早的经贸领域合作协议。在该协议的第一部分第七条，鼓励开展交通领域合作，同时将交通领域的合作扩展到金融、旅游等领域。

《中国-东盟交通合作谅解备忘录》签订于2004年。旨在加强中国-东盟之间的交通合作运输关系。根据该备忘录，中国和东盟各国之间，将会在交通基础设施建设、交通运输便利化、人力资源开发、信息交流①这四个方面重点推进合作。

《中国-东盟海运协定》签订于2007年，中国-东盟海事磋商机制升级成为各国海事安全主管部门领导进行定期磋商的机制。中国和东盟积极开拓港口建设、海运、物流和临港产业等领域合作，这使基于港口的海运成为中国与东盟商贸交流的重要通道。

《中国-东盟航空合作框架》签订于2007年，中国将增建支线机场，扩大航线网络，构建空港集群，促进中国-东盟航空运输协同发展。中国与东盟各大城市之间往来的航班从数量和频次上都在逐步增加。

《东盟互联互通总规划2025》，由东盟十国领导人于2010年12月在越南河内签订。致力于打造一个物理联通、制度衔接、人员交流的东盟共同体，推动东盟一体化进程。规划落实2005年12月第九次中国-东盟领导人会议上所达成的共识：确定交通为中国和东盟间合作的十大重点领域之一。在规划执行摘要，第10条中，提出了修建新加坡-昆明公路（SKRL）缺失段。东盟内部交通网络的进一步畅通，对中国和东盟之间交通的互联互通是重要的推动。

中国-东盟交通运输部长会议机制，2002年的第一次交通部长运输会议，开启了中国和东盟交通领域的合作，至今已有二十年，双方在陆运、水运和空运等方面的交通基础设施互联互通项目上取得了一系列成效。在2016年的部长会议上，《中国-东盟交通合作战略规划》（修订版）通过，双方将加强交通领域的产业合作。后续推出的《中国-东盟交通运输科技合作战略》强调了顶层战略对接、技术交流等内容，促进了海陆空运输便利化综合发展。

---

① 信息交流包括交通发展政策、法律法规、交通技术标准与规范、国际陆运运输便利措施等。

第四章　中国与东盟基础设施互联互通建设问题和环境评估

由第三章可知，中国与东盟之间互联互通建设取得了一定的进展和成效，但是，在建设过程中还遇到了不少困难，也存在着许多问题，尤其在交通基础设施互联互通建设方面。本章将根据第三章的发展现状，归纳总结中国与东盟在交通基础设施互联互通建设中的问题，然后采用主成分分析法，对中国与东盟交通基础设施互联互通建设的环境进行评估，为后续研究提供决策依据参考。

第一节　中国与东盟基础设施互联互通建设中存在的问题

一、互联互通建设项目推进缓慢

中国与东盟之间的基础设施互联互通项目，部分项目存在着进程缓慢的问题。在交通基础设施互联互通建设中，这个问题比较突出，如泛亚铁路（Pan-Asia Railway Network，PAR）项目。泛亚铁路是一个贯穿整个欧亚大陆的货运铁路网络。最初构想起源于 20 世纪 60 年代，期间因"冷战"而停滞许久。2006年 11 月，亚洲 18 个国家代表于韩国釜山签订了《亚洲铁路网政府间协定》，这标志着泛亚铁路从构想开始逐渐变为现实。

经过各国政府多年来的筹备和规划，泛亚铁路确定了四条路线：北部、南部、南北和东盟，总里程 8.1 万千米。泛亚铁路一定程度上加快了中国与东盟之间铁路基础设施的互联互通建设。同时对从陆上贯通太平洋和印度洋，提高亚欧大陆整体运输效率具有促进作用。泛亚铁路建成后，将促进沿线国家经济发展。泛亚铁路是中国和东盟铁路基础设施互联互通的良好平台，但是由于种种原因，建设的进度不甚理想。泛亚铁路的中国-东盟段还没有显现出规划中应有的运力和经济效应。

泛亚铁路中国-东盟段，主要规划了东线、中线和西线三条。中国起点均为云南昆明，东盟段终点均为新加坡。东线由昆明经玉溪、蒙自、河口、河内、胡志明市、曼谷、科伦坡到达新加坡；中线由昆明，经玉溪、磨憨到达老挝，再向科伦坡，最终到达新加坡；西线由昆明，经大理、保山、瑞丽进入缅甸，到达仰光，再经科伦坡，最终到达新加坡。其中，东线的铁路货运发展良好，也是目前三条线路中唯一开通运营的线路。昆明到河口段的运行效率得到很大的提升，经由河口进入越南段，因铁轨制式差异，影响了通行效率。通过使用统一 20 英尺的集装箱（TEU），缓解了部分铁轨制式差异带来的运输压力。中线磨憨到老挝段，还在铺设轨道中，2017 年底该段铁路线上的第一个隧道已全线贯通。由于该段采用了全套中国的标准和技术，因此不存在轨道制式差异的问题。而西线的建设，波折颇多。

此外，中国与东盟基础设施互联互通建设中，存在着路段缺失、等级较低和发展水平落后的问题。在铁路设施互联互通上，中国与东盟之间最具前景的新加坡-昆明铁路通道存在多处缺失，铁路通道新加坡-马来西亚-泰国-柬埔寨-越南-中国（昆明），以及其在泰国-缅甸和泰国-老挝的支线中，约有 4069 千米的路段未联通或需要改造，缺失路段主要分布在柬埔寨、老挝、马来西亚、缅甸、泰国和越南。在公路设施互联互通上，联通公路通道技术等级较低，东盟规划的跨境运输路网（TTRs）共涉及跨境公路总计 2 万多千米，其中有 2069 千米（约占 10%）的公路等级在三级以下，主要分布在老挝、缅甸和菲律宾三个国家。在港口设施互联互通上，东盟国家欠发达地区的港口设施发展水平比较落后，港口建设不足，运输设备陈旧。

二、技术标准不统一制约互联互通建设

技术标准差异制约了中国与东盟基础设施互联互通建设。从铁路设施互联互通来看，技术标准的不统一主要表现在铁路的轨距①差异和铁轨运行质量差异。

---

①　世界各国现存的铁路轨距有许多，从 610 毫米到 2141 毫米不等。1937 年国际铁路协会做出规范，1435 毫米的轨距为国际通用的标准轨距，1520 毫米以上的轨距是宽轨，1067 毫米以下的轨距算作窄轨。现在，包括中国在内的大多数国家采用的都是 1435 毫米轨距，然而不同地区还是存在多达 30 种以上的轨距。不同的轨距阻碍了铁路交通运输的畅通。

从轨距差异来看，中国采用的是国际标准轨（1435 毫米）而越南与中国边境接壤地区采用的是米轨（1000 毫米），无法与中国的标准轨直接对接。除越南外，老挝、缅甸、泰国、马来西亚和柬埔寨的铁路系统基本都采用米轨系统。因此，货物在进行跨境运输时，必须进行转轨，影响了铁路运输效率。从铁轨运行质量差异来看，缅甸境内的铁轨全部为米轨，此外，由于技术水平限制和年代久远，其铁轨地基不牢固，轨道变形严重，无法与中国的标准轨相对接。东盟国家普遍较差的铁路运行环境，限制了中国与东盟铁路运输速度的提高。如果对东盟国家的铁路进行升级改造，使之在制式和质量上适应于中国与东盟之间的铁路互联互通对接需求，这对于打造中国-东盟高铁经济圈具有重要意义。

从港口设施互联互通来看，国际标准有物流基础标准、港口物流技术标准、港口物流信息标准、港口物流管理标准和港口物流服务标准，中国、马来西亚、印度尼西亚、菲律宾都采用了上述五个标准，而新加坡、泰国、越南的港口物流标准只采用了其中的四个，缺少了港口物流服务标准。港口设施相关标准的不统一，也制约了中国与东盟港口设施互联互通建设。

三、资金不足

基础设施建设需要投入的资本数额巨大，而且资金回收周期很长，投资风险较高，而中国与东盟大部分国家都属于发展中国家，因此，资金不足是限制中国与东盟基础设施互联互通建设的一大瓶颈。比如，2006~2015 年东盟十国新建基础设施投资约 3956 亿美元，维护资金需要 2005 亿美元，总计约 5961 亿美元。预计未来东盟每年需要至少 1100 亿美元的基础设施投入。如此巨大的资金需要，如果仅依靠私营部门的投资，将无法满足。2012~2016 年，东盟各国私营部门对基础设施的投资总额仅为 150 亿美元。因为基础设施的公共物品属性，使私人部门很难在其投资中起到主力军的作用，需要有政府背景的资金支持。

亚洲基础设施投资银行（Asian Infrastructure Investment Bank，AIIB，简称亚投行）应运而生。亚投行是一个政府间性质的亚洲区域多边开发机构，重点支持基础设施建设，成立宗旨是为了促进亚洲区域的建设互联互通化和经济一体化的进程，并且加强中国及其他亚洲国家和地区的合作。但是，仅依靠亚投行来保障中国与东盟之间基础设施互联互通建设的资金需求还远远不够。中国与东盟国家还需要创新性地寻找资金融通渠道和手段，以保证基础设施互联互通建设的资金需要。

四、互联互通建设中的"软性联通"效率低

中国与东盟基础设施互联互通建设中，除了硬件上的联通，"软性联通"也很重要。但是，现阶段中国与东盟之间的联通效率较低下，严重阻碍了跨境运输的顺畅进行。海关的通关效率对跨境交通运输效率有很大影响，影响海关通关效率的主要因素包括两国海关的通关协议、通关程序，以及海关人员操作规范度等。

世界银行采用通关指数来衡量一国的海关通关效率。通关指数是根据一国海关建设情况、年通关货物量、基础设施等要素，对一国海关的通关效率进行评估。通关指数取值范围为 [1，7]，1 代表通关效率极低，7 代表通关效率极高。从图 4-1 中可以看出，东盟国家的通关效率普遍处于较低的水平，最低的是缅甸，通关指数仅为 2.97。只有新加坡、马来西亚这两个国家超越及格线。新加坡的通关效率为 6.16，达到了一个较高的水准。由此可见，东盟国家的海关通关效率是制约中国与东盟基础设施互联互通的重要因素之一。

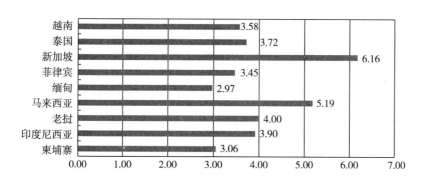

图 4-1 2015 年东盟国家海关通关指数

注：世界银行数据库中没有文莱的数据。

资料来源：世界银行发展指标数据库（World Development Indicator）。

五、国家间沟通协调有待提高

综观上述中国与东盟之间互联互通建设中存在的困难，无论是建设项目进展缓慢、技术标准不统一、资金不足，还是"软性联通"效率低，这些背后都存在着国家之间沟通协调不足的问题。中国与东盟基础设施互联互通建设受到相关

国家法律、制度方面的约束,中国和东盟国家之间的政治体制、经济发展水平参差不齐,对待国际合作的态度也大相径庭,这些都导致双方在基础设施互联互通建设过程中,需要不断地进行并加强沟通,以便适时调整或变动建设计划、方案等。此外,政治问题和国际竞争,也是中国与东盟基础设施互联互通建设中的障碍,如国际上欧盟国家的竞争会影响到国家之间的相互信任与合作。唯有加强沟通与协调,才能顺利推动中国与东盟之间的基础设施互联互通建设。

第二节　中国与东盟基础设施互联互通存在问题的原因

一、中国与东盟物流绩效指数对比

中国与东盟基础设施互联互通存在的问题,可以通过物流绩效指数的比较,分析其原因。物流绩效指数(Logistics Performance Index,LPI)是世界银行发布的,基于对跨国货运代理商和快递承运商的绩效调研得出的一系列数据指标。LPI 指数具体数值范围在 1~5,数值越大表示物流绩效水平越高。物流绩效指数的评价指数体系包含六个方面的子要素指标:海关清关及其他边境机构的效率、基础设施的质量、国际运输便利性和负担能力、物流质量和服务能力、跟踪国际货物运输的能力,以及国际商品运输和配送的及时性。从表 4-1 可以看出,东盟国家中除新加坡和马来西亚外,其他国家的物流绩效指数均偏低。

表 4-1　2007~2018 年中国与东盟国家分别与全球物流绩效指数均值对比

年份	中国	东盟国家	全球	中国与全球均值差	东盟与全球均值差
2007	3.32	2.91	2.74	0.58	0.17
2010	3.49	2.98	2.87	0.62	0.11
2012	3.52	3.02	2.87	0.65	0.15
2014	3.53	3.07	2.89	0.64	0.18
2016	3.66	2.99	2.88	0.78	0.11
2018	3.61	3.02	2.87	0.74	0.15

资料来源:世界银行统计数据。

从表4-2物流绩效指数的各子要素指标也可以看出，2018年中国与东盟的六个子要素均值都高于全球水平，其中东盟的均值与全球水平接近，仍有较大提升空间。在这六个子要素指标中，东盟海关效率与基础设施与全球均值差最小，综合测试水平最低，这意味着东盟今后需要着重提高海关效率，改善相应的物流基础设施建设。而中国在海关效率与时效性两个子要素上高于全球均值程度最小，相比于其他子要素存在更大增长空间。故中国未来需要在提高海关效率和时效性方面下功夫。

表4-2　2018年中国与东盟物流绩效指数的子要素均值对比分析

指标	海关效率	基础设施	国际运输便利性	物流质量和服务能力	货物追踪性	时效性
中国	3.29	3.75	3.54	3.59	3.65	3.84
东盟	2.79	2.8	3.03	3.01	3.09	3.4
全球	2.67	2.72	2.83	2.82	2.9	3.24
中国与全球均值差	0.62	1.03	0.71	0.77	0.75	0.6
东盟与全球均值差	0.12	0.08	0.2	0.19	0.19	0.16
中国与东盟均值差	0.5	0.95	0.51	0.58	0.56	0.44

资料来源：世界银行统计数据。

如图4-2所示，中国与东盟国家的物流绩效水平所属层次，可按高中低三个层次进行划分，中国、新加坡与泰国物流发展情况最好，可划分为物流绩效水平高层次的国家；马来西亚、印度尼西亚、越南、菲律宾和柬埔寨的物流水平其次，可划分到中等层次；老挝、缅甸与文莱的物流发展水平偏低，属于低层次。

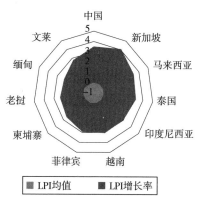

图4-2　中国与东盟物流绩效指数及其增长率

资料来源：笔者根据世界银行数据计算、绘制而成。

二、中国与东盟物流绩效指数各项子要素对比

1. 海关效率

海关效率是指海关清关的效率以及其他边境机构的办事效率。清关即结关的效率及速度的高低与否，直接关乎着一国与别国之间互联互通的顺畅程度。表4-3可以清晰明了地对比出中国与东盟十国物流清关的效率与变化趋势。由表4-3可以看出，中国的海关效率指数整体呈上升趋势，这说明中国在互联互通的"软性联通"上较有效率。东盟国家的海关效率指数变化趋势不同。新加坡的指数变化是先增加后减少，2018年与2007年的数值相差不大。马来西亚、泰国、印度尼西亚与菲律宾指数变化浮动不定，整体没有较强的稳定性。柬埔寨、老挝与缅甸的海关效率指数总体呈现上升趋势。可见，在基础设施互联互通的"软性联通"上，中国与不同东盟国家之间面临的问题不一，需要对症下药地提出国别差异性改进措施。

表4-3　2007~2018年中国与东盟国家海关效率指数对比

年份 国家	2007	2010	2012	2014	2016	2018
中国	2.99	3.16	3.25	3.21	3.32	3.29
新加坡	3.9	4.02	4.1	4.01	4.18	3.89
马来西亚	3.36	3.11	3.28	3.37	3.17	2.9
泰国	3.36	3.02	2.96	3.21	3.11	3.14
印度尼西亚	2.73	2.43	2.53	2.87	2.69	2.67
越南	2.89	2.68	2.65	2.81	2.75	2.95
菲律宾	2.64	2.67	2.63	3	2.61	2.53
柬埔寨	2.19	2.28	2.3	2.67	2.62	2.37
老挝	2.08	2.17	2.38	2.45	1.85	2.61
缅甸	2.07	1.94	2.24	1.97	2.43	2.17
文莱	—	—	—	—	2.78	2.62

注："—"表示无此项数据。

资料来源：世界银行统计数据。

2. 基础设施

基础设施反映一国货物运输和物流信息技术设备的质量。从表4-4可以看出，中国的基础设施指数一直保持平稳的上升状态。新加坡、马来西亚、泰国和柬埔寨近几年的基础设施指数先上升后下降，2018年与2007年的初始数值相比较均有明显降低。印度尼西亚、越南、菲律宾、老挝与缅甸的基础设施变化指数年际变化不定，但整体保持着上升趋势，可见这些国家在基础设施改善方面有巨大潜力。可见，在基础设施互联互通上，不同的东盟国家需求不同，中国与不同国家开展互联互通建设时要考虑这一点。

表4-4　2007~2018年中国与东盟国家基础设施指数对比

国家＼年份	2007	2010	2012	2014	2016	2018
中国	3.2	3.54	3.61	3.67	3.75	3.75
新加坡	4.27	4.22	4.15	4.28	4.2	4.06
马来西亚	3.33	3.5	3.43	3.56	3.45	3.15
泰国	3.16	3.12	3.08	3.4	3.12	3.14
印度尼西亚	2.83	2.54	2.54	2.92	2.65	2.9
越南	2.5	2.56	2.68	3.11	2.7	3.01
菲律宾	2.26	2.57	2.8	2.6	2.55	2.73
柬埔寨	2.3	2.12	2.2	2.58	2.36	2.14
老挝	2	1.95	2.4	2.21	1.76	2.44
缅甸	1.69	1.92	2.1	2.14	2.33	1.99
文莱	—	—	—	—	2.75	2.46

注："—"表示无此项数据。

资料来源：世界银行统计数据。

3. 国际运输便利性

国际运输便利性指的是安排国际货物运输的便利性和负担能力。国际运输便利程度受到道路联通、贸易畅通、口岸通关、枢纽集运等方面因素的影响。从表4-5可知，中国在国际运输便利性方面总体保持逐年上升趋势。新加坡这几年的国际运输便利性指数有所下降。马来西亚的指数先上升后下降，2018年的国际运输便利性水平与2007年的初始值基本持平。泰国、印度尼西亚、越南和菲律宾等均呈现出国际运输便利性改善的趋势，2018 年的数值均明显高于 2007 年初始水平。可见，中国与东盟国家在基础设施互联互通方面小有成就，但是不同国家的国际运输便利性变化趋势不同，说明了在硬件和软件方面，中国与东盟国家在基础设施互联互通上还有很多有待改善之处。

表 4-5　2007~2018 年中国与东盟国家国际运输便利性指数对比

年份 国家	2007	2010	2012	2014	2016	2018
中国	3.31	3.31	3.46	3.5	3.7	3.54
新加坡	4.04	3.86	3.99	3.7	3.96	3.58
马来西亚	3.36	3.5	3.4	3.64	3.48	3.35
泰国	3.24	3.27	3.21	3.3	3.37	3.46
印度尼西亚	3.05	2.82	2.97	2.87	2.9	3.23
越南	3	3.04	3.14	3.22	3.12	3.16
菲律宾	2.77	3.4	2.97	3.33	3.01	3.29
柬埔寨	2.47	2.19	2.61	2.83	3.11	2.79
老挝	2.4	2.7	2.4	2.5	2.18	2.72
缅甸	1.73	2.37	2.47	2.14	2.23	2.2
文莱	—	—	—	—	3	2.51

注："—"表示无此项数据。

资料来源：世界银行统计数据。

4. 物流质量和服务能力

物流质量和服务能力主要用来衡量一国物流产业的竞争力，物流产业竞争力强，互联互通建设更容易开展。从表 4-6 可知，中国的物流质量和发展能力基本保持逐年上升的态势，虽然 2018 年略有下降，但总体质量和能力水平保持增加。新加坡、马来西亚与柬埔寨 2018 年的数值与 2007 年的数值相比均有一定下降，但新加坡整体的数值持续走低，而马来西亚与柬埔寨在物流质量和服务能力方面的数值均浮动不定。泰国经历了物流质量和服务能力先下降后回升的过程。印度尼西亚在 2007 年之后指数有所下降，但在 2012~2014 年获得迅速提升。老挝的物流质量和服务能力指数变化趋势是先降后升再降再升，最终在 2018 年获得目前的最大值。鉴于东盟国家在物流质量和服务能力上的发展趋势错综复杂，中国在与它们开展基础设施互联互通上也将面临复杂情况，这也从一个侧面佐证了本章前述提到的问题。

表4-6　2007~2018年中国与东盟国家物流质量和服务能力指数对比

年份 国家	2007	2010	2012	2014	2016	2018
中国	3.4	3.49	3.47	3.46	3.62	3.59
新加坡	4.21	4.12	4.07	3.97	4.09	4.1
马来西亚	3.4	3.34	3.45	3.47	3.34	3.3
泰国	3.31	3.16	2.98	3.29	3.14	3.41
印度尼西亚	2.9	2.47	2.85	3.21	3	3.1
越南	2.8	2.89	2.68	3.09	2.88	3.4
菲律宾	2.65	2.95	3.14	2.93	2.7	2.78
柬埔寨	2.47	2.29	2.5	2.67	2.6	2.41
老挝	2.29	2.14	2.49	2.31	2.1	2.65
缅甸	2	2.01	2.42	2.07	2.36	2.28
文莱	—	—	—	—	2.57	2.71

注："—"表示无此项数据。

资料来源：世界银行统计数据。

5. 货物追踪性

货物追踪性指数评价的是一国跟踪国际货物运输的能力，提升一国的物流运输效率也需要从提升货物追踪效率着手，这一指标可以间接反映互联互通的顺畅情况。从表4-7可以看出，中国总体发展良好，数值保持着上升趋势。新加坡与马来西亚最初在货物追踪性上拥有明显优势，但它们未能继续保持领先发展态势，自2007年以后指数均有不同程度减少，到2018年的数值也明显低于2007年的数值。泰国、越南、菲律宾、老挝与缅甸的货物追踪性指数总体呈现上升趋势，但数值并非一直稳步增加且波动幅度明显。印度尼西亚与柬埔寨2018年的数值与2007年的数值基本一致，不同的是印度尼西亚的货物追踪性水平在先降后升，2018年的指数值与2007年的指数值相同；而柬埔寨是先升后降。可见，中国与东盟国家的互联互通顺畅程度会因为国别不同而不同。

表4-7　2007~2018年中国与东盟国家货物追踪性指数对比

年份 国家	2007	2010	2012	2014	2016	2018
中国	3.37	3.55	3.52	3.5	3.68	3.65
新加坡	4.25	4.15	4.07	3.9	4.05	4.08
马来西亚	3.51	3.32	3.54	3.58	3.46	3.15
泰国	3.25	3.41	3.18	3.45	3.2	3.47
印度尼西亚	3.3	2.77	3.12	3.11	3.19	3.3
越南	2.9	3.1	3.16	3.19	2.84	3.45
菲律宾	2.65	3.29	3.3	3	2.86	3.06
柬埔寨	2.53	2.5	2.77	2.92	2.7	2.52
老挝	1.89	2.45	2.49	2.2	1.76	2.91
缅甸	1.57	2.36	2.34	2.36	2.57	2.2
文莱	—	—	—	—	2.91	2.75

注："—"表示无此项数据。

资料来源：世界银行统计数据。

6. 时效性

时效性指的是货物运输抵达目的地的及时性。时效性也可以反映互联互通的顺畅情况。从表4-8可知，中国在时效性上增长趋势不明显。新加坡、马来西亚、泰国在时效性上的变化趋势虽有波动，但总体还是保持着较为明显的优势。印度尼西亚、越南、柬埔寨、老挝、缅甸时效性指数总体呈现波动中增长的趋势。菲律宾的时效性指数波动性显著。这也从一个侧面反映了中国与东盟国家在基础设施互联互通的顺畅性上还有提升空间。

表4-8　2007~2018年中国与东盟国家时效性指数对比

年份 国家	2007	2010	2012	2014	2016	2018
中国	3.84	3.91	3.8	3.87	3.9	3.84
新加坡	4.53	4.23	4.39	4.25	4.4	4.32
马来西亚	3.95	3.86	3.86	3.92	3.65	3.46
泰国	3.91	3.73	3.63	3.96	3.56	3.81

续表

年份 国家	2007	2010	2012	2014	2016	2018
印度尼西亚	3.28	3.46	3.61	3.53	3.46	3.67
越南	3.22	3.44	3.64	3.49	3.5	3.67
菲律宾	3.14	3.83	3.3	3.07	3.35	2.98
柬埔寨	3.05	2.84	2.95	2.75	3.3	3.16
老挝	2.83	3.23	2.82	2.65	2.68	2.84
缅甸	2.08	3.29	2.59	2.83	2.85	2.91
文莱	—	—	—	—	3.19	3.17

注："—"表示无此项数据。

资料来源：世界银行统计数据。

第三节 中国与东盟基础设施互联互通建设的环境评估

本书采用主成分分析法对东盟各国的基础设施互联互通建设环境进行评估。

一、主成分分析法的内涵及应用

1. 主成分分析法的内涵

主成分分析法的优点：秉承降维的思想，在保留原始数据信息、最大限度地减少信息丢失的基础上，对多维变量空间进行降维处理，提高模型效率；对原始变量系统进行最佳的综合与简化，它可以客观地确定各个指标参数的权重，避免主观判别带来的随意性。该方法在分析和解决问题时可以将复杂问题明了化，提高分析效率，优化分析结果。目前该方法运用广泛，被不少学者用于评估投资环境、银行绩效等。

2. 主成分分析法的应用

部分学者采用主成分分析法对东盟国家的投资环境进行了分析。曾海鹰和陈琭婧（2013）采用主成分分析法，分析了印度尼西亚、马来西亚、菲律宾、新加坡、泰国五国的投资环境，发现新加坡的投资环境最好，而印度尼西亚的投资环境最差。张静中等（2016）采用主成分分析法对东盟十国的投资环境进行评估，结果发现投资环境最好的国家是新加坡，而投资环境最差的国家是柬埔寨。

二、基础设施互联互通建设环境评价指标体系

1. 指标体系构建的理论依据

基础设施互联互通建设的方式主要是国际直接投资、国际经济合作，因此，基础设施互联互通建设环境分析中所采用的指标体系，可以借鉴国际直接投资环境评估方法的指标体系。20世纪60年代，诸多学者开始对国际直接投资环境进行分析，1968年冷热对比分析法问世，Banting和Litfak使用此法研究了影响投资环境的宏观指标[①]；1969年等级尺度法问世，Stobaugh从八个方面计算投资环境：资本可供度、资本抽回度、政治稳定度、差别歧视度、币值稳定度等；1985年道氏评估法问世，美国道氏化学公司根据其国际投资经验，把影响投资环境的要素按其形成原因和作用分为两类，对有利条件和假定条件进行汇总，从而得出国际投资能获得成功的几个关键因素[②]。1987年，闵建蜀对道氏评估法进行改进，从11个方面计算投资环境：经济环境、财务环境、基础设施、竞争环境等。综观各位学者的研究，可以发现虽然在指标选取上各有千秋，但是基本都囊括法律类、经济类、社会文化等指标[③]。

2. 指标体系构建原则和内容

本书指标体系构建的原则是科学性、系统性、可操作性，即在指标选取过程中既考虑到了指标的可获取性又注重了内容的完整性。本书根据上述国际直接投资环境评估方法的指标体系，借鉴高清（2014）所选取的指标：政府工作效率、法律和社会秩序、企业纳税项、企业开业办理手续个数、汇率稳定性、GDP、GDP增长率、外国直接投资占GDP比重、公路总长度、铁路总长度来构建指标体系，并在此基础上选择了一些更有针对性和可获取的指标，同时对相关指标进行了优化。

基础设施互联互通建设环境评估的指标体系由五大影响因素组成：营商环境、经济规模、开放程度、基础设施、生态环境，其中主要包括九项指标：开办

---

① Banting, Litfak. A Conceptual Framework for International Business Arrangement［R］. Marketing and the New Science of Planning, 1968：20-28.

② 张一博. 投资环境基本理论综述［J］. 经济研究导刊, 2012（1）：64-65.

③ 孙茜，孔宁. 企业投资动机及投资环境评价的文献综述［J］. 现代商业, 2018（34）：45-47.

企业所需时间（X_1）、国家的企业经营环境分值（X_2）、GDP 总量（X_3）、GDP 增长率（X_4）、进出口总额（X_5）、外国直接投资净流入（X_6）、出口额占 GDP 比重（X_7）、基础设施全球竞争力指数（X_8）、环境绩效指数（X_9）。具体情况如表 4-9 所示。

表 4-9 基础设施互联互通建设环境评价指标体系

影响因素	选用指标	单位	泰国	老挝	缅甸	印度尼西亚	马来西亚	菲律宾	新加坡	越南	柬埔寨	文莱
营商环境	开办企业所需时间（X_1）	天	5	67	14	23	18	28	3	22	99	12
	国家的企业经营环境分值（X_2）	分	77.44	53.01	44.21	66.47	78.43	58.74	84.57	67.93	54.47	70.6
经济规模	GDP 总量（X_3）	亿美元	4552	169	693	10155	3145	3136	3239	2239	222	121
	GDP 增长率（X_4）	%	3.3	6.9	6.4	5.1	5.9	6.7	2.4	6.2	6.8	1.3
开放程度	进出口总额（X_5）	亿美元	5598.4	95.4	326.5	3760.9	4280.5	1993	10443.5	4468.7	279.8	99.5
	外国直接投资净流入（X_6）	亿美元	76.4	8.1	43.4	230.6	95.4	95.2	620.1	141	27.8	-0.5
	出口额占 GDP 比重（X_7）	%	68.1	34.3	17.1	20.4	71.5	30.6	173.3	101.6	60.7	49.6
基础设施	基础设施全球竞争力指数（X_8）	分	69.7	57.5	37.5	66.8	77.9	59.4	95.7	65.4	51.7	71.3
生态环境	环境绩效指数（X_9）	分	49.88	42.94	45.32	46.92	59.22	57.65	64.23	46.96	43.23	63.57

注：指标 X_2、X_8、X_9 是 2018 年数据，其余指标是 2017 年数据。

资料来源：根据《2018 年国际统计年鉴》《2018 年全球竞争力报告》《2018 年全球营商环境报告》，经济合作与发展组织（Organization for Economic Co-operation and Development，OECD）数据库，耶鲁大学环境法律与政策中心、哥伦比亚国际地球科学信息网络中心数据库整理所得。

营商环境、经济规模、开放程度、基础设施、生态环境，这五大因素可以较为全面地反映东盟各国的基础设施互联互通建设环境。

（1）营商环境，反映外国投资者在东道国经营的难易程度，此因素的数据来源于世界银行《2018年全球营商环境报告》，营商环境排名包括办理施工许可证、获得电力、登记财产、获得信贷、保护中小投资者、纳税、跨境贸易、执行合同和办理破产等指标，排名越高，意味着该国的商业监管规定及产权保护对商业活动的积极影响越大。中国与东盟国家在基础设施互联互通建设过程中，将涉及合资公司的组建、国际工程承包的手续办理等问题，因此该因素颇为关键。

（2）经济规模，主要反映一国的经济发展水平，本书主要选取GDP总量和GDP增长率来反映经济规模。东盟各国的经济发展水平参差不齐，因此，中国在与不同的东盟国家开展基础设施互联互通建设时，要因地制宜地选择恰当的合作模式。

（3）开放程度，主要反映一国的对外开放情况，本书选取的三个相关指标通过一国对外贸易和外商直接投资状况，来反映该国的开放水平。

（4）基础设施，主要反映一国的基础设施的全球竞争力。本书选取的指标是基础设施全球竞争力指数，该指数从道路质量、铁路密度、公路里程等方面进行判断，客观而全面地揭示了一国基础设施的全球竞争力。

（5）生态环境，主要反映一国的环境质量。随着全球经济的发展，生态环境越来越被各国投资者看重，一国良好的生态环境也有利于吸引外资，所以本书在以往文献研究的基础上增加了生态环境绩效指数指标。

三、基础设施互联互通建设环境评价过程及结论

1. 评价过程

基于表4-9的指标体系和相关数据，本书采用主成分分析法，对中国与东盟国家之间基础设施互联互通建设环境进行了评估，评估过程如下所述：

第一步，数据标准化。由于本书的指标开办企业所需时间（X_1）、国家的企业经营环境分值（X_2）、GDP总量（X_3）、GDP增长率（X_4）、进出口总额（X_5）、外国直接投资净流入（X_6）、出口额占GDP比重（X_7）、基础设施全球竞争力指数（X_8）、环境绩效指数（X_9）在单位、属性等方面各不相同，因此需将它们标准化，使之处于同一数量级。本书利用SPSS 20.0软件将数据标准化（见表4-10）。

表4-10 标准化之后的指标

X_1	X_2	X_3	X_4	X_5	X_6	X_7	X_8	X_9
0.79279	0.92343	0.58748	-0.88536	0.74375	-0.31132	0.1149	0.28808	-0.25307
-1.24675	-0.97984	-0.85513	0.88536	-0.91746	-0.68209	-0.60694	-0.47266	-1.08467
0.49673	-1.66542	-0.68266	0.63943	-0.8477	-0.49046	-0.97426	-1.85072	-0.79948
0.20066	0.06879	2.43163	0	0.18906	0.52575	-0.90379	0.10725	-0.60776
0.36514	1.00056	0.12438	0.3935	0.34591	-0.20818	0.18751	0.7994	0.86611
0.03619	-0.53343	0.12142	0.78699	-0.34462	-0.20927	-0.68596	-0.35418	0.67798
0.85858	1.47891	0.15532	-1.32805	2.20636	2.64013	2.36155	1.90933	1.46644
0.23356	0.18254	-0.17382	0.54106	0.40272	0.03936	0.83032	0.01995	-0.60297
-2.29942	-0.86609	-0.83769	0.83618	-0.86179	-0.57515	-0.04314	-0.83432	-1.04992
0.56252	0.39055	-0.87093	-1.8691	-0.91622	-0.72877	-0.28019	0.38785	1.38735

资料来源：通过SPSS 20.0计算得出。

第二步，数据检验。数据检验主要是检验其相关性，有一定相关程度的数据将会使该分析法的降维效果更佳，KMO检验的结果若大于0.5即表示通过测试，Bartlett球形检验Sig.的结果若小于0.01即表示通过测试。由表4-11可知，本书数据在两个检验中均合格，即数据之间存在一定程度的相关性，可以采用降维的理念使之简化。

表4-11 KMO值和Bartlett球形检验

取样足够度的Kaiser-Meyer-Olkin度量		0.71
Bartlett的球形检验	近似卡方	63.093
	df	36
	Sig.	0.003

资料来源：通过SPSS 20.0计算得出。

第三步，初始特征值及方差贡献率的得出。如表4-12、图4-3所示，SPSS 20.0软件将9个指标降至3个主指标，即提取了3个主成分，在保留原有信息的前提下达到了降维的目的。3个主成分贡献率依次为54.229%、21.226%、11.648%，汇总贡献率为87.103%。由此可见，3个主成分对东盟十国基础设施互联互通建设环境的解释力度达到87.103%，可以用于评价东盟十国的互联互通建设环境。

表 4-12　解释的总方差

成分	初始特征值			提取平方和载入			旋转平方和载入		
	合计	方差百分比（%）	累计百分比（%）	合计	方差百分比（%）	累计百分比（%）	合计	方差百分比（%）	累计百分比（%）
1	4.881	54.229	54.229	4.881	54.229	54.229	3.231	35.902	35.902
2	1.91	21.226	75.455	1.91	21.226	75.455	2.723	30.256	66.158
3	1.048	11.648	87.103	1.048	11.648	87.103	1.885	20.945	87.103
4	0.483	5.362	92.465						
5	0.43	4.779	97.244						
6	0.139	1.54	98.784						
7	0.072	0.799	99.583						
8	0.029	0.323	99.906						
9	0.008	0.094	100						

资料来源：通过 SPSS 20.0 计算得出。

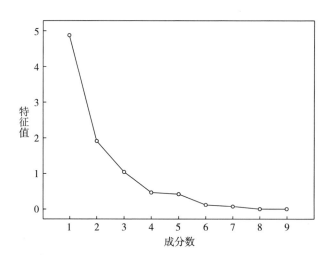

图 4-3　碎石图

资料来源：通过 SPSS 20.0 计算得出。

　　第四步，旋转因子载荷矩阵及因子得分系数矩阵的得出。在初始特征值及方差贡献率结果得出后，还需计算因子载荷矩阵，本书在原矩阵基础上进行了方差max 旋转，旋转后变量的因子载荷分布更为分散，可以更清晰直观地反映变量载荷，表 4-13 即为旋转成分矩阵，表中分值的绝对值越大，则表明该变量在主成分中所占位置越重要。从表 4-13 可知，第一主成分中进出口总额、出口额占GDP 比重、基础设施全球竞争力指数、国家的企业经营环境分值的绝对值较大，因此该主成分主要反映营商环境、经济规模、基础设施状况。第二主成分中 GDP增长率、环境绩效指数的分值的绝对值较大，因此该主成分主要反映生态环境。第三主成分中 GDP 总量、外国直接投资净流入分值的绝对值较大，因此该主成分主要反映开放程度。综上所述，可以看出 3 个主成分基本涵盖了影响互联互通建设环境的主要因素，而它们互不相关且均属之前 9 个指标的线性函数，因此它们可用于评价东盟各国的互联互通建设环境。

表 4-13　旋转成分矩阵

	成分		
	1	2	3
GDP 总量	0.364	−0.03	0.871
GDP 增长率	−0.296	−0.824	0.101
进出口总额	0.911	0.259	0.19
基础设施全球竞争力指数	0.785	0.528	0.052
国家的企业经营环境分值	0.751	0.568	0.151
环境绩效指数	0.264	0.878	−0.051
出口额占 GDP 比重	0.875	0.238	−0.373
开办企业所需时间	0.211	0.732	0.396
外国直接投资净流入	0.349	−0.105	−0.87

资料来源：通过 SPSS 20.0 计算得出。

第五步，成分得分系数矩阵的得出。如表 4-14 所示，通过 SPSS 20.0 计算，得出成分得分系数矩阵。利用该矩阵可进一步计算东盟十国的主成分得分。

表 4-14　成分得分系数矩阵

	成分		
	1	2	3
GDP 总量	0.235	-0.227	0.492
GDP 增长率	0.147	-0.416	0.116
进出口总额	0.385	-0.182	0.119
基础设施全球竞争力指数	0.218	0.043	0.015
国家的企业经营环境分值	0.19	0.071	0.063
环境绩效指数	-0.181	0.457	-0.095
出口额占 GDP 比重	0.35	-0.132	-0.187
开办企业所需时间	-0.137	0.345	0.159
外国直接投资净流入	0.181	-0.113	-0.449

资料来源：通过 SPSS 20.0 计算得出。

第六步，3 个主成分得分的计算。使用表 4-10 标准化之后的指标数据和表 4-14 成分得分系数进行计算，分别将得分系数与指标数据相乘，最后加总得到各国主成分得分（见表 4-15）。

表 4-15　各国主成分得分

	主成分 1	主成分 2	主成分 3
泰国	0.36505	0.4115	0.82694
老挝	-0.54478	-0.95244	-0.51531
缅甸	-1.34185	-0.24236	-0.24772
印度尼西亚	0.25837	-0.54716	1.95132
马来西亚	0.35761	0.40146	0.37724
菲律宾	-0.84184	0.25929	0.90206
新加坡	2.0744	0.80595	-0.73546
越南	0.72223	-0.62588	-0.32621
柬埔寨	-0.02917	-1.51243	-1.32312
文莱	-1.02003	2.00207	-0.90973

资料来源：笔者计算得出。

第七步，各国综合分数及排名计算。秉承主观影响最弱化的宗旨及主成分分析法原理，本书使用客观赋权法进行综合分数计算。权数：各主成分方差占全部方差的比重。由表4-12可知，第一主成分方差占全部方差的比重：0.54229；第二主成分方差占全部方差的比重：0.21226；第三主成分方差占全部方差的比重：0.11648。将D记为某国投资环境总得分表达式，d1记为某国在第一主成分上的得分，d2记为某国在第二主成分上的得分，d3记为某国在第三主成分上的得分。本书得到：

$$D = 0.54229 \times d1 + 0.21226 \times d2 + 0.11648 \times d3 \tag{4-1}$$

本书利用式（4-1）可计算各国互联互通建设环境的综合得分，由综合得分可排出各国互联互通建设环境的名次。以泰国为例，它的综合得分为：

$$D = 0.54229 \times 0.36505 + 0.21226 \times 0.4115 + 0.11648 \times 0.82694 \tag{4-2}$$

其他国家的综合得分也由类似的方法得出。由此得到东盟各国投资环境排名（见表4-16）。

表4-16 东盟十国投资环境综合得分及排名

国家	综合得分	名次
泰国	0.381629926	2
老挝	-0.557616969	9
缅甸	-0.807969596	10
印度尼西亚	0.251261039	4
马来西亚	0.323083142	3
菲律宾	-0.296412569	7
新加坡	1.210330942	1
越南	0.220811877	5
柬埔寨	-0.490964009	8
文莱	-0.234158041	6

资料来源：笔者计算得出。

2. 结论

高清（2014）采用多指标综合评价法将东盟国家分为了三类，投资环境排名靠前的国家：经济和基础设施环境相对占优；投资环境排名中等的国家：经济和基础设施环境优势不明显；投资环境排名靠后的国家：经济落后，基础设施不完善。张静中等（2016）采用主成分分析法将东盟国家分为了三类，第一类国家：经济发展水平较高、基础设施环境和法律环境普遍较好；第二类国家：经济发展水平一般、基础设施环境和法律环境处于中等水平；第三类国家：经济发展水平较低、基础设施环境和法律环境普遍较差。可见，在依据互联互通建设环境对东盟国家进行分类时，经济状况、基础设施状况、法律状况是分类的重要标准。所以本书根据表4-9的投资环境评价指标体系、表4-16的投资环境排名对东盟国家的互联互通建设环境进行分类。

第一类，互联互通建设环境较好的东盟国家：新加坡、泰国、马来西亚。这三个国家互联互通建设环境排名前三，基础设施全球竞争力较强，经济规模和经济对外开放程度较好，对于外商直接投资的限制相对较少。

第二类，互联互通建设环境中等的东盟国家：印度尼西亚、越南、文莱、菲律宾。这四个国家互联互通建设环境排名第四、第五、第六、第七，印度尼西亚虽然基础设施全球竞争力较强，但是经济对外开放程度一般，越南、文莱、菲律宾各方面的指标处于中等水平。

第三类，互联互通建设环境较差的东盟国家：柬埔寨、老挝、缅甸。这三个国家互联互通建设环境排名第八、第九、第十，基础设施全球竞争力较弱，经济规模和经济对外开放程度较低，还存在较为突出的法律不健全等现象。

第五章　中国与东盟基础设施互联互通的贸易效应

基础设施互联互通的水平高低，决定了国家之间交通运输成本的高低，进而影响国际贸易的增长。此外，基础设施互联互通质量的高低，也会影响国际贸易的发展。在基础设施互联互通建设中，交通基础设施的互联互通是中国与东盟推进的重点内容。所以，本章将以交通基础设施互联互通为研究对象，采用引力模型，实证检验中国与东盟基础设施互联互通的贸易效应。本章有两个特点：其一，从铁路、公路、港口和航空四个方面，分别检验和比较交通基础设施互联互通的贸易效应；其二，运用边界效应引力模型，探讨中国与陆路接壤的东盟国家之间交通基础设施互联互通的贸易效应。

第一节　交通基础设施互联互通贸易效应的理论分析

一、交通基础设施互联互通水平与交通运输成本

交通基础设施的建设和联通水平如何影响国际贸易发展呢？交通运输成本的降低是关键。交通运输成本包括铁路、公路、港口、航空运输过程中产生的设施成本和服务成本等。交通运输成本是影响国际贸易发展的重要因素之一。发达完善的运输体系、高效的运输方式，能够为货物贸易快速、便捷地进行提供保障。交通基础设施建设和互联互通水平的提高，可以使运输距离缩短、运输速度和效率提高、时间成本节约，以及减少运输过程中的燃油投入等，从而降低交通运输成本。交通运输成本的降低将从两个方面对国际贸易产生影响：一方面，地区的可达性提高；另一方面，有助于形成多种联运方式，运输方式选择多样化，利于

降低交易成本。因此，中国与东盟之间交通基础设施互联互通建设，可以通过提供完善的运输服务，降低运输成本，促进双边贸易的顺利进行和贸易量增长。不少学者论述了基础设施与运输成本之间的关系，尽管学者选用的研究方法不同，但是他们的研究都解释了基础设施发展水平的提高，能够减少运输成本，进而促进国际贸易。部分学者采用引力模型检验了基础设施发展水平与运输成本的关系。例如，Limão 和 Venables（2001）研究了运输如何依赖于地理和基础设施，指出内陆国家的运输成本很高，可以通过提高和过境国的基础设施联通质量来降低运输成本，而且运输成本减少50%可使贸易量增加50%；利用这一结果和引力模型来研究撒哈拉以南非洲国家和世界其他地区的贸易时，他们发现基础设施建设在很大程度上解释了非洲贸易水平相对较低的原因。Edwards 和 Odendaal（2008）在标准引力模型中加入了运输成本变量，对基础设施质量与出口流量的关系、国家之间基础设施的相互作用与国家间贸易量的关系进行了研究，基础设施得到改善，会降低运输成本，促进贸易显著增长。Francois 和 Manchin（2013）通过引力模型检验了贸易协定、共享边界、基础设施等多个因素对双边贸易的作用，发现通过改善"生产—分销"链中基础设施服务可以提高国际商品竞争力。

另一部分学者采用一般均衡模型检验了基础设施发展水平与运输成本的关系。Donaldson（2010）构建了一般均衡交易模型，研究发现基础设施对国际贸易具有显著促进作用。Srivastava 和 Kumar（2012）采用一般均衡模型，对湄公河流域内的6个东亚国家的基础设施建设和18类商品的双边贸易之间的关系进行了研究，发现完善的基础设施促进了贸易发展。

还有一些学者采用其他的研究方法，也证实了基础设施的改善，对国际贸易有促进作用。例如，Donaubauer 等（2018）收集了150个国家的数据，发现基础设施会降低成本并提升贸易量。Fujimura 和 Edmonds（2006）通过研究 GMS 区域基础设施与双边贸易的关系，得出陆路基础设施的改善可以减少45%的运输成本，从而促进贸易的结论。由此，本书提出假设：

假设1：中国与东盟交通基础设施互联互通水平的提高，能够降低运输成本，从而促进双边贸易量增长。

二、交通基础设施互联互通质量与国际贸易

在贸易往来的运输过程中，交通基础设施的建设及联通程度起着举足轻重的枢纽作用。最早对交通基础设施与经济贸易之间关系进行阐述的学者是亚当·斯

密，18世纪70年代，他提出道路、桥梁、运河等公共交通基础设施能够为国家商业提供便利，促进贸易往来，进而有力地对经济发展产生影响、推动了国民财富的积累。同时，随着经济的不断发展，科学技术得到不断提升，从而带动了交通基础设施的完善。基于此，从动力学的角度，交通基础设施互联互通水平与国际贸易之间的关系如下：

（1）当国家间的商业往来增多时，需要的运输服务增多，就会推动政府部门对交通基础设施的投资，进而带来了科技进步和互联互通水平的提升，提供了更多的运输服务供给，使贸易得以顺利进行。

（2）随着交通基础设施设备的逐渐改进和完善，运输服务的供给能力越来越强，国际贸易额也越来越大，在这个过程中，将形成新的交通服务和贸易量间的供给关系，政府据此对投资和市场进行调控，形成新的运输费用，从而再次对交通基础设施互联互通水平与国际贸易间的关系产生作用。

有学者的研究，除发现较高的交通基础设施互联互通水平通过降低交通运输成本，以促进国际贸易发展之外，还指出交通基础设施互联互通质量高低，对国际贸易发展也有影响。De（2006）构建了基础设施指标体系，采用主成分分析法估算出贸易流动性指数，发现基础设施质量的提高能够很大程度上促进双边贸易增长。Nordås和Piermartini（2004）运用修正的引力模型，探讨交通基础设施质量（公路、机场、港口和电信以及通关所需的时间）对汽车、服装和纺织行业国际贸易的影响，发现基础设施质量是影响双边贸易量的重要因素，且在所有指标中港口效率对贸易的影响最大。Rojas等（2005）的研究表明，基础设施建设对商品的出口数量增加有显著提升作用。Shepherd和Wilson（2007）以欧洲和中亚为研究对象，得出道路质量会促进国际贸易的结论。

国内学者采用修正引力模型，刘生龙和胡鞍钢（2011）在引力模型中加入基础设施变量，刘育红和王曦（2014）在引力模型中加入交通密度变量，也证明了中国交通基础设施质量的改善，能够显著地促进对外贸易增长。龚新蜀和马骏（2014）则是运用VAR模型分析"丝绸之路"经济带沿线国家的交通基础设施建设与进出口贸易的关系，得出两者之间的相互促进关系，进而提出加大交通基础设施投资力度和提升合作层次的对策。何敏等（2015）基于2004~2012年中国和东盟的面板数据，构造拓展的引力模型和边界效应模型，从交通、通信及能源设施三个方面，探讨其对双边贸易的影响，研究表明交通和通信设施建设对促进贸易增长的作用。由此，本书提出假设：

假设2：中国与东盟交通基础设施即公路、铁路、航空、港口等互联互通质量的提高，能够促进双边贸易量增长。

第二节　加入交通基础设施互联互通的引力模型

一、模型构建

最早提出的引力模型为式（5-1），用来研究国际经济中经济规模、距离与贸易流量之间的关系（Tinbergen，1962）：

$$\text{Trade}_{ij} = R \frac{(\text{GDP}_i^{\alpha_1} \text{GDP}_j^{\alpha_2})}{\text{Dis}_{ij}^{\alpha_3}} \tag{5-1}$$

式（5-1）中，Trade_{ij}、GDP 和 Dis_{ij} 分别为国家 i 和国家 j 之间的双边贸易流量、经济规模和两个国家首都或经济中心之间的空间地理距离，R、α^1、α^2、α^3 为常数。为了在模型回归时便于观察实证结果，在公式两边同时取对数，得到式（5-2）：

$$\text{LnTrade}_{ij} = M + \alpha_1 \text{LnGDP}_i + \alpha_2 \text{LnGDP}_j + \alpha_3 \text{LnDis}_{ij} + \varepsilon_{ij} \tag{5-2}$$

式（5-2）中，M、α_1、α_2 和 α_3 为估计系数值。

随着经济学的不断发展，20 世纪 60 年代以来，众多学者对引力模型进行深入研究和修正，该模型被日益完善和丰富，现在该模型被大量运用在判断贸易效应的大小、测算贸易潜力、分析贸易模式以及估计贸易成本等方面。

学者对引力模型的拓展主要有两个方向：①引力模型被解释变量的拓展；②引力模型解释变量的拓展。本书采用第二种拓展方法，来分析中国与东盟之间交通基础设施互联互通建设的贸易效应。本书将交通基础设施互联互通指标划分为两类：

第一类指标：中国与东盟国家的互联互通指标。由于海运运输是中国与东盟国家的主要运输方式，因此选择海运运输连接指数（lsci_{ij}）来代表国家间的互联互通水平。

第二类指标：中国与东盟国家各自的交通基础设施发展的指标。这是因为交通基础设施互联互通除了国家和国家之间的联通，各国国内交通基础设施的联通能力和发展质量，也会影响到国家与国家之间的交通基础设施互联互通水平和质量，进而影响双边贸易的发展。这些指标从海、陆、空运输的角度划分为：陆路运输的铁路密度和公路密度、海运运输的货柜码头吞吐量，以及航空运输的航空货运量。指标和变量的选取及说明如表5-1所示。

表5-1　交通基础设施互联互通指标选取及说明

一级指标	二级指标		意义
中国与东盟国家之间的互联互通指标	海运运输连接指数		直接反映中国与东盟国家之间交通基础设施互联互通的变量
中国和东盟国家各自的交通基础设施发展指标	海运运输	货柜码头吞吐量	港口生产经营活动成果的重要体现
	陆路运输	铁路密度	铁路密度＝铁路里程/国土面积*
		公路密度	公路密度＝公路里程/国土面积*
	航空运输	航空货运量	最直接体现国家之间空运货物量大小

注：*铁路密度和公路密度的测算，借鉴何敏等（2015）的计算方法，用一个国家的疆土面积内所分布的铁路和公路线路通车里程长度来衡量。

资料来源：本书整理而得。

（1）海运运输连接指数（$lsci_{ij}$）。海运运输连接指数是依据班轮业务数量、船舶数量和规模、集装箱承载能力、船队配置等计算而得，lsci 数据越大说明联系越紧密。海运运输连接指数可以直接反映中国与东盟国家之间港口的连接程度，因此本书选择海运运输连接指数来代表中国与东盟国家之间的交通基础设施互联互通水平。

（2）货柜码头吞吐量（$port_i$，$port_j$）。货柜码头吞吐量是指一段时间内经水运输出、输入港区并经过装卸作业的货物总量，是反映港口生产经营活动的重要指标，其单位为 TEU（20 英尺当量单位）[1]。

（3）铁路密度（$rail_i$，$rail_j$）和公路密度（$road_i$，$road_j$）。铁路密度和公路密度的测算，是用一个国家的疆土面积内所分布的铁路和公路线路通车里程长度来衡量，计算方法为，用铁路里程或公路里程除以国土面积，其单位为千米/百平方千米（何敏等，2015）。铁路密度反映的是一个国家铁路运输条件和路网水平，在一定国土面积内，铁路线长度是国家间物资运输和旅客往来的物质基础，

---

① TEU 为标准箱，是集装箱运量统计单位，以长 20 英尺的集装箱为标准。

据此可用来分析铁路运输建设与国家经济发展的适应程度；公路密度反映的是一个国家公路的运输水平，是衡量公路设施建设水平的重要指标。

（4）航空运输货运量（air_i，air_j）。航空运输货运量是指在航空运输中的货物运输量，是反映空运能力的重要指标。

本书对贸易引力模型进行修正，在经典模型中加入反映交通基础设施互联互通的相关变量，来研究其对中国与东盟之间交通基础设施互联互通建设的贸易效应。修正后的贸易引力模型如下：

$$LnTrade_{ij} = M + \alpha_1 LnGDP_i + \alpha_2 LnGDP_j + \alpha_3 LnDist_{ij} + \beta_1 lnlsci_{ij} + \beta_2 ln(port_i \times port_j) +$$
$$\beta_3 ln(rail_i \times rail_j) + \beta_4 ln(road_i \times road_j) + \beta_5 ln(air_i \times air_j) + \varepsilon_{ij} \quad (5-3)$$

式（5-3）中，$port_i \times port_j$、$rail_i \times rail_j$、$road_i \times road_j$、$air_i \times air_j$ 分别是对中国和东盟国家各自的货柜码头吞吐量、铁路密度、公路密度、航空货运量采用交互式方法①处理而得。货柜码头吞吐量和航空运输吞吐量，采取的是工具变量赋值法，用双边贸易量作为权重，对海运运输量和航空运输量进行估计，来近似替代中国到东盟各国（双边之间）的货柜码头吞吐量和航空货运量。

二、变量说明及数据来源

本书选取 2008~2017 年中国-东盟双边贸易量，中国、东盟十国的 GDP，中国与东盟国家的地理距离，以及前述提及的交通基础设施互联互通相关指标的数据。为保持变量的完整性，避免缺失数据造成的不良影响，样本选取时剔除老挝和文莱两个数据严重不全的国家，各变量说明及数据来源如表 5-2 所示，各变量的描述性统计如表 5-3 所示。

表 5-2　模型各变量说明及数据来源

变量名称	含义	数据来源
$Trade_{ij}$	中国与东盟国家间的双边贸易额	联合国数据库
GDP_i	中国的国内生产总值	世界银行 WDI 数据库
GDP_j	东盟国家的国内生产总值	世界银行 WDI 数据库

---

① 交互式方法常用于三种情况，一是这两个变量所代表的现象之间存在相互作用、相互影响的关系；二是一个自变量发挥作用要以另外一个变量为条件或基础；三是一个自变量在另一个自变量不同的取值或取值范围对因变量产生的影响是不同的。本书研究的问题属于第二种情况，即交互项中，一个变量发挥作用要以另外一个变量为条件或基础。

续表

变量名称	含义	数据来源
$Dist_{ij}$	中国与东盟国家的地理距离	CEPII 数据库
$lsci_{ij}$	中国与东盟国家的海运连接指数	UNCTAD 数据统计
$rail_i$	中国的铁路密度	世界银行数据库、东盟秘书处数据计算而得
$rail_j$	东盟国家的铁路密度	世界银行数据库、东盟秘书处数据计算而得
$road_i$	中国的公路密度	世界银行数据库、东盟秘书处数据计算而得
$road_j$	东盟国家的公路密度	世界银行数据库、东盟秘书处数据计算而得
$port_i$	中国的货柜码头吞吐量	世界银行数据库
$port_j$	东盟国家的货柜码头吞吐量	世界银行数据库
air_i	中国的航空货运量	世界银行数据库
air_j	东盟国家的航空货运量	世界银行数据库

资料来源：笔者整理而得。

表5-3 模型各变量的描述性统计

变量	样本数	均值	标准差	最小值	最大值
$Trade_{ij}$	80	47900000000.00	31700000000.00	1550000000.00	122000000000.00
GDP_i	80	280000000000.00	246000000000.00	10400000000.00	1020000000000.00
GDP_j	80	8650000000000.00	2590000000000.00	4600000000000.00	12200000000000.00
$Dist_{ij}$	80	3602.45	922.27	2321.59	5224.77
$lsci_{ij}$	80	0.48	0.19	0.18	0.82
$rail_i$	80	3.59	8.07	0.16	27.92
$rail_j$	80	0.69	0.02	0.64	0.70
$road_i$	80	95.81	148.70	9.88	488.46
$road_j$	80	44.77	3.54	39.01	49.92
$port_i$	80	10900000.00	10100000.00	163692.00	34700000.00
$port_j$	80	166000000.00	33600000.00	109000000.00	214000000.00
air_i	80	1633.88	2181.87	0.02	7390.96
air_j	80	17120.01	3582.11	11386.05	23323.62

资料来源：根据 Stata 13.0 软件计量结果整理而得。

第三节 交通基础设施互联互通的贸易
效应模型的实证结果和分析

一、实证结果

本书使用 Stata 13.0 对数据进行处理和估计，估计结果如表 5-4 所示。在表 5-4 中，模型（1）为经典引力模型，中国和东盟国家的经济总量对双边贸易产生正向效应，两国间的地理距离则对双边贸易产生负向效应，而且东盟国家的经济总量对双边贸易产生的效应更大。模型（2）~ 模型（6）为交通基础设施互联互通的两类指标对双边贸易产生的效应，其中模型（2）为第一类指标，模型（3）~ 模型（5）为第二类指标，分别反映海运运输连接指数、货柜码头吞吐量、铁路及公路密度、航空货运量对双边贸易的效应，模型（6）为所有变量对双边贸易的效应。

表 5-4 引力模型实证分析结果

变量	模型（1）	模型（2）	模型（3）	模型（4）	模型（5）	模型（6）
$lngdp_i$	1.096*** (6.03)	0.540*** (9.27)	0.176** (2.36)	1.00*** (6.41)	0.243** (2.24)	0.129*** (2.83)
$lngdp_j$	0.478*** (3.51)	0.487*** (5.83)	−0.004 (−0.07)	0.306** (2.08)	0.540*** (6.84)	0.186*** (2.57)
$lndist_{ij}$	−0.962 (−0.98)	−0.649*** (−2.82)	−0.215 (−0.72)	−0.965 (−1.17)	−0.115 (−0.31)	−0.097 (−1.03)
$lnlsci_{ij}$		1.399*** (9.67)				0.260* (1.71)
$ln（port_i×port_j）$			0.405*** (17.71)			0.244*** (5.58)
$ln（rail_i×rail_j）$					−0.289 (−1.55)	−0.118*** (−3.17)

续表

变量	模型（1）	模型（2）	模型（3）	模型（4）	模型（5）	模型（6）
$\ln$（$road_i \times road_j$）				0.562*** (2.65)		0.170*** (3.16)
$\ln$（$air_i \times air_j$）					0.204*** (8.49)	0.059** (2.16)
R^2	0.779	0.784	0.952	0.788	0.858	0.936

注：括号内的值为 t 值，***表示在1%水平下显著，**表示在5%水平下显著，*表示在10%水平下显著。

资料来源：根据 Stata 13.0 计量结果整理而得。

二、实证结果的讨论

由实证结果可知（见表5-4），本书提出的假设1得到证实，而假设2得到部分证实。在反映交通基础设施互联互通指标中，海运运输连接指数、货柜码头吞吐量、公路密度、航空货运量均对双边贸易产生显著的正向影响，而且海运运输连接指数、货柜码头吞吐量对双边贸易的正向促进作用最大，其次是公路密度，最后是航空货运量。这表明，海运运输的交通基础设施建设质量及互联互通水平对双边贸易的促进作用最大；陆路运输对双边贸易的促进作用高于航空运输。这与现实情况相吻合，中国与东盟国家之间主要贸易往来的运输方式为海运运输，且中国和东盟国家之间贸易在运输方式选择上，陆路运输比航空运输方式更多。

简而言之，交通基础设施互联互通指标对中国与东盟国家之间双边贸易的促进作用大小排序为：海运运输>公路运输>航空运输，铁路运输则对双边贸易产生负效应。

在海运运输中，双边海运连接指数和货柜码头吞吐量对双边贸易的促进作用均比较高，因此，积极建设港口基础设施，提高海运互联互通水平十分必要。完善的港口设施建设和高水平的港口设施互联互通，可以在很大程度上提高货运速度，减少停滞或货物损坏的风险，从而能够承载更多的货运量。具体改善措施包括：优化集装箱船配置和船队配置、提高集装箱承载能力、增加班轮服务航线、扩大船舶和船队规模、提高通关效率等。

在陆路运输中，公路密度对双边贸易具有显著促进作用，表明公路基础设施互联互通水平的提高，能够在一定程度上增加双边贸易量。中国与东盟近几年在公路取得的成就，如昆曼公路等，对双边贸易量的增长起着很大促进作用，因此中国和东盟国家应当继续推进公路设施互联互通建设。但是铁路密度对双边贸易产生负效应，这可能是因为中国与东盟国家之间的铁路互联互通建设中，存在着铁轨标准不统一、铁路互联互通项目进展缓慢等问题，导致了双边贸易的运输成本增加。因此在推动铁路设施互联互通建设时，优先解决铁路技术标准不统一等问题，将对铁路基础设施的投资主要运用于对缺失路线、不达标路线的建设或改造，开通更多铁路的支线，优化铁路布局等。

在航空运输中，航空货运量对双边贸易量增长也有促进作用，虽然没有海运运输显著，但也同样重要。从世界银行的数据上来看，东盟国家的航空货运量均低于中国，且各国的航空运输量差距很大①。由中国民航局官方网站②公布的数据可知，在东盟国家中，中国与新加坡通航的航空公司有 26 个，且新加坡的航空设施最佳，航空货运量也最多，而其他国家货运量则相对较低，其中缅甸、柬埔寨的航空货运量最低。原因有以下两个方面：一方面，缅甸、柬埔寨等国家的经济发展比较落后，航空设施水平相对低下；另一方面，这几个国家与中国距离比较近，在运输方式的选择上，陆路、海运均比较方便，对航空运输的需求不高。根据世界银行的数据，菲律宾、印度尼西亚的航空货运量在 2008~2017 年增长幅度很大，增长了 3 倍以上，这是由于同中国贸易量不断增大，且地理位置较远。因此，随着中国与东盟国家双边贸易的迅猛增长，各国之间的航空运输也会随之增多，所以也需要重视推进中国与东盟国家之间的航空基础设施互联互通建设。

第四节　加入交通基础设施互联互通的边界效应引力模型

一、交通基础设施对接壤国家间双边贸易影响的理论分析

随着全球化经济的快速发展，边界对于经济的重要性逐渐提升，引起众多学

---

① 资料来源：世界银行 WDI 数据库，https：//databank. shihang. org/source/world-development-indica-tors#selectedDimension_ DBList。

② 资料来源：中国民航局官方网站，http：//www. caac. gov. cn/index. html。

者的关注。李铁立（2006）将边界效应定义为"边界对跨境经济行为的影响"。朱海霞和顾海英（2007）通过对国内外研究现状的回顾和梳理，指出边界效应引力模型作为一种新的国际贸易模型，主要是从计算跨越边境间的贸易障碍，来测量其双边贸易的影响，并提出该模型的应用，从研究对象上可以分为：两国之间、一国对多国、一个国家内各地区，以及同一贸易联盟内各国之间的边境效应存在性问题及原因。

1. 交通基础设施互联互通的空间溢出效应

交通基础设施互联互通能够增进国家之间的地理联系，对国家之间的经济活动产生空间集聚和扩散效应，促进要素在国家之间的流动和贸易往来，进而形成专业化分工和聚集经济的趋势，产生空间溢出效应。交通基础设施具有一定的网络性，主要表现为：当国家改善某一交通线路时，不仅对该线路的运输服务带来优化，还会对其他线路和其他地区产生正向积极作用和更多便利，进而实现更大的双边贸易量，贸易增加带来创造效应。同时，通过网络化交通基础设施的建设，其完善及互联互通水平的提升，将对贸易增加和经济增长产生正向空间溢出效应。具体表现在：交通基础设施的建设越是完善和发达，则各种生产要素资源、产品货物，以及先进技术等能够以更高效快速的方式在国家间扩散，促进双边的贸易量，带动经济增长。

2. 边界效应的转化与双边贸易量

边界效应指的是边界对跨境经济行为的影响，具有屏蔽效应和中介效应。屏蔽效应是边界对国家和地区间的空间交往的阻碍作用，经济学将这种阻碍作用概括为提高了交易成本。中介效应是边界作为国家或地区间进行接触的核心地带，具有促进国家或地区间空间接触的中介功能。在经济全球化的背景下，边界效应由屏蔽效应逐步转化为中介效应，降低边界效应，能增进国家间的贸易关系，促进双边贸易量的增长。因此，交通基础设施互联互通可以通过空间溢出效应，改善运输服务，降低边界效应，将边界的屏蔽效应逐步转化为中介效应，促使双边贸易量的增加。

针对这一问题的实证研究，国内外学者采用的是构造边界效应引力模型的方法，即对引力模型进行拓展，加入交通基础设施互联互通的相关变量指标，以及边界效应的测量指标，进行实证研究。刘生龙和胡鞍钢（2011）通过构造边界效应引力模型，对交通基础设施与区域一体化的关系进行探讨，从而得出交通基础设施的完善及水平的提高，能够大大降低边界效应，进而促进区域经济一体化。

张梅（2015）通过贸易引力模型对中国进出口贸易的边界效应进行实证研究，得出结论：在中国沿边开放中存在边界屏蔽效应，而基础设施的建设，对边界屏蔽效应的减弱作用显著。梁双陆和张梅（2016）通过构造加入基础设施变量的边界效应引力模型，研究中国与接壤国家基础设施互联互通对双边贸易的作用，指出基础设施建设和互联互通可以很好地减少进出口贸易中的边界效应；且在这些基础设施中，航空和铁路对边界效应的降低作用比通信强，因此建议优先发展和推动航空与铁路设施方面的建设和互联互通。

基于此，本书选择运用边界效应引力模型的研究方法，构造加入交通基础设施互联互通的边界效应引力模型，探讨交通基础设施互联互通各变量对边界效应的降低作用，进而对双边贸易产生的影响。本书根据上述理论分析提出两个理论假设：

假设3：中国与接壤的东盟国家间存在着边界效应。

假设4：交通基础设施互联互通建设中，公路、铁路、航空、港口等可以降低这种边界效应，且它们对边界效应的降低幅度不同。

二、边界效应引力模型的构建与变量说明

边界效应引力模型形式如下：

$$LnTrade_{ij} = M + \alpha_1 LnGDP_i + \alpha_2 LnGDP_j + \alpha_3 LnDis_{ij} + \varphi Border + \varepsilon_{ij} \tag{5-4}$$

式（5-4）中，若 $i=j$，则 Border 取1，反之取0，以边界效应引力模型的现有应用为基础，将交通基础设施互联互通的相关变量加入边界效应引力模型，建立中国与东盟交通基础设施互联互通贸易效应的边界效应引力模型：

$$LnTrade_{ij} = M + \alpha_1 LnGDP_i + \alpha_2 LnGDP_j + \alpha_3 LnDist_{ij} + \beta_1 lnlsci_{ij} +$$
$$\beta_2 ln（port_i × port_j）+ \beta_3 ln（rail_i × rail_j）+ \beta_4 ln（road_i × road_j）+$$
$$\beta_5 ln（air_i × air_j）+ \varphi Border + \varepsilon_{ij} \tag{5-5}$$

式（5-5）中，交通基础设施互联互通各变量含义同第二节（具体含义见表5-1），若中国与东盟国家之间具有陆路接壤，则 Border 取1，反之取0。

三、交通基础设施互联互通贸易效应的边界效应模型实证结果和分析

1. 实证结果

本书用 Stata 13.0 对数据进行处理和估计，交通基础设施互联互通贸易效应

的边界效应模型的结果如表 5-5 所示。本书对边界效应的计算，借鉴 Helliwell（1998）、Okubo（2004）等提出的测算方法，即边界效应 border effect = e^{φ}，其中 φ 为 Border 系数的绝对值。

由表 5-5 可以看出，实证结果中的 Border 系数为负，表明中国与东盟国家间存在边界效应，而且会降低双边贸易量。一般来说，由于存在边界效应，陆路接壤两国间的双边贸易会高于没有陆路接壤的国家间贸易，即边界效应会促进双边贸易量的增长（Ge et al.，2014），但也有学者通过研究发现边界效应会降低双边贸易量，其可能的原因是地理市场的共谋失败而造成的（Salvo，2010），或者是两国在边界设一定的关卡，贸易成本增加，从而双边贸易量反而降低（Anderson et al.，2014）。对于中国与东盟国家来说，中国-东盟自由贸易区实施的零关税，降低了贸易成本，使得中国与非陆路接壤的东盟国家之间的双边贸易在一定程度上削弱了边界效应对双边贸易量的抑制作用。

模型（1）为经典的边界效应引力模型，中国与东盟国家的 GDP 对双边贸易产生正向效应，距离变量的系数为负，同时中国与东盟国家的双边贸易存在边界效应，边界效应值为 1.900。模型（2）~模型（5）为不同交通基础设施互联互通指标对边界效应的影响，模型（6）为加入所有变量时对边界效应的影响。从结果可以看出：加上交通基础设施互联互通变量以后，中国与东盟国家之间的边界效应值减少。这说明随着交通效率的提高，边界效应减少，进而促进了中国与东盟国家之间的贸易往来。

表 5-5　边界效应引力模型实证结果

变量	模型（1）	模型（2）	模型（3）	模型（4）	模型（5）	模型（6）
$lngdp_i$	1.186*** (6.08)	0.572*** (7.71)	0.200** (2.46)	0.949*** (6.80)	0.279** (2.36)	0.166*** (3.32)
$lngdp_j$	0.423*** (2.96)	0.483*** (5.64)	−0.015 (−0.24)	0.318** (2.31)	0.531*** (6.45)	0.157** (2.15)
$lndist_{ij}$	−1.337 (−1.27)	−0.697** (−2.55)	−0.312 (−0.72)	−1.615 (−1.74)	−0.269 (−0.50)	−0.262* (−1.95)
$lnlsct_{ij}$		1.336*** (7.96)				0.179 (1.14)

续表

变量	模型（1）	模型（2）	模型（3）	模型（4）	模型（5）	模型（6）
ln（port$_i$×port$_j$）			0.404*** (17.28)			0.261*** (5.89)
ln（rail$_i$×rail$_j$）				-0.263 (-1.50)		-0.120*** (-3.27)
ln（road$_i$×road$_j$）				0.588*** (2.87)		0.207*** (3.61)
ln（air$_i$×air$_j$）					0.197*** (7.95)	0.042* (1.46)
border	-0.642 (-1.23)	-0.066 (-0.47)	-0.046** (-0.25)	-0.630 (-1.25)	-0.096 (-0.60)	-0.118* (-1.71)
边界效应值	1.900	1.600	1.047	1.878	1.101	1.125
R^2	0.782	0.787	0.953	0.784	0.779	0.948

注：括号内的值为 t 值，***表示在 1%水平下显著，**表示在 5%水平下显著，*表示在 10%水平下显著。

资料来源：根据 Stata 13.0 计量统计结果整理而得。

2. 实证结果的讨论

由实证结果可以看出（见表 5-5），假设 3 和假设 4 得到验证，中国与陆路接壤的东盟国家之间存在边界效应，且随着交通基础设施互联互通水平的提高，能够降低边界效应，不同类型的交通基础设施对边界效应的降低作用存在差异性。

就交通基础设施互联互通对边界效应的影响程度而言，总体来看，当引入所有交通基础设施互联互通变量时，边界效应由 1.900 降低到了 1.125，降低了 40.8%，降低幅度显著。货柜码头吞吐量和航空货运量、海运运输连接指数对降低边界效应的贡献度较大，铁路密度和公路密度则较小。可见，海运运输和航空运输设施建设和互联互通水平提高，对边界效应的降低作用最大；陆路运输对边界效应的降低作用则较小。这说明尽管陆路运输设施建设和互联互通水平的提高，能够降低交易成本，但由于中国与没有陆路接壤的东盟国家之间存在边界屏蔽效应，所以陆路设施建设的完善，对交易成本的降低作用有限。此外，对于和中国没有陆路接壤的东盟国家来说，海运和航空运输的成本更低，陆路运输的贸易可以通过贸易转移，以海运或航运运输的方式开展，当海运和航运的设施建设及联通水平提高时，有效降低了边界效应。简而言之，交通基础设施互联互通对边界效应的降低作用大小排序为：海运运输>航空运输>陆路运输。

在海运运输方面，引入货柜码头吞吐量后，边界效应值显著降低，降低到了1.047，降低了44.9%；引入中国与东盟国家之间的双边海运运输连接指数后，边界效应值为1.600，降低了15.8%。这表明中国和东盟国家的港口设施的完善以及港口货运量的多少，相比较于海运联通情况，对边界效应的屏蔽作用更加显著，更有利于降低边界效应。货柜码头吞吐量能够很好地反映中国与东盟国家内部的港口设施质量和联通水平。中国与东盟国家在提高海运运输互联互通水平的同时，还需要提升中国与东盟国家各自的港口设施质量以及港口设施联通水平，否则对边界效应的降低作用不大。

在陆路运输方面，引入铁路密度和公路密度变量以后，边界效应降低到了1.878，降低了1.2%，降低幅度较小。虽然陆路运输设施质量和互联互通水平的提高，能够降低交易成本，但由于中国与没有陆路接壤的东盟国家存在边界屏蔽效应，陆路设施互联互通建设对交易成本的降低作用有限，进而对边界效应的降低作用不显著。

在航空运输方面，引入航空货运量后，边界效应值为1.101，降低了42.1%。这表明优化航空基础设施质量，在降低边界效应方面，具有很重要的作用。

综合比较第二节的引力模型和第四节的边界效应引力模型的结果，可以看出：对于与中国陆路接壤的东盟国家来说，加强陆路互联互通建设可以更显著地促进双边贸易；而对与中国没有陆路接壤的东盟国家来说，海运和航空运输互联互通更有利于促进双边贸易。

第六章　中国与东盟基础设施互联互通和 FDI 的相关性

中国与东盟国家是世界外资流入的热点区域。东道国良好的投资环境有利于外资的流入。基础设施质量好、互联互通水平高，能为东道国打造更好的投资环境，可以吸引更多国际直接投资，国际直接投资进入短期看能弥补资金缺口，长期来看国际直接投资的技术溢出效应能够促进东道国的技术创新、产业升级。中国与东盟基础设施互联互通建设，不但能够提高中国与东盟国家之间基础设施的联通水平，而且能够改善中国、东盟各国内部的基础设施的质量。在基础设施互联互通建设中，交通基础设施的互联互通是中国与东盟推进的重点内容。所以，本章将以交通基础设施互联互通为研究对象，采用灰色关联度方法，实证检验中国与东盟基础设施互联互通和国际直接投资的关系。

第一节　交通基础设施互联互通与 FDI 关系的理论分析

一、交通基础设施互联互通对国际直接投资的作用

对国际直接投资理论的研究，源起至 20 世纪 50 年代。最有代表性、最具影响力的国际直接投资理论包括海默（Hymer，1976）的垄断优势论，维农（Vernon，1966）的产品生命周期论、邓宁（Dunning，1981）的国际生产折衷理论以及小岛清（Kojima，1978）的边际产业扩张理论。在这些发达国家国际直接投资理论的基础之上，延伸出了发展中国家的国际直接投资理论。联合国贸易与发展委员会在《世界投资报告》中，把国际直接投资分为四种类型（见表6-1）。

表 6-1 国际直接投资分类

国际直接投资类型	动机
市场寻求型（Market-seeking）	寻求规模大、潜力大的海外市场
效率寻求型（Efficiency-seeking）	获取先进的管理技术、生产技术以提高自身生产效率
资源寻求型（Resource-seeking）	获取东道国特有或十分丰富的资源
创新寻求型（Creativity-seeking）	吸收东道国先进的技术，化为己用，提高自主创新能力

现有的国际直接投资理论很少将交通基础设施互联互通这一因素单独列出，分析其对国际直接投资的影响。但是，从国际直接投资的动因、国际直接投资的区位选择以及国际直接投资模式选择这三个方面的理论分析中，可以看出交通基础设施互联互通对国际直接投资的正向促进作用。

（1）国际直接投资动因。在新古典贸易理论中，Samuelson 在 H-O 模型基础之上，提出了要素价格均等化定理，认为企业完全可以通过国际贸易来代替国际直接投资的需要。但是 Mundell（1957）则认为，贸易壁垒的出现会促使企业为保留或开拓目标市场而采取国际直接投资的行为，通过要素流动来代替商品的流动。在新新贸易理论中，Helpman 等（2003）将企业异质性这一因素纳入国际直接投资动因的分析中。他们得出结论：由于国际直接投资所需要的固定成本高于国际贸易，因此那些生产效率高的企业，才有能力进行国际直接投资来获取更高的边际利润，而生产效率低的企业，会选择国内生产并销售，生产效率居中的企业则会选择直接出口。该理论被称作"HMY 假说"。而交通基础设施互联互通一方面为投资东道国和母国之间打通了商品、要素高效交流的通道，另一方面也降低了国际直接投资的固定成本，从而有助于降低一国企业进行国际直接投资的门槛，促进国际直接投资的进行。

（2）国际直接投资区位选择。Dunning（1988）的国际直接投资周期理论指出，最佳的国际直接投资区位选择，应该是能够不断扩大 OLI 要素优势的东道国。而交通基础设施互联互通对 OLI 要素优势的扩大，有着间接和直接的促进作用。东道国和母国之间交通互联互通建设越完善，直接促进了东道国生产区位优势的提升。发达的交通能够提高人员、物资等要素的往来效率，能够加强母国对东道国投资的控制，从而起到间接强化所有权优势和内部化优势的作用。实证研究的结果也证实了交通基础设施互联互通对国际直接投资有正向促进作用。例如，Stone 和 Jeon（1999）、Kleinert 和 Toubal（2010）、Edwards 和 Romero

（2016）等多名学者研究了引力模型在国际直接投资中的应用，高国伟（2009）、蒋冠宏和蒋殿春（2012）等也利用引力模型，分析了中国对外的国际直接投资，这些研究都发现，地理距离对国际直接投资有负向影响。而交通基础设施互联互通建设能够在一定程度上，消除地理距离对国际直接投资的负向影响，从而起到促进国际直接投资的作用。

（3）国际直接投资模式选择。Nocke 和 Yeaple（2008）研究发现，企业核心能力跨境流动性有强弱之分。流动性强的核心能力包括技术、管理经验等；流动性弱的核心能力包括营销经验、社会关系等。对核心能力跨境流动性要求高的行业，更适合绿地投资这种模式，反之则跨境并购会是优先选择。交通基础设施互联互通的加强，能大大提高人员互相往来的效率，因此对核心能力的流动性有一定的促进作用，在一定程度上能够影响投资主体对投资模式的选择。

综上所述，国内外学者的研究均表明，交通基础设施互联互通对促进国际直接投资有基础性的作用，这种作用主要是通过促进要素的国际间流动、缩短地理距离对国际投资的负向影响、影响国际直接投资模式的选择这三种途径直接或间接地表现出来。此外，新经济地理学的研究表明，一国基础设施的建设情况好坏，是能否吸引外资进入的先决条件。交通基础设施越好的地区，其人员、物资的流通往来会更加便利、高效，能够承载的运输压力也更大，因此能够吸引更多外资的流入。反之，交通基础设施差，与外界的通达度就差，人员物资流通不畅，这将阻碍外资的进入。

二、相关研究回顾

1. 交通基础设施互联互通对 FDI 影响的研究

如前文所述，交通基础设施互联互通建设，能够增加区域之间的通联程度，更有利于人员、货物，以及资金的往来，这对 FDI 来说，具有正向推动作用。目前学者对这方面的研究较少，现有的研究多集中于基础设施建设投资、对外承包工程对中国 FDI 的影响等方面。直接研究交通基础设施与 FDI 关系的研究较少。王峰和罗志鹏（2012）指出，交通基础设施互联互通能够降低企业生产成本和运输费用，扩大区域内贸易，提升区域竞争力，推动原料、能源、金融资本等多行业的发展，吸引外国资本进入，而交通基础设施建设将会是中国在东盟的一个新投资热点。蔡阔等（2013）认为，对外承包工程对中国 FDI 有着显著促进作用，在发展中国家的对外承包工程对 FDI 拉动作用非常明显，而在发达国家则不然。

2. 中国对东盟国家 FDI 的研究

关于中国对东盟国家 FDI 的动机。刘再起和谢润德（2014）指出，中国对东盟 FDI 目前还处于初级阶段，国际直接投资的动机主要是市场寻求型（Market-seeking）和资源寻求型（Resource-seeking）。张岩和王丽（2013）的实证分析表明基础设施建设状况是六个影响中国对东盟 FDI 的显著性因素之一。

关于中国对东盟国家 FDI 的效应。刘再起和谢润德（2014）的实证研究表明，中国对东盟各国的 FDI 都具有贸易创造效应，总体而言，出口创造效应比进口创造效应略大；而且国别之间存在较大差异，其中对泰国、马来西亚和越南 FDI 的贸易创造效应最大，对新加坡、菲律宾、缅甸、老挝和文莱 FDI 的贸易创造效应最弱。宋勇超（2017）指出就目前来看，中国对"一带一路"沿线国家直接投资的短期贸易效应要显著强于中长期贸易效应。

但是现有研究也指出，中国对东盟 FDI 也存在一系列问题。魏占福（2014）认为，主要有：产业分布需要调整优化、中国对东盟 FDI 的国别分布不均衡、面临一定的政治风险等问题。赵晓峰（2015）则提出，中国对东盟的 FDI 目前仍处于较低水平；产业结构不合理；投资规模分布不平衡。刘新超（2017）指出，因为东盟国家存在特殊汇率体制，导致了汇率波动大；中国和东盟之间缺乏跨境结算的硬通道，增加了外汇风险，最后投资规模的扩大在一定程度上也增加了 FDI 的外汇风险。

3. 简要评述

在交通基础设施互联互通建设对 FDI 的影响方面，相关研究较为缺乏。现有文献更多关注的是基础设施建设、国际工程承包对 FDI 的影响。从中国对东盟 FDI 的研究文献中可以看出，学者偏好通过实证分析的方法来研究中国国际直接投资的动机和区位选择。虽然分析的方法不尽相同，但是所得出的结论却是大同小异的。中国对东盟的国际直接投资，大都属于市场、资源寻求型投资。中国与东盟交通基础设施互联互通方面，现阶段中国–东盟的交通基础设施互联互通建设正在快速发展中，其中有着诸多的机遇和不小的挑战。充分利用现有的交通基础设施，加快改造升级的步伐，构建交通走廊，会是一条理想的建设途径。因为交通互联互通涉及诸多国家，文化、经济、政治等多方面的差异注定了这是一项长期而艰难的工程。合作框架、共同协商是其中必不可少的关键步骤。因此，探讨中国与东盟基础设施互联互通，尤其是交通基础设施互联互通的投资效应，非常有意义。

第二节 交通基础设施互联互通与 FDI 关系的
实证检验

一、灰色关联度分析法简介

本书利用灰色关联度分析法（Grey Relational Analysis，GRA）对中国对东盟交通基础设施互联互通与 FDI 关系进行实证检验。灰色关联度分析法由学者邓聚龙（1985）教授率先提出，其基本原理为：根据各因素变化几何曲线的相似程度来判断各因素之间的关联程度。相似程度越高，说明关联度越高，反之则相似程度越低，关联度越低。进一步地，当比较数列和参考数列的关联度大于 0.6 时，那么这两种因素的变化态势相似性较强，关联度高。以往因素分析多采用回归分析法，尽管回归分析法较为通用，但当涉及非线性因素、因素的样本容量不足或者缺失严重的情况时，采用回归分析法就难以得到较为理想的效果。灰色关联度分析法正好弥补了回归分析法的这些不足，对无规律的数据同样适用，而且对样本容量的要求可以少到 4 个，不会出现量化分析结果与定性分析结果相冲突的情况。灰色关联度分析是对各比较因素与参考因素之间动态发展态势的量化分析。

灰色关联度分析法如下：

设参考序列为 $X_0(t) = \{X_0(k), k=1, 2, 3, \cdots\}$，记第一个时刻的值为 $X_0(1)$，第 2 个时刻的值为 $X_0(2)$，第 k 个时刻的值为 $X_0(k)$。参考序列为受各因素影响的"因变量"数据所构成的序列，通常为一个。

设比较序列为 $X_i(t) = \{X_i(k), k=1, 2, 3, \cdots\}$，比较序列即是各因素数据所构成的序列，可以有多个。

参考序列与比较序列的关联度为 $\lambda = \sum \mu_i(t) / n$；其中：

$$\mu_i(t) = \frac{\min_i \min_k |X_0(k) - X_i(k)| + \rho \max_i \max_k |X_0(k) - X_i(k)|}{|X_0(k) - X_i(k)| + \rho \max_i \max_k |X_0(k) - X_i(k)|}$$

$$(6-1)$$

式（6-1）中，ρ 为分辨系数，范围在 [0, 1]，通常 ρ=0.5，也可根据需求进行取值。

在采用灰色关联度分析法时需要注意，为保证最后结果的准确度，参考序列和比较序列的量纲①最好是相同的。因此，本书灰色关联度分析步骤如下：

第一步，指定参考序列和比较序列。参考序列记为 $X_0(t)$，比较序列则记为 $X_i(t)$，$i=1, 2, 3, \cdots, n$。

第二步，对全部序列进行无量纲化处理。无量纲化有两种处理方法，均值化和初值化。均值化，是把序列里所有的数值除以序列的平均值，得到一组关于占平均值百分比的新序列。初值化，则是把序列里的所有数据与该序列的第一个数据相除，这样得到了一组关于占第一个数据百分比的新序列。本书采用第二种方法，即初值化②，对全部指定序列进行无量纲化处理。

第三步，求差序列。也就是计算参考序列 $X_0(t)$ 和比较序列 $X_i(t)$ 的差，将其差的绝对值组成序列。即 $\Delta X_i(t) = |X_0(t) - X_i(t)|$。

第四步，求两级最大差和最小差，也就是差序列中最大和最小的数值。分别表示为：

最小差③：$\min\limits_i (\Delta_i(min)) = \min\limits_i (\min\limits_k |X_0(t) - X_i(t)|)$；

最大差：$\max\limits_i (\Delta_i(max)) = \max\limits_i (\max\limits_k |X_0(t) - X_i(t)|)$。

第五步，计算关联系数。将数据代入关联系数计算公式，算得关联系数。关联系数计算公式如下：

$$\zeta_i(k) = \frac{\min\limits_i (\Delta_i(min)) + \rho\max\limits_i (\Delta_i(max))}{|X_0(t) - X_i(t)| + \rho\max\limits_i (\Delta_i(max))} \tag{6-2}$$

式（6-2）中，ρ 为分辨系数，范围在 $[0, 1]$。根据式（6-2），求出各个比较序列每一时刻的关联系数，得到关联系数集 ζ_i。

第六步，计算关联度 λ，即对 ζ_i 里的关联系数做均值处理④。公式如下：

$$\lambda = \sum_{k=1}^{n} \zeta_i(k) \tag{6-3}$$

---

① 量纲，是一个物理学概念，指物理量的基本属性，对物理量的长短、大小、快慢等的度量。在此处可以理解为数据的单位。因为不同因素的数据有不同的单位，比如"千米""万吨""亿元"等。

② 选择初值化的好处在于，在对序列无量纲化处理的同时，也能够得到一个全部序列的公共交点 $X_i(1)$，即序列图形上的低点。

③ 若采用初值法，最小差则为 0。

④ 一个参考序列中存在多个关联系数，信息过于分散。为便于比较，将各个时刻的关联度求平均值，做信息集中处理。

二、数据选取

本书研究中国与东盟交通基础设施互联互通和 FDI 的相关性，能够反映这种实际效用的数据，需要能同时反映交通基础设施互联互通的"硬通联"和"软通联"两方面。在"硬通联"上，陆路交通基础设施联通程度，反映在中国与东盟国家联通的公路里程、铁路里程，以及铁路时速[①]等；水路交通基础设施联通程度，反映在内河运输码头、海洋运输码头建设、沿海航线、远洋航线开通情况等；空中交通基础设施联通程度，反映在航线数量、机场数量等。上述数据能够最直观地反映互联互通中"硬通联"的部分，即硬件设施上的互联互通。而作为两地交通基础设施互联互通的另一个重要方面："软通联"，也就是包含交通协议、交通资源协调整合能力、交通管理能力等在内的互联互通机制保障和管理效率，却无法通过上述数据直接体现出来。但是，交通基础设施互联互通的"软通联"作用也很重要。

为了同时反映交通基础设施互联互通的"硬通联"和"软通联"效果，本书选取了中国和东盟之间陆路、水路、航空交通的货运量为主要数据，来反映中国和东盟之间交通基础设施互联互通的实际效用。因为货运量大，一方面能够说明"路"的实际接通，体现了"硬通联"的效果；另一方面也能够反映"路"的高效畅通，体现了"软通联"的效果。

根据灰色关联度的数据处理要求，选取中国对东盟 FDI 总额为参考序列，设置中国对东盟 FDI 总额为序列 $X_0(t)$。将海、陆、空三方面交通基础设施互联互通的数据设为六个主比较序列，中国-东盟铁路总里程为序列 $X_1(t)$，中国-东盟铁路货运总量为序列 $X_2(t)$，中国-东盟公路货运总量为序列 $X_3(t)$，中国-东盟航空货运总量为序列 $X_4(t)$，中国-东盟港口货运总量为序列 $X_5(t)$，中国-东盟港口通联度为序列 $X_6(t)$。由于 GDP 和双边贸易量也会对国际直接投资产生影响，因此选取中国 GDP、东盟十国 GDP 总量，以及中国-东盟贸易总额作为参考因素，用于比较分析，并设置三个副比较序列，中国 GDP 为序列 $X_7(t)$，东盟十国 GDP 总量为序列 $X_8(t)$，中国-东盟贸易总额为序列 $X_9(t)$。根据各参考序列因素的数据，考虑数据的可获得性，本书选取了 2008~2013 年数据。具体数据如表 6-2 和表 6-3 所示。

---

① 铁路时速快说明相关国家的铁路互联互通效果好，道路通畅。

表 6-2　参考序列与主比较序列的数据

年份	投资总额（亿美元）	铁路里程（万千米）	中国-东盟铁路货运总量（亿吨）①	中国-东盟公路货运总量（十亿吨）②	中国-东盟航空货运总量（亿吨）③	中国-东盟港口货运总量（亿吨）④	港口通联度
2008	24.84	9.88	33.33	19.17	5.74	58.74	47.07
2009	26.97	10.48	33.61	21.28	5.28	63.20	47.71
2010	43.83	11.10	36.71	24.48	6.69	71.27	51.30
2011	59.72	11.35	39.60	28.20	6.57	79.04	54.48
2012	60.72	11.79	39.30	31.89	6.50	84.73	57.11
2013	73.03	12.36	39.96	30.77	5.73	89.63	55.37

注：①参考序列为中国对东盟 FDI 总额数据的序列；②主比较序列为中国-东盟海、陆、空三方面互联互通数据的序列；③中国-东盟铁路货运总量，包含的国家为和中国有客货运铁路连接的国家：印度尼西亚、柬埔寨、马来西亚、缅甸、越南。其中，柬埔寨 2012~2013 年数据缺失，但因为柬埔寨铁路货运量占总体比不到 2%，选择忽略缺失数据；④港口通联度为世界银行标准衡量的东盟十国港口通联度，做了均值处理。取值 [0，100]，越接近 100，说明港口通联度越高，建设越完善。

资料来源：根据历年《中国国际直接投资统计公报》、世界银行数据库（WDI）、东盟秘书处、中经网统计数据库数据整理所得。

表 6-3　副比较序列的数据

年份	中国的 GDP（万亿美元）	东盟十国 GDP 总量（万亿美元）	中国-东盟贸易总额（千亿美元）
2008	46.01	15.60	2.31
2009	51.10	15.54	2.13
2010	61.01	19.85	2.93
2011	75.76	22.96	3.63
2012	85.60	24.27	4.00
2013	96.10	25.04	4.44

注：副比较序列为中国 GDP 数据的序列、东盟十国 GDP 总量数据的序列、中国-东盟贸易总额数据的序列。

资料来源：世界银行数据库（WDI），东盟秘书处。

三、实证分析

第一步，对参考序列和各比较序列进行无量纲化处理：

$X_0(t) = (1, 1.09, 1.76, 2.4, 2.44, 2.93)$；

$X_1(t) = (1, 1.06, 1.12, 1.14, 1.19, 1.25)$；

$X_2(t) = (1, 1.01, 1.1, 1.19, 1.18, 1.2)$；

$X_3(t) = (1, 1.11, 1.28, 1.47, 1.66, 1.61)$；

$X_4(t) = (1, 0.92, 1.17, 1.14, 1.12, 1.01)$；

$X_5(t) = (1, 1.08, 1.21, 1.34, 1.44, 1.52)$；

$X_6(t) = (1, 1.01, 1.09, 1.16, 1.21, 1.18)$；

$X_7(t) = (1, 1.11, 1.32, 1.65, 1.86, 2.09)$；

$X_8(t) = (1, 1.01, 1.27, 1.47, 1.58, 1.61)$；

$X_9(t) = (1, 0.92, 1.27, 1.57, 1.73, 1.92)$。

第二步，求差序列，即是参考序列与比较序列的绝对差值：

$\Delta X_1(t) = (0, 0.03, 0.64, 1.26, 1.25, 1.68)$；

$\Delta X_2(t) = (0, 0.08, 0.66, 1.21, 1.26, 1.73)$；

$\Delta X_3(t) = (0, 0.02, 0.48, 0.93, 0.78, 1.32)$；

$\Delta X_4(t) = (0, 0.17, 0.59, 1.26, 1.39, 1.92)$；

$\Delta X_5(t) = (0, 0.01, 0.55, 1.06, 1, 1.41)$；

$\Delta X_6(t) = (0, 0.08, 0.67, 1.24, 1.23, 1.75)$；

$\Delta X_7(t) = (0, 0.08, 0.44, 0.75, 0.58, 0.84)$；

$\Delta X_8(t) = (0, 0.02, 0.44, 0.93, 0.86, 1.32)$；

$\Delta X_9(t) = (0, 0.17, 0.49, 0.83, 0.71, 1.01)$。

在所求出的 9 个差序列中，找出最大差 $\max_i \Delta X_i(t) = 1.92$，最小差：

$\min_i \Delta X_i(t) = 0$。

第三步，利用公式，求出关联度系数，构成新序列：

$\zeta_1(k) = (1, 0.97, 0.6, 0.43, 0.43, 0.36)$；

$\zeta_2(k) = (1, 0.92, 0.59, 0.44, 0.43, 0.36)$；

$\zeta_3(k) = (1, 0.98, 0.67, 0.51, 0.55, 0.42)$；

$\zeta_4(k) = (1, 0.85, 0.61, 0.43, 0.42, 0.33)$；

$\zeta_5(k) = (1, 0.99, 0.64, 0.48, 0.49, 0.41)$；

$\zeta_6(k) = (1, 0.92, 0.59, 0.44, 0.44, 0.35)$；

$\zeta_7(k) = (1, 0.98, 0.69, 0.56, 0.62, 0.53)$；

$\zeta_8(k) = (1, 0.92, 0.66, 0.51, 0.53, 0.42)$；

ζ_9（k）＝（1，0.85，0.66，0.54，0.57，0.49）。

第四步，求关联度。根据各关联系数度序列，求出各因素比较序列与参考序列的关联度。结果如表6-4所示。

表6-4 灰色关联度分析结果

关联度	数值
λ_1，中国-东盟铁路总里程序列 X_1（t）与参考序列中国对东盟 FDI 总额序列 X_0（t）的关联度	0.63
λ_2，中国-东盟铁路货运总量序列 X_2（t）与参考序列中国对东盟 FDI 总额序列 X_0（t）的关联度	0.62
λ_3，中国-东盟公路货运总量序列 X_3（t）与参考序列中国对东盟 FDI 总额序列 X_0（t）的关联度	0.69
λ_4，中国-东盟航空货运总量序列 X_4（t）与参考序列中国对东盟 FDI 总额序列 X_0（t）的关联度	0.61
λ_5，中国-东盟港口货运总量序列 X_5（t）与参考序列中国对东盟 FDI 总额序列 X_0（t）的关联度	0.67
λ_6，中国-东盟港口通联度序列 X_6（t）与参考序列中国对东盟 FDI 总额序列 X_0（t）的关联度	0.62
λ_7，中国 GDP 序列 X_7（t）与参考序列中国对东盟 FDI 总额序列 X_0（t）的关联度	0.73
λ_8，东盟十国 GDP 总量序列 X_8（t）与参考序列中国对东盟 FDI 总额序列 X_0（t）的关联度	0.67
λ_9，中国-东盟贸易总额序列 X_9（t）与参考序列中国对东盟 FDI 总额序列 X_0（t）的关联度	0.69

资料来源：笔者计算所得。

从灰色关联度的分析结果来看，所有比较序列的因素与中国对东盟 FDI 的关联度均在 0.6 以上。当两个因素之间的关联度大于 0.6 时，说明这两个因素之间的关联性较强。因此可以得出结论：中国与东盟交通基础设施互联互通和 FDI 之间存在较强的正相关性。

四、结果讨论

由前文分析可知，中国与东盟交通基础设施互联互通和 FDI 有较强的关联性，即中国与东盟交通基础设施的质量越好，相互联通的水平越高，对 FDI 越有正向促进作用。在直接反映交通基础设施互联互通效果的诸多因素中，公路交通和海运交通这两部分对中国对东盟 FDI 的影响最大，其次为铁路交通和航空交通。这一结论与经济现实相吻合。

第一，公路运输在中国与东盟之间的物流运输体系中占据着重要地位，是中国-东盟贸易的主要通道。但是与中国公路连通的缅甸、泰国、越南等国，仍然存在着公路路面质量差、通关效率不高的问题。这些问题会严重影响相关国家的投资环境，进而影响 FDI 流入该区域。因此，逐步升级中缅公路、中泰公路，中越公路的联通建设，将成为中国在东盟深化投资水平和提高投资质量的重要推动力。

第二，海运作为目前最廉价的运输方式，在中国与东盟的经贸合作中起到十分关键的作用。自中国-东盟自由贸易区建成以来，中国和东盟沿海各国的港口设施建设稳步推进，通联度也逐渐加深。中国和东盟签订了双边海运协定，从高层开始，建立起对话机制，在政策对接、人员培养等方面开展深入合作交流，进一步巩固提升海运在中国-东盟经贸往来核心地位。中国与东盟之间海上经贸纽带的增强，将促进中国对东盟 FDI 的发展。

第三，铁路运输也是中国与东盟之间高效且重要的陆运方式。但因为受到修建铁路的地理条件、东盟国家经济、技术水平等因素制约，中国与东盟国家之间铁路互联互通建设不尽理想。因此，现阶段铁路互联互通与中国对东盟 FDI 的相关性比不上公路运输和海运。但是，随着"一带一路"倡议的提出，作为"五通"建设先锋的设施联通已经取得一定成果，在未来，铁路运输将会有质的飞跃，源源不断地在中国和东盟之间输送人员、货物，交换着资本和市场。

第四，航空运输是所有运输方式中速度最快的，它能够使人员和重要物件迅速到位。不过就东盟各国的现有条件而言，只有新加坡、马来西亚等这些经济相对发达的国家有着较为完善的机场及配套设施，足够支撑经贸往来的需求。构建一个完善发达的航空客货运网络，是拓展中国与东盟贸易投资的必然需求。

第三节　启示

一、促进"硬通联"

1. 支持东盟内部的互联互通建设

东盟内部交通基础设施的互联互通是中国与东盟交通基础设施互联互通的重要影响因素。近年来，东盟内部互联互通程度有了长足的发展，特别是陆上交通，但是在跨境运输的便利性上，东盟内部还需持续投入资金与技术进行升级发展。中国可以加大对东盟地区交通基础项目的支持力度，包括资金与技术方面的支持。充分利用好中国-东盟投资合作基金、亚投行等机构，同时与东盟各国一同寻求更多元化的资金来源。此外，中国要发挥自身在高铁技术、城际轻轨技术方面的优势，让更多的中国技术被东盟所认可，走向东盟。

2. 推进泛亚铁路建设

陆路方面的交通互联互通是几大交通方式中与中国在东盟 FDI 正向关联度最大的因素。陆路交通中，泛亚铁路中国东盟段，则是中国-东盟铁路网的重要组成部分。但是泛亚铁路中国东盟段推进持续缓慢。实际上，无论是铁路建设项目，还是其他交通基础设施互联互通建设项目，从项目的准备，到谈判，再到最后的落实，参与各方都应及时跟进。此外，参与各方之间的相互沟通、理解、包容，对项目的立项、建设和推进都有着至关重要的作用。基础设施互联互通项目，耗时长、投资大、风险高，没有相关的沟通协调机制，项目很难顺利完成。从中国方面来说，在项目落实中，中国应当用实际行动说服那些质疑的声音。同时中国和东盟双方应当增强政治互信，通过多方面的交流，增进彼此之间的理解。

3. 协调统一铁路技术标准

中国和东盟各国铁路技术标准不统一，是制约中国和东盟间跨境铁路运输效率提高的关键因素。尽管通过使用统一规格的标准集装箱，可以缓解铁轨制式差异带来的影响。统一了集装箱标准，在这种转换之中可以在一定程度上提高效率。但这种方法治标不治本，在实际操作过程中，需要把中方在标准轨上的集装箱换到进口国家的窄轨列车之上，再通过窄轨运输到目的地。因此，中国和东盟各国应当从全局出发，互相包容理解，坦诚相待，加强沟通交流，共同协商制定出统一的铁路技术标准。铁路技术标准包括铁轨制式、管理模式、线路电气化等方面。技术标准的协调统一，是中国-东盟铁路运输网络建设并通畅的保证。

4. 优化港口基础设施建设

港口建设是实现中国与东盟交通基础设施互联互通的重要环节，也是影响中国对东盟 FDI 的重要因素。广西拥有防城港、钦州港、铁山港组成的北部湾港区，是中国面向东盟的重要物流港口。优化广西港口的基础设施，是提升中国-东盟交通基础设施互联互通水平的重要一环。应当以广西现有的港区为基础，通过提升硬件设施、优化港口作业程序、强化港口运营管理，完善相应的配套设施建设，从而进一步提升广西港口的建设水平。此外，还应当完善广西区内的内陆交通网络，提升货物往来北部湾港区的运输效率。

5. 加快港口的信息化建设

港口间信息的互联互通和顺畅对接，是远洋运输中十分重要的环节。中国和东盟各主要港口应加强合作交流，打通信息通道，加强双方信息、管理经验、运行技术等方面的交流，进一步提升货物进出港的便利程度。港口信息化建设是同港口所在城市的整体融合以及同所连接的经济腹地之间的信息交换①。因为此时港口间能够联通的，将不再仅仅是货物的流转，而是两座城市，乃至两个经济腹地各种生产要素的交换。

二、促进"软通联"

1. 利用各种对话机制

中国与东盟之间已签署或建立《中国与东盟全面经济合作框架协议》《交通合作谅解备忘录》《中国与东盟航空合作框架》《中国－东盟海运协定》《中国与东盟航空合作框架》《中国－东盟交通战略合作规划》，中国－东盟交通部长对话机制等一系列较为全面的交通合作协议和对话机制。这些协议的签订说明双方达成对交通方面开展合作的共识。双方应当重视协议的落实以及对话机制的持续有效推进。在落实协议的过程中，双方应当增进政治互信，明确共同的目标，用全局意识和包容开放的态度，代替"零和博弈"的思想。

2. 提高通关效率

简化货物通关流程，能够提高通关效率。2015 年 12 月，广西的"单一窗口"通关平台开始运行，实现通关放行无纸化。最快 2 小时，就可以实现放行，大大提高了货物通关效率。但是该通关平台尚未应用到铁路、公路等陆路运输方式中。如果能够尽快向所有运输方式推行电子通关，将进一步推进中国与东盟之间跨境运输从"通"向"畅"升级。特别是对该区域公路、铁路网的跨境运输效率有显著的提升。

3. 协调双方检验检疫标准

人员和货物通关时的检验检疫是影响通关效率的关键。目前，中国与东盟之间的检验检疫是"两地两检"，出现了重复检验检疫的情况，降低了通关效率。建议中国与东盟国家之间，通过协商交流，加强检验检疫的合作管理，实现"一地两检"制度。即在同一个地点，设立两个检验关卡，流水作业，实现在一地完

---

① 孙光圻，刘洋. 第四代港口对中国港口建设的启示［J］. 中国港湾建设，2010（5）：71-73.

成出关、入关的流程。由于中国、东盟国家检验检疫需求和标准的差异，实现"一地两检"难度很大，需要双方在检验检疫经验、技术、通关流程等方面开展更深入的合作交流，增强互信。建议先从设立直接放行的货物清单起步，逐步向"一地两检"靠近。实现"一地两检"，将进一步提高中越、中缅、中泰之间的跨国公路的运输效率，对中国与东盟国家之间跨国公路网的建设有积极影响。

第七章　中国与东盟基础设施互联互通建设的总体思路

从前述章节的分析可知，现阶段，中国与东盟国家之间的基础设施互联互通建设已经取得了一些成就，并且对中国-东盟贸易、直接投资都有促进作用。但是，中国与东盟国家之间的基础设施互联互通建设，还面临着不少困难，建设的过程也存在许多问题。本章将在前述章节分析、讨论的基础上，设计出中国与东盟国家之间基础设施互联互通建设的总体思路，并指出中国与东盟国家之间基础设施互联互通的建设重点。本章对推进中国与东盟国家之间基础设施互联互通建设具有总领性指导作用。

第一节　中国与东盟基础设施互联互通建设的总体思路

一、"中国东盟命运共同体"是互联互通建设的基石

1. 原则：构筑并扩大共同利益

根据前述章节的分析可知，中国与东盟基础设施互联互通项目，有时会因为国家之间的不信任、意见分歧等导致无法开展或者中断。2013 年，中国提出了全方位建设"中国-东盟命运共同体"的五大举措：政治上"讲信修睦"、经济上"合作共赢"、安全上"守望相助"、人文上"心心相印"、地区机制上"开放

包容"①。2015 年，中国提出的"人类命运共同体"的五大支柱②：

一是政治上要建立平等相待、互商互谅的伙伴关系，要奉行双赢、多赢、共赢的新理念，扔掉我赢你输、赢者通吃的旧思维，要倡导"以对话解争端、以协商化分歧"，走出一条"对话而不对抗，结伴而不结盟"的国与国交往新路。

二是安全上要营造公道正义、共建共享的安全格局，要摒弃一切形式的"冷战思维"，树立"共同、综合、合作、可持续安全"的新观念，要充分发挥联合国及其安理会在止战维和方面的核心作用，通过和平解决争端和强制性行动双轨并举，化干戈为玉帛。

三是经济上要谋求开放创新、包容互惠的发展前景，要秉承开放精神，推进互帮互助、互惠互利。

四是文化上要促进和而不同、兼收并蓄的文明交流。文明之间要对话，不要排斥，要交流，不要取代。

五是环境上要构筑尊崇自然、绿色发展的生态体系，要以"人与自然和谐相处"为目标，实现世界的可持续发展和人的全面发展。

这些主张都是着眼于中国、东盟国家，甚至人类的未来，为了各国的发展目标和战略，以及长远的共同利益。因此，在中国与东盟基础设施互联互通建设过程中，应该以"中国东盟命运共同体""人类命运共同体"为建设的基石，构筑中国与东盟国家的共同利益，并不断扩大共同利益。当"利益蛋糕"做大后，各国命运休戚相关，面对冲突、分歧时，才能够通过沟通与协商，共同寻找解决之道。具体到中国与东盟之间的基础设施互联互通项目建设上，就应该"急人所难，急人所需"，以东盟各国的经济发展战略为起点，以东盟国家急需建设和推进的项目为突破口，开展合作。

2. 途径：以东盟急需项目为突破口

在基础设施中，电力基础设施部门、公路基础设施部门在全球都是亟需推进建设的重点领域。根据《全球基础设施展望——2040 年基础设施投资需求：50个国家 7 个部门》调研报告可知，电力和公路两个基础设施部门共占全球投资需求的逾 2/3。此外，港口和机场两个基础设施部门的投资缺口也相对较大，其中，与目前的投资情况相比，港口基础设施部门的投资需求还要在现有基础上增

① 陈向阳. 以"人类命运共同体"引领世界秩序重塑［J］. 当代世界，2016（5）：18-21.
② 陈积敏. 正确认识"一带一路"［EB/OL］.（2010-02-26）［2019-11-16］. http：//theory. people. com. cn/n1/2018/0226/c40531-29834263. html.

加 32%，机场基础设施部门的投资需求则是要增加 26%。具体考察东盟相关基础设施部门的投资需求情况，可以发现基本与之吻合。比如，印度尼西亚和越南在未来的交通发展规划中就明确指出要建设公路，大力发展水电（见表 7-1）。

表 7-1　部分东盟国家交通业发展规划

国家	类型	发展规划
印度尼西亚	公路	2015~2019 年，建设 2650 千米长的公路和 1000 千米的高速公路，维修全场 46770 千米的现有公路
越南	电力	优先发展水电，在 2020 年提高到 21600 兆瓦，到 2025 年提高到 24600 兆瓦

资料来源：《对外投资合作国别（地区）指南》《"一带一路"国家基础设施发展指数报告》。

东盟公路网是对"泛亚公路网"在东盟区域内路线的扩展。目前"东盟公路网"中的部分东盟成员国存在缺失路段和不达标公路等问题。"东盟公路网"缺失的路段主要在缅甸境内，长约 227 千米；印度尼西亚、老挝、马来西亚、缅甸、菲律宾和越南六国有超过 5300 千米的公路低于 III 级标准。第 5 届东盟交通部长会议曾于 1999 年 9 月在越南河内通过一项关于东盟公路网的发展计划，其中的目标有将东盟国家所有指定路线升级为 I 级公路，运输量小的非干线公路要升级到 II 级公路。而中国在公路建设方面与东盟国家相比，技术领先且成熟，建设、管理经验丰富，因此，可以在公路基础设施互联互通项目建设上与东盟开展更多合作。

东盟电力网面临的挑战主要是未来需要推进的许多项目不是铺设海洋/海底电缆，就是涉及柬埔寨、老挝、缅甸和越南的内陆网络连接。项目实施都需要极高的技术手段和全面的技术评估。中国在电力基础设施建设上也比东盟国家技术先进、经验丰富。因此，中国可派遣技术人才到东盟进行技术性支持和指导，向东盟国家提供相关设备等方式，帮助推进东盟电力网建设的进程。这也是中国与东盟基础设施互联互通建设的重要组成部分。

二、可持续发展是互联互通建设的关键

1. 原则：实现可持续发展

1987 年 4 月正式出版的《我们共同的未来》，是世界环境与发展委员会关于人类未来的报告。在该书中对"可持续发展"做了定义："既满足当代人的需

求，又不对后代人满足其自身需求的能力构成危害的发展。"可见，可持续发展就是建立在社会、经济、人口、资源、环境相互协调和共同发展的基础上的一种发展，其宗旨是既能相对满足当代人的需求，又不能对后代人的发展构成危害。

从"中国-东盟命运共同体""人类命运共同体"倡导的"合作共赢"来看，各国在追求本国利益时兼顾他国合理关切，在谋求本国发展中促进各国共同发展，建立更加平等均衡的新型全球发展伙伴关系，同舟共济，权责共担，增进人类共同利益。这一倡议的内容正吻合了可持续发展的思想，即一国的发展不应该以牺牲别国的发展为代价，在此基础上进行的国家之间的合作才有生命力。

从中国提出的"一带一路"倡议来看，主张开放的发展、包容的合作、互利共赢的合作战略。这也充分体现了可持续发展的思想，不以损害别国的利益为前提。因此，对于不和谐的"中国威胁论"的论调，是有力地反击。

从中国与东盟基础设施互联互通建设来看，一些项目由于受到环保限制在部分东盟国家内部遭到抵制，无法顺利实施或者推进；另一些项目中中国企业面临着来自日本、欧美企业的竞争。由此可见，在中国与东盟基础设施互联互通建设中，坚持可持续发展是关键，这不仅能提升项目建设应对来自东盟国家内部环保主义非政府组织等的质疑的能力，也顺应了当今企业发展强调社会责任的趋势潮流。

2. 途径：了解东盟的基础设施可持续发展战略

在中国与东盟基础设施互联互通建设中，要坚持可持续发展的原则，需要充分了解东盟国家的可持续发展战略。概括来说，东盟的基础设施可持续发展建设包括三个内容：建立东盟潜在基础设施项目和资金来源的优先滚动清单；建立东盟平台，衡量和提高基础设施生产效率；启动东盟城市可持续化战略。东盟未来不仅需要在基础设施建设方面增加开支，而且需要提高基础设施本身的生产力，此外，为了确保城市的发展不会以环境为代价，还需要寻求新的方法应对东盟国家的中等规模城市的增长。

据统计，东盟成员国中已经大约有8100万户家庭属于"消费阶层"（Consuming Class），即这些人的收入已经超过了可以开始进行重大非必需品购买的水平①。而随着东盟国家的大量人口为了寻求更好的工作机会涌入城市，向城市迁移，到

---

① "消费阶层"定义为年收入超过7500美元的家庭（以2005年购买力平价计算）。

2030 年，这一数字将会翻一番，达到 1.63 亿户①。这些对东盟国家的基础设施，尤其是城市里的基础设施提出了新的需求。此外，麦肯锡全球研究所（McKinsey Global Institute）估计，到 2030 年，亚洲游客在东盟国家的旅游人数将达到 5.25 亿人次，其中，仅中国就将有 2 亿人次出行②。旅游业的发展将会增加东盟对基础设施进一步的需求，也增加了对中国和东盟基础设施互联互通的需求。

尽管东盟的基础设施建设需求迫切增长，然而大部分东盟国家还属于发展中国家，自有的建设资金投入不足，自身基础设施原有的生产力不足，再者基础设施建设还需要估计环境承载力，尤其是城市有限的资源和快速涌入的人口之间的矛盾。因此，东盟的基础设施建设需要遵循可持续发展的原则，解决好稀缺资源与不断增长的需求之间的关系。现有研究发现，通过更好的项目选择、更高效的制度、重视现有资产的使用期限和能力最大化、强有力的基础设施治理和宏伟的融资框架，基础设施建设成本可以降低 40% 左右③。因此，中国企业在与东盟国家进行基础设施互联互通项目建设时，要按照可持续发展的原则，此外，还需要对东盟国家基础设施建设的迫切需求有清晰的认识，通过基础设施互联互通建设，帮助东盟实现城市可持续发展战略。

三、数字基础设施是互联互通建设的未来

1. 原则：紧跟经济发展未来方向

数字经济是人类通过大数据（数字化的知识与信息）的识别—选择—过滤—存储—使用，引导、实现资源的快速优化配置与再生、实现经济高质量发展的经济形态。数字经济通过不断升级的网络基础设施与智能机等信息工具，互联网-云计算-区块链-物联网等信息技术，推动人类经济形态由工业经济向信息经济-知识经济-智慧经济形态转化。数字经济能够极大地降低社会交易成本，提高资源优化配置效率，提高产品、企业、产业附加值，推动社会生产力快速发展，同时为落后国家后来居上实现超越性发展提供了技术基础④。

从东盟国家的情况来看，东盟国家具备发展数字经济的巨大潜力。在全球前

① Southeast Asia at the Crossroads: Three Paths to Prosperity ［R］. McKinsey Global Institute, 2014.

② Myanmar's Moment: Unique Opportunities, Major Challenges ［R］. McKinsey Global Institute, 2013.

③ Infrastructure Productivity: How to Save MYM1 Trillion a Year ［R］. McKinsey Global Institute, 2013.

④ 资料来源：陈世清. 数字经济与数字游戏［EB/OL］.（2020-10-09）［2022-08-28］. http://www.finance-people.com.cn/news/1602204863.

20 大的互联网国家中，有 11 个在亚洲，其中，东盟国家有印度尼西亚、菲律宾、越南和泰国①。谷歌、淡马锡与贝恩公司联合发布的《2021 年东南亚数字经济报告》显示，新冠肺炎疫情以来，东盟国家的数字服务消费不断增长和深化，商家数字化转型加速，电子商务、数字金融服务等行业欣欣向荣，预计到 2025 年，东南亚数字经济规模将超过 3600 亿美元，其中，印度尼西亚的数字经济体量最大，占整个东南亚市场的 40%，菲律宾增长势头最猛，到 2025 年，印度尼西亚、菲律宾、越南的数字经济规模预计将翻番。主要有以下原因：第一，东盟国家的年轻人口比重高，年轻人倾向于使用网络社交媒体进行交流，年轻人是数字经济的主要推动者。《2021 年东南亚数字经济报告》显示，印度尼西亚、马来西亚、菲律宾、新加坡、泰国和越南仅 2021 年就新增 4000 万互联网用户，使得互联网用户总数达到 4.4 亿，约占六国人口总数的 75%。第二，东盟国家不发达的零售分销系统会促成电子商务的发展。第三，东盟国家的中产阶级因为教育程度好，对互联网等新技术适应能力强。因此，东盟国家可以从电子商务、物联网等方面推进数字经济的发展。根据《2021 年东南亚数字经济报告》的分析，东南亚已迈入"数字十年"。随着消费者行为和商家运营模式持续深入数字化，投资者信心增强，东南亚互联网经济有望到 2030 年达 1 万亿美元规模。

2. 途径：实现数字基础设施互联互通

在中国与东盟基础设施互联互通建设中，实施并加强数字基础设施互联互通，符合东盟国家对数字经济发展的需求。早在 2015 年 11 月，东盟发布了《东盟信息通信技术总体规划 2020》，其中阐明了东盟 2016 年至 2020 年的信息和通信技术（ICT）发展计划，并提出了一系列改善东盟内部互联互通的举措，包括信息和通信技术基础设施发展的行动要点。根据《东盟互联互通总规划 2025》，东盟计划到2030 年，新兴信息技术（如互联网、大数据、云技术、物联网、知识工作自动化和 SMAC）每年可为东盟带来 2200 亿~6250 亿美元的经济影响。数字基础设施重点涵盖了支持微型、中小型企业采用数字技术；支持通过数字技术获取资金；改善东盟成员国开发数据的使用以及支持东盟成员国加强数据管理四大方面。

四、多维沟通协调机制是互联互通建设的桥梁

1. 原则：沟通对话共同发展

为了中国与东盟基础设施互联互通建设的顺利开展，双方还需要加强沟通与对

---

① 沈联涛．东盟"数字经济"前途可期［N］．后歆桐译．第一财经日报，2017-09-04（A10）．

话，消除偏见与误解，解决争端。因此，多维沟通协调机制是互联互通建设的桥梁。以对话代替对抗，因为对抗只会带来两败俱伤，而对话能够带来中国与东盟在基础设施互联互通上的双赢局面。这也符合"中国东盟命运共同体"主张的宗旨。

沟通协调机制的建立与保持顺畅运作，中国与东盟国家在进行基础设施互联互通建设过程中，遇到问题，能够有解决的渠道。具体而言，通过沟通协调机制，中国与东盟的民众可以消除相互之间的误解，实现民心相通；通过沟通协调机制，中国与东盟可以共同提高双方的贸易便利化水平，实现贸易畅通；通过沟通协调机制，中国与东盟可以一起拓展融资渠道，实现资金融通。最终，中国与东盟之间的设施联通得以实现。

2. 途径：完善沟通协调机制

中国与东盟基础设施互联互通建设过程中，沟通协调机制需要充分利用现有、已建成的相应机制，而且沟通协调机制应该是多维度的，即国际的，比如，中国-东盟自由贸易区升级版中的沟通协调机制、大湄公河次区域合作中的沟通协调机制等，国家政府之间、相关地方政府之间、行业协会之间、企业之间的沟通协调机制等（具体的相关内容见第三章的第三节）。只有通过完善的多维度沟通协调机制，中国与东盟国家才能够应对基础设施互联互通建设中的不和谐声音，才能够为了共同利益，互相理解和信任，相互妥协和学习，更好地整合中国-东盟自由贸易区内部的生产要素，最终完成基础设施互联互通，使该区域整体的经济实力增强，提高国际竞争力。

第二节　中国与东盟基础设施互联互通建设的任务重点

在把握上述总体思路的基础上，在充分评估资源稀缺性的同时，中国与东盟基础设施互联互通建设需要确定任务重点，尤其需要解决重点问题。

一、保障资金融通

1. 基础设施建设项目存在资金瓶颈

资金问题是阻碍中国与东盟基础设施建设进程的最大问题之一。根据《2015

年东盟投资报告》，东盟每年的基础设施建设资金需要超过1100亿美元[①]，而东盟国家大多数为发展中国家，自身不具备完全承包此类大型基础设施工程项目的能力，同时，基础设施工程一般投资周期长、风险高、因此投资额巨大对私营部门投资的吸引力不足（见表7-2）。

表 7-2　2010~2020 年亚洲地区跨国境地区性基础设施建设项目

地区/次区域 部门/行业	交通		能源		总计	
	成本预算（百万美元）	项目数（个）	成本预算（百万美元）	项目数（个）	成本预算（百万美元）	项目数（个）
泛亚洲	177077	931	—	—	17707	931
其中：高速公路	43276	121	—	—	43276	121
铁路	82801	45	—	—	82801	45
集装箱港口	51000	765	—	—	52000	765
东亚/东南亚-中亚-南亚	—	—	22975	5	22975	5
东南亚	5858	17	41444	33	47302	50
其中：GMS	5858	17	2604	14	8462	31
ASEAN	—	—	7000	1	7000	1
BIMP-EAGA	—	—	100	1	100	1
其他	—	—	31740	17	31740	17
中亚	21414	38	11131	44	32545	82
其中：CAREC	21414	38	10861	43	32275	81
其他	—	—	270	1	270	1
南亚	293	3	6846	6	7139	9
总计	204642	989	82369	88	287038	1077

资料来源：Asian Development Bank and Asian Development Bank Institute ［Z］. Infrastructure for a Seamless Asia, 2009.

从投资回报率来看，东盟整体的经济发展水平和技术能力较低，基础设施项目的投资回报率不高，导致一些项目对私营部门投资缺乏吸引力（见表7-3）。例如，新加坡—昆明铁路，估测交通流量低、来自其他发展项目资源方面的竞

---

① ASEAN Investment Report 2015：Infrastructure Investment and Connectivity ［R］. ASEAN Secretariat and UNCTAD，2015.

争，以及其他运输部门的替代性阻碍了其进展，[1] 私营部门投资不会选择此类项目。此外，基础设施项目建成之后的运营维护，往往还需要不少的后续资金投入，比如建好的高铁项目也常常需要政府补贴才得以收支平衡，这对于不少东盟国家而言是巨额的负担。

从东盟国家的政府财政能力和项目建设的优先级来看，东盟各国面临的财政压力限制了其对基础设施项目建设的投资能力和积极性。东盟各国需要在基础设施建设、教育、医疗、社会服务和其他福利等支出项目中优先选择急需实施的支出项目。在财政紧张的情况下，东盟国家会优先为满足生活成本提供保障，[2] 会把高投入、回报周期长的基础设施项目排到后面的位置。

表 7-3　1990~2006 年 ASEAN 基础设施领域的私人部门投资

单位：百万美元

国家 ＼ 部门/行业	能源	交通	供水与卫生	电信	总计
柬埔寨	231	445	0	331	1007
印度尼西亚	13160	4634	992	18455	37241
老挝	2586	0	0	198	2784
马来西亚	14313	16113	10144	8577	49147
缅甸	719	50	0	0	769
菲律宾	15818	2625	8071	11545	38059
泰国	12244	3576	596	14254	30670
越南	2715	115	213	946	3989
总计	61786	27558	20016	54306	163666

资料来源：Bhattacharyay, Infrastructure Development for ASEAN Economic Integration ［R］. Asian Development Bank Institute Working Paper Series, 2009.

2. 拓展资金来源的渠道

从长期来看，要想加快中国与东盟基础设施互联互通建设，需要拓展资金来源的渠道。东盟国家传统的融资渠道一般是本国的公共部门、开发银行和商业银

　　① ASEAN Connectivity：Building a PPP Pipeline ［R］. The World Bank Group, 2014.
　　② Lifting the Barriers Roundtables：Infrastructure, Power and Utilities ［R］. CIMB ASEAN Research Institute（CARI）and McKinsey & Company, 2013.

行，但由于东盟国家自身经济发展水平不高，使这些机构的资金提供能力受限。因此，中国和东盟国家之间的基础设施互联互通项目建设必须从外部寻找稳定的资金来源和多样的融资途径。

第一，利用亚洲基础设施投资银行的资金，并发挥亚投行的杠杆作用。中国是亚洲基础设施投资银行发起方之一，并拥有25%~30%的投票权。东盟十国均于2014年签署建立亚洲基础设施投资银行的谅解备忘录，并十分看好亚洲基础设施投资银行对于东盟基础设施建设的融资能力。另外，亚洲基础设施投资银行除了让中国和东盟更有参与度外，相比于世界银行更有针对性，其更注重于基础设施方面，而世界银行等多边开发银行的宗旨多偏向于扶贫和减贫。①

然而，并不是所有东盟国家都完全接受亚洲基础设施投资银行，新加坡、马来西亚等东盟国家认为，亚洲基础设施投资银行是具有"泛亚主义"的银行，而不是一所专门针对东南亚地区设立的银行②，还有一些东盟国家认为，中国能否为东盟互联互通建设提供资金支持，与其能否加强中国与东盟经济体的联系、保障中国在该地区的战略利益密切相关③。

为了消除疑虑和疑问，中国与东盟要建立公开、透明、平等、合理的合作融资机制。就中国与东盟在亚洲基础设施投资银行的合作而言，作为发起方的中国要与东盟国家共同协商，建立和完善一个全新的公平开放金融平台。同时，中国要控制自身的融资风险，作为亚洲基础设施投资银行最大的股东，在向东盟融资时，要考虑到东盟十国经济发展水平参差不齐，避免投资过于集中化，加大投资风险。

中国与东盟如何利用亚投行的杠杆作用呢？一是将基础设施的外部效益内部化；二是将项目的未来收益转化为当前的价值；三是将基础设施的风险进行分配。就第一、第二个方法来说，需要依托中国、东盟国家自身的债券市场，以及世界的债券市场，通过税收、特许权等方式将基础设施的外部收益转移到项目本身，并通过债券市场的定价将项目的未来收益转换成现在的价值。就第三个方法来说，可以通过目前已经比较成熟的衍生证券市场进行风险的分散与转移。

① Sanchita Basu Das. The ASEAN Economic Community and Beyond［M］. Singapore：ISEAS Publishing, 2016：252.

② Larkin，Stuart. The Conflicted Role of the AIIB in Southeast Asia［R］. IESAS Perspective 2015.

③ Sanchita Basu Das. The ASEAN Economic Community and Beyond［M］. Singapore：ISEAS Publishing, 2016：253-254.

第二，利用亚洲债券市场进行基础设施互联互通项目的融资。为此，竺彩华等（2013）建议，将基础设施互联互通债券与企业债等债券相隔离，并促使东亚国家放松基础设施互联互通债券市场的发行主体限制；对于基础设施互联互通项目，采用基础设施所在国家的联合信用评级或区域金融组织的信用担保，以获得比单个国家主权信用评级更高的信用等级；完善基础设施互联互通债券市场的清算体系，建立东亚地区基础设施互联互通债券的统一清算机构；优先发展私募市场和资产支持证券市场，利用非标准化的合约和更加灵活的本息偿还结构来吸引各类投资者；完善亚洲债券市场的跨国监管，建立监管信息共享与磋商机制；制定统一的监管指标体系；建立亚洲债券市场的风险隔离机制，从市场主体、业务等方面实现亚洲债券市场风险与各国国内金融市场风险的相互隔离。

二、提高贸易畅通

中国与东盟之间贸易畅通也是推进基础设施互联互通项目顺利进行的重要条件之一。中国商务部的数据统计显示，2017 年，除老挝外，东盟其他九国中都有由中国企业承建的基础设施合作项目，而且现阶段中国与东盟基础设施互联互通项目主要涉及交通、能源等行业，建筑行业还不多（见表 7-4）。无论是交通还是能源行业，在建设过程中不可避免地会涉及大型设备的贸易，随着中国企业在东盟国家承建的基础设施项目越来越多，此类型设备的进出口还会增加。因此，中国与东盟国家之间的贸易便利化水平需要进一步提高。

表 7-4　2017 年东盟基础设施项目数由中国企业承建情况

行业	国家	合作项目数	合同总额（百万美元）
能源	印度尼西亚	4	21256
交通	柬埔寨	1	50
建筑	柬埔寨	1	230
交通	越南	1	6280
交通	越南	1	——
交通	马来西亚	1	1660
能源	马来西亚	2	154.46
交通	新加坡	1	2587
能源	菲律宾	3	1929

续表

行业	国家	合作项目数	合同总额（百万美元）
交通	文莱	1	1130
交通	泰国	1	4290
能源	缅甸	1	3600

资料来源：本书整理自中国商务部网站的国别报告。

　　但是，中国与东盟还存在着一定的贸易障碍。从东盟内部看，东盟国家的贸易便利化水平普遍较低，主要原因除东盟国家内部的物流通道不畅通（第三章的分析中可知）外，还包括东盟国家边境口岸通关效率低下，进出口手续烦琐等，表7-5列出了2017年6月东盟十国进出口所需部分时间和费用，很好地证明了东盟各国的进出口耗时较长、所需费用也较高。这些因素都间接阻碍了中国与东盟之间基础设施互联互通建设项目的推进与实施成效。例如，中国与泰国之间的曼昆公路早已通车，但是由于两国在海关、边检、检验检疫等方面的相关程序、标准等未能协调完善，导致曼昆公路的使用效率不高，远远未达到促进中国和泰国双边贸易发展的预期效果。①

　　对于贸易障碍问题，除贸易便利化水平不高的原因外，还因为东盟国家对中国存在部分疑虑，例如，当经济环境不景气时，部分东盟国家就担心中国会主导、威胁东盟国家的经济发展，因此，这些东盟国家在消除贸易障碍上的行动就会迟疑甚至停滞不前，更或者设置新的贸易障碍。

　　综上所述，为了尽早实现中国与东盟国家的贸易畅通，推动中国与东盟基础设施互联互通项目顺利进行，在贸易畅通方面，双方应该着眼于未来的共同发展，增进互相信任与包容，通过多维度沟通协调机制，尤其是中国-东盟自由贸易区升级版的沟通协调机制，加强中国与东盟各国在各个陆海港口的海关、质检、税务、工商等部门之间的合作，增大在相关设备、人员培训等方面的资金投入，实施标准化单一窗口统一管理，推进双边贸易便利化进程。②

---

　　① 周方冶. 中国与东南亚国家互联互通现状评估与策略选择［J］. 中国发展观察，2017（Z2）：41-46.

　　② 张晓燕，孙乾坤. "一带一路"建设背景的中国与东盟地区的贸易往来［J］. 改革，2017（9）：57-65.

表7-5　2017年6月东盟十国进出口所需部分时间和费用

国家	出口耗时：边界合规和单证合规（小时）	出口所耗费用边界合规和单证合规（美元）	进口耗时：边界合规和单证合规（小时）	进口所耗费用边界合规和单证合规（美元）
老挝	69	375	71	339
新加坡	12	372	36	260
泰国	55	320	54	276
印度尼西亚	108	380	186	544
柬埔寨	180	475	140	360
缅甸	286	572	278	667
越南	105	429	132	556
文莱	272	430	180	445
马来西亚	38	248	43	273
菲律宾	78	509	216	630

资料来源：本书根据世界银行数据库数据整理而得。

三、建立统一"标准"

从第四章的分析可知，中国与东盟国家基础设施互联互通建设过程中遇到的主要问题，还体现在由于国家之间的"标准"不统一从而导致互联互通项目的推进受阻。如中国与东盟国家之间在实现铁路基础设施互联互通时，遇到了由于轨距差异导致的无法直接对接的问题。中国采用的是国际标准轨（1435毫米），而越南、老挝、缅甸、泰国、马来西亚和柬埔寨等国家采用的是米轨（1000毫米），无法与中国的标准轨直接对接。铁路的轨距差异问题属于技术标准不统一，而在中国与东盟基础设施互联互通建设中，还有很多"标准"的不统一，阻碍了相关项目建设的开展和实施。例如，在建立综合多式联运体系和海上综合运输体系等项目中，参与建设的国家之间存在着重要的相互依存关系，此时，需要参与国家整合海运和陆路运输体系以及政府各部门间的配合。

因此，在中国与东盟国家基础设施互联互通建设过程中，各国需要在很多方面建立起统一的"标准"。因为整个基础设施互联互通建设涉及的行业众多，涉及的企业主体众多，涉及的技术标准众多，所以，中国与东盟国家需要遵循上述的总体思路，在构筑共同利益的前提下，放眼未来共同的发展，采用互相信任和包容的心态，利用多层次的沟通协调机制，基于具体的建设项目，根据参与项目的国家的实际情况，逐渐统一"标准"，以提高互联互通建设项目的效率。

第八章 中国与东盟国家基础设施互联互通建设的国别思路

本章在前述章节分析的基础上，尤其是第七章中国与东盟国家基础设施互联互通建设总体思路的基础上，根据东盟各个成员国在经济、社会、文化和政治等方面的具体国情，分别给出了中国与不同东盟国家之间进行基础设施互联互通建设的思路。

第一节 中国与文莱基础设施互联互通建设的思路

一、文莱基础设施状况与发展规划

表8-1是2018年文莱基础设施基本情况，总体来看，文莱的基础设施水平比较好，只是在海、陆、空交通方面稍微薄弱；石油和天然气是文莱国内的关键性产业。在世界银行2018年发布的全球国家竞争力排名中，文莱在基础设施能力方面排在世界第54位，评分为71.3分，处于中上水平。文莱近年来十分重视与其他国家的经贸特别是投资合作，努力提供较为优越的投资环境。在税收方面，文莱的税率较低，不仅免征流转税、消费税、个人所得税等诸多税种，而且现行的企业所得税税率为18.5%。在金融方面，文莱允许外国企业全资控股或与当地部门机构合作进行联合控股。在法律方面，文莱法律体系发展较为完善，设立了专门机构保护知识产权，为投资者提供了诸多法律保障。

表 8-1 2018 年文莱基础设施基本情况

指标	数值	评分	排名
道路联通性指数（1~100）	78.1	78.1	36
道路质量（1~7）	4.9	65.5	32
列车服务效率（1~7）	3.6	43	56
机场联通性	11871.6	33.8	91
空运服务效率（1~7）	4.6	60	66
班轮运输联通性（0~157.1）	6.6	6.6	102
港口服务效率（1~7）	4.1	51.7	67
电力指数（占人口百分比）	100	100	1
电力传输和分配损失（占产出百分比）	6.4	97.5	34
不安全饮用水（占人口百分比）	2.4	99.6	28
供应水可靠性（1~7）	5.6	76.2	48
移动蜂窝电话订阅（每百人）	127.1	100	45
移动宽带订阅（每百人）	126.6	—	11
固定宽带网络订阅（每百人）	9.6	19.2	75
光纤网络订阅（每百人）	6.2	—	30
互联网用户数（占人口百分比）	90	90	13

注："—"表示的缺失部分为原官方数据缺失。

资料来源：根据世界银行数据整理。

从表 8-2 可以看到，文莱为推动本国基础设施建设发展，进行了多方面的战略部署。早在 2008 年文莱提出"2035 远景展望"的国家发展战略中，就列举了一系列预计在 2035 年实现的国家发展目标。其中，战略部署中对基础设施领域涉及四个战略要求：①确保高质量和可靠的公共基础设施和服务的可及性。②保证支撑发展倡议的基础设施与服务的可负担性。③通过可持续发展努力优化资源和资产状况。④有效运用 PPP 模式，促进对基础设施发展的投资，从而带动经济增长。

表 8-2 2018~2030 年文莱基础设施建设目标与战略部署

目标	战略部署
更加重视合资企业基础设施开发项目的实施	制订有效的监测和评估计划，扩大整合规模
	设立委员会，监督、监测和评估跨部门进行整合工作
	优先考虑成功结合 2~3 个部门合作或基于成本共担模式的项目，而非单个部门的项目

续表

目标	战略部署
基础设施项目交付成本优化	为每个项目制定一个设计和成本审查机制，以确保最佳效率和优化，并减少浪费和不必要的设计
	明确替代方案，并制定有效的决策标准，以评估出最佳可行解决方案（如通过一些限制条件实现价值最大化），在项目实施期间为更稳健和合理的决策制定程序
	在预设计/启动阶段进行初步评估设计和成本
与关键利益相关者建立紧密的联系和有效的战略合作伙伴协作关系网	加大战略宣传，吸引对话伙伴参与项目，在项目设计和监测之外充分考虑实现互利共赢，特别是符合合作国的长期规划利益的不同方法
	正式建立各部门工作关系，特别是文莱资产部、经济发展委员会和总检察长会议室，以提供必要的商业和/或法律建议
	积极制定对外合作方案，同时与行业和学术界开展有效的合作
	与发展部的治理和法律司密切合作，有效地将发展部作为成员的现有特设委员会提出的关键战略问题和建议纳入其中
吸引核心项目的潜在私人投资	将规模更小，更简单的工程捆绑到更大的 PPP 项目中，以便为项目创造投资可行性
	探寻利润更高的收入流
	完善关键优先领域的现有政策，为能够增强投资者信心的计划/项目/计划建立结构框架（政策组成部分已在政策框架中确定）
	将所有与投资和市场相关的政策举措集中和整合在一个部门之下，并由该部门牵头，以便更好地协调
	鼓励建立健全的法律、监管和体制环境以发展和实施可行性高的 PPP 基础设施项目
抓住商业化机会，利用私营部门为现有产品和服务增加价值	制定商业化框架
	在早期项目构思和构想期间与私营部门进行利益相关者的接洽
	对非关键服务实施外包、商业化和私有化措施
实施恰当的人力资源规划，使员工具备专业知识和技能	建立关键专业领域的能力和能力发展计划
	建立一个奖励基本绩效的计划
	建立部门关键优先领域的发展计划

资料来源：根据《文莱 2018-2030 战略规划》（2018）整理。

从表8-3可以看出，文莱在今后的基础设施建设中重点关注 PPP 建设模式。为此，文莱政府规划下属多个合作部门专门负责此领域，并且针对基础设施关键领域的政策构建完整的框架，成本审查、决策制定和绩效奖励机制也在不断完善之中。文莱政府部门制定的《文莱2018-2030战略规划》中共提及了五个重点项目，其中有两个项目与基础设施直接相关。如表8-3所示，文莱政府将大力推动PPP模式下的基础设施建设，在这一方面制定了相对全面的政策规划。

表 8-3　2018~2030 年文莱基础设施方面重点项目与政策建议

序号	项目名	政策建议
1	政府资产和基础设施系统	（1）确保其采用一个系统，优化使用人力、设备、材料和资金等稀缺资源来维护资产和基础设施 （2）加强资产规划、维护和风险管理框架，确保实现功能和运营需求，保持资产和基础设施的物理条件，需符合适当的标准和所有技术要求
2	通过 PPP 项目支撑国家住房建筑规划	（1）通过适当的法律、监管和体制框架，逐渐提高投资者的 PPP 投资意愿。这也要求负责 PPP 单位拥有进一步推动项目的权限 （2）加强政府部门选择、开发和管理 PPP 项目的能力。通过必要的财政手段为发展良好、结构合理的 PPP 项目提供补贴和担保，以便适当分配风险 （3）公私合作往往依赖于在资本融资、风险评估和产出细节等具体方面高质量的可行性分析和高水平的专业咨询。政府部门必须与经验丰富的机构密切合作，建立正式合作关系 （4）从关键领域的已被确认可行的小型试点项目开始，积累 PPP 项目的经验

资料来源：根据《文莱 2018-2030 战略规划》（2018）整理。

二、中国与文莱互联互通建设思路

因为文莱政治经济发展相对稳定，中国与文莱两国外交关系良好，因此，双方进行基础设施互联互通建设存在的障碍较少。2014 年中国启动文莱-中国广西经济走廊建设，当时双方预计项目的总投资额将达到 5 亿美元。2018 年中国与文莱发布的《中华人民共和国和文莱达鲁萨兰国联合声明》中提出了进一步深化经贸投资合作，落实已通过的互联互通项目规划。这些都表明了中国与文莱在基础设施互联互通建设中有很好的合作意愿并付诸了实践。

中国与文莱在通信领域的基础设施互联互通合作已经取得了很大的成绩。文莱现在全面使用由中国华为公司提供的"下一代网络"（NGN）服务，可与 160 多个国家直通电话和数据交换；华为公司与文莱最大的移动通信服务商 DST 合作开发的 4G 网络也已正式启用。不过文莱现有的通信网络已经十分完善，因此中国企业未来在通信基础建设领域的投资机会可能不多。

从表 8-1 可以看出，文莱在交通运输基础设施建设方面仍有较大的发展空间。而且从图 8-1 中也可以看出，文莱在交通运输行业基础设施项目完成度较高，远远超过建筑行业、公共事业、能源产业的项目完成度。因此今后中国在文莱的基础设施互联互通项目可以优先选择交通领域的工程项目。目前，中国企业于文莱在建大型工程承包项目主要有：中交第三航务工程局有限公司承建的文莱德里赛-鲁木高速公路，中国水利水电建设股份有限公司承建的乌鲁-都东水坝等。此外，随着近年来油气价格的持续走低，文莱越来越意识到石油经济的不可持续性，因此积极发展石油下游产业，制定了许多优惠性政策，因此，能源产业基础设施也将是两国开展互联互通建设的重要合作领域。

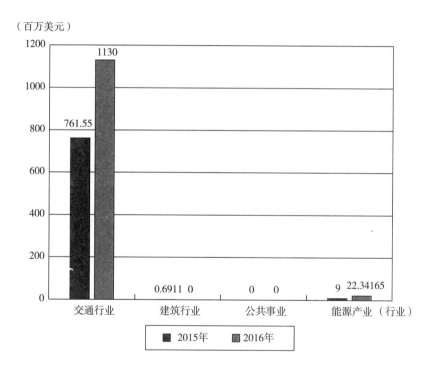

图 8-1　2015~2016 年文莱基础设施不同行业已完成合同额

资料来源："一带一路"国家基础设施发展指数信息服务平台。

中国与文莱进行基础设施互联互通建设时，需要注意防范以下几方面风险：

第一，双方可能因南海争端引发经济问题，从而影响双边合作。

第二，文莱人口较少，劳动力短缺。基础设施建设需要大量人力，因此劳动力短缺可能会对项目的开展带来诸多阻碍。招募文莱本地员工需要开展技能培训，而引进海外劳工需要向文莱当地部门提交申请，此外，长期使用海外劳工对当地就业产生挤出效应，容易引发当地民众对海外投资的抵触情绪。

第三，中国与文莱之间的文化差异较大，在进行基础设施项目合作过程中应当充分考虑当地的风俗习惯，避免产生纠纷。

鉴于文莱政府对 PPP 模式给予充分的支持，因此中国未来在与文莱进行基础设施互联互通项目合作时，应多以 PPP 方式开展工程建设。但是，使用 PPP 方式进行基础设施建设大多存在着预算高、成本高的问题。需要对未来现金流、交通需求、运营及维护成本进行科学计算才能评估出交通基础设施的价值。除了 PPP 方式，BOT 方式也是中国与文莱进行基础设施互联互通建设时可以考虑的合作模式。BOT 是社会资本参与交通基础设施建设最为普遍的方式之一，但通常情况下交通基础设施建设周期长，可能面临资金缺口大的问题，而传统的 BOT 模式可能对私人资本的资金要求较高。文莱的经济较为发达，金融机构发展也较为完善，在开展基础设施互联互通合作时可以考虑使用 BOT+ABS 的模式。BOT 方式可以帮助文莱引进先进的技术和管理经验，同时中国企业可以通过在文莱资本市场和国际资本市场上发行债券来降低融资成本，适当转移投资风险，提高中国私营部门投资者对文莱基础设施及其建设的关注度和积极性。

第二节　中国与柬埔寨基础设施互联互通建设的思路

一、柬埔寨基础设施状况与发展规划

表 8-4 是 2018 年柬埔寨基础设施基本情况，总体来看，柬埔寨的基础设施水平十分落后。在世界银行 2018 年发布的全球国家竞争力排名中，柬埔寨在基础设施能力方面排在世界第 112 位，评分为 51.7 分，处于落后的水平。水运是柬埔寨交通运输的重要方式，柬埔寨国内有一个最大的海港——西哈努克港，还有七个主

要河运港口，近年来柬埔寨政府正加紧对基础设施的建设工作，目前水陆交通建设已经取得了较大的进步。柬埔寨的电力基础设施建设方面存在问题最大，目前柬埔寨大部分地区的电力供应线路不多，质量不稳定，供电无保障。为此，柬埔寨政府一直致力于提高供电质量，并且在2020年实现了该国国内全区域供电。

表8-4 2018年柬埔寨基础设施基本情况

指标	数值	评分	排名
道路联通性指数（1~100）	47.2	47.2	100
道路质量（1~7）	3.3	38.8	100
道路密度（千米/平方千米）	3.5	8.9	78
列车服务效率（1~7）	2.2	19.2	109
机场联通性	57534.6	53.9	58
空运服务效率（1~7）	3.6	42.7	114
班轮运输联通性（0~157.1）	8	8	93
港口服务效率（1~7）	3.6	43.3	86
电力指数（占人口百分比）	59.7	59.7	115
电力传输和分配损失（占产出百分比）	13.7	89.9	88
不安全饮用水（占人口百分比）	24.1	77.5	99
供应水可靠性（1~7）	4.3	55.2	92
移动蜂窝电话订阅（每百人）	116	96.7	75
移动宽带订阅（每百人）	66.9	—	73
固定宽带网络订阅（每百人）	0.8	1.6	110
光纤网络订阅（每百人）	0.2	—	80
互联网用户数（占人口百分比）	32.4	32.4	99

注："—"表示的缺失部分为原官方数据缺失。

资料来源：根据世界银行数据整理。

基础设施一直是柬埔寨政府鼓励投资的重点领域，为吸引投资，柬埔寨政府也为投资者提供了一系列保障，包括对外资企业基本给予同等待遇，承诺不实行损害外国投资者财产所有权的国有化政策等。根据"一带一路"国家基础设施发展指数信息服务平台的数据，柬埔寨在基础设施领域中合同额较高的行业为建筑行业，其次是交通行业和能源产业。图8-2的数据表明，柬埔寨在电力方面的PPI项目完成度最高，其次是交通领域。

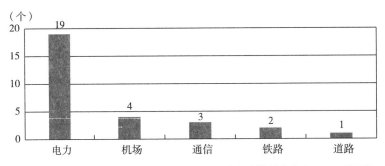

图 8-2　1990~2018 年上半年柬埔寨达到财政结算的各部门 PPI 项目数

注：PPI（Private Participation in Infrastructure）指的是私营部门参与基础设施投资。

资料来源：世界银行数据库。

二、中国与柬埔寨互联互通建设思路

根据表 8-4 的 2018 年柬埔寨基础设施情况，结合该国基础设施建设的未来规划，中国与柬埔寨进行基础设施互联互通合作的重点领域应该是交通行业和电力行业。表 8-5 的数据资料显示，近年来中国与柬埔寨进行的基础设施互联互通建设主要涉及交通运输和电力能源领域。中国与柬埔寨进行的基础设施重点项目包括柬埔寨金边至波贝至暹粒高速公路项目、跨百色河哥通大桥、中国路桥公司承建的 76 号公路延长线项目、磅士卑 51 号国家公路项目、金边-巴威 115kV 输电线路项目等。

表 8-5　2018 年对柬埔寨 PPI 投资额最高的公司排名

公司名	国家	投资金额（百万美元）
云南投资控股	中国	1000
中国华电集团	中国	970
中国重型机械总公司	中国	540
中国水利水电建设	中国	280
中国云南国际技术经济合作公司	中国	255
达芬奇公司	法国	191
云南东南亚经济技术投资实业有限公司	中国	113
Muhibbah 工程	柬埔寨	82
中国电力技术进出口公司	中国	67
安科集团	柬埔寨	25

注：PPI 指的是私营部门参与基础设施投资。

资料来源：世界银行数据库。

柬埔寨基础设施行业拥有较为广阔的市场，但由于经济发展水平不高，市场、法律环境还有很多不完善之处，对外资而言存在一些不利因素与风险。中国与柬埔寨进行基础设施互联互通建设时，需要注意防范以下风险：

第一，因为柬埔寨工人待遇要求比邻国越南更高，而劳动力素质和效率却相对较低，所以其成本费用相对其他基础设施落后的国家可能较高。

第二，由于《柬埔寨王国劳工法》给予了柬埔寨工人和工会开展罢工活动的权利，因此在进行项目合作时应注意工会行动，避免与工人发生冲突。

第三，柬埔寨经济发展非常依赖外援，这可能造成在许多政策的制定和执行过程中受到"外援"的左右，从而损害其他外资投资者的利益。

从表8-6可以看出，中国企业在柬埔寨进行的基础设施互联互通建设项目多采用BOT模式，因此已经积累了一些经验，今后中国与柬埔寨的基础设施互联互通项目可以考虑继续使用BOT模式。同时，由于柬埔寨的经济发展相对落后，政策的稳定性也不够高，中国与该国的基础设施互联互通项目还可以考虑使用EPC模式。首先，EPC模式下基础设施建设项目的周期较传统的BOT模式更短，可以在一定程度上降低政策风险。其次，EPC模式着重强调工程建设中的设计环节，通过科学设计，有利于整体方案的不断优化，加强企业对项目整体的把控，有效地整合设计、采购、施工等工作，进而提高工程质量。最后，EPC模式下可以有条件地变更价格合同，这样可以将大部分风险转移给承包人，有利于对项目总投资的控制。

表8-6 2001~2021年柬埔寨基础设施项目情况

PPI类型	具体方式	部门	年份	私人资本占比（%）/国家
绿地	BOT	电力	2001	100%/马来西亚
棕地	ROT	电力	2001	100%/中国
棕地	ROT	机场	2001	70%/法国；30%/马来西亚
绿地	BOT	道路	2002	100%/中国香港
绿地	BOO	电力	2002	100%/美国
棕地	ROT	机场	2004	70%/法国；30%/马来西亚
棕地	BROT	机场	2004	70%/法国；30%/马来西亚
绿地	BOO	电力	2004	100%/柬埔寨
绿地	BOT	道路	2004	100%/柬埔寨
绿地	BOO	电力	2005	100%/新加坡
棕地	BROT	机场	2006	70%/法国；30%/马来西亚

续表

PPI类型	具体方式	部门	年份	私人资本占比（%）/国家
绿地	BOO	电力	2007	100%/柬埔寨
绿地	BOT	电力	2007	100%/中国
绿地	BOT	电力	2007	100%/中国
绿地	BOT	电力	2007	100%/中国
棕地	ROT	电力	2008	100%/中国
管理租赁合同	管理合同	铁路	2009	55%/澳大利亚；45%/柬埔寨
绿地	BOO	电力	2010	100%/马来西亚
绿地	BOT	电力	2010	100%/马来西亚
绿地	BOT	电力	2010	100%/中国
绿地	BOT	电力	2010	100%/中国
绿地	BOT	电力	2010	100%/中国
绿地	BOO	电力	2012	100%/柬埔寨
绿地	BOT	机场	2017	100%/中国
绿地	BOO	电力	2017	100%/新加坡
绿地	BOT	电力	2018	100%/其他
绿地	BOO	通信	2019	100%/柬埔寨
绿地	—	电力	2020	80%/马来西亚；20%/日本
绿地	BOO	电力	2020	100%/中国
绿地	BOO	电力	2021	100%/泰国

注：PPI指的是私营部门参与基础设施投资。"—"表示无数据。

资料来源：根据世界银行PPI Database数据整理得到。

第三节　中国与印度尼西亚基础设施互联互通建设的思路

一、印度尼西亚基础设施状况与发展规划

表8-7是2018年印度尼西亚基础设施基本情况，印度尼西亚不同领域的基

础设施水平在世界排名情况不同。在世界银行 2018 年发布的全球国家竞争力排名中，印度尼西亚在基础设施能力方面排在世界第 71 位，评分为 66.8 分，处于中等水平。得益于经济发展和旅游业的兴旺，再加上地理位置的独特性，印度尼西亚的航空运输较为发达，水路运输也发展迅速，全国水运航道长达 20000 多千米，国内港口约 700 个，其中 25 个是旅游和运输的主要港口。但是，印度尼西亚的陆路交通、卫生设施、通信和电力方面的基础设施较为薄弱。印度尼西亚虽然有一定的国内公路建设基础，但建设历史长，许多公路已经老化，道路质量也存在问题。虽然印度尼西亚国内大部分地区已经开通互联网，但是带宽较窄，网速较慢。目前，印度尼西亚用电普及率不到 3/4，还有超过 25% 的人口未使用上电力。

表 8-7　2018 年印度尼西亚基础设施基本情况

指标	数值	评分	排名
道路联通性指数（1~100）	34.6	34.6	120
道路质量（1~7）	3.9	48.1	75
道路密度（千米/平方千米）	2.5	6.1	82
列车服务效率（1~7）	4.7	61.4	19
机场联通性	972336.6	100	5
空运服务效率（1~7）	5	66.7	49
班轮运输联通性（0~157.1）	40.9	40.9	41
港口服务效率（1~7）	4.2	54.1	61
电力指数（占人口百分比）	91.2	91.2	98
电力传输和分配损失（占产出百分比）	9.4	94.3	56
不安全饮用水（占人口百分比）	19.2	82.5	92
供应水可靠性（1~7）	4.6	60.7	75
移动蜂窝电话订阅（每百人）	173.8	100	6
移动宽带订阅（每百人）	95.7	—	30
固定宽带网络订阅（每百人）	2.3	4.6	104
光纤网络订阅（每百人）	1.8	—	51
互联网用户数（占人口百分比）	25.5	25.5	110

注："—"表示的缺失部分为原官方数据缺失。

资料来源：根据世界银行数据整理。

印度尼西亚拥有独特的地理位置优势，掌握着重要的国际海上交通线，其未来在海运交通基础设施建设方面的需求会非常巨大。此外，为进一步推动旅游业的发展，印度尼西亚一直努力改善和提高基础设施水平。与东盟部分国家相比，印度尼西亚政局较为稳定，政府通过加强对社会治安的管理控制，国内治安环境也相对较好。印度尼西亚政府准备从2019年开始五年内落实国家中期计划，此计划包括12项基础设施建设项目，其中涵盖了海陆空交通运输，通信能源基础设施建设等多个领域。

二、中国与印度尼西亚互联互通建设思路

根据表8-7的2018年印度尼西亚基础设施情况，结合该国基础设施建设的未来规划，以及图8-3所显示的情况，交通行业、能源产业、建筑行业等印度尼西亚未来重点发展的基础设施领域，结合图8-4的情况可知，印度尼西亚的电力基础设施建设、公路建设是投资的热门领域。根据中国商务部的统计，2017年，中国企业在印度尼西亚新签合同额172.0亿美元，同比增长60.4%；完成营业额55.6亿美元，同比增长36.0%。中国企业投资的大型合作项目主要集中在一般建筑、交通运输建设和电力工程建设领域，情况与图8-3、图8-4所反映的情况一致。为更好地发展当地的旅游业，印度尼西亚近年来对交通运输方面的基础设施建设极为关注，中国企业可以考虑在交通运输领域加强与该国的合作。

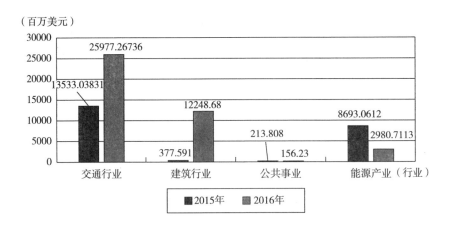

图8-3　2015~2016年印度尼西亚基础设施各行业合同金额

资料来源："一带一路"国家基础设施发展指数信息服务平台。

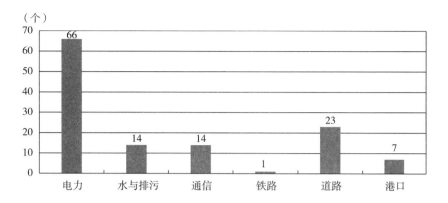

图 8-4 1990~2018 年上半年印度尼西亚达到财政结算的各部门 PPI 项目数

注：PPI 指的是私营部门参与基础设施投资。

资料来源：世界银行数据库。

中国与印度尼西亚进行基础设施互联互通建设时，需要注意防范以下风险：

第一，从劳动力方面看，印度尼西亚现阶段只开放了对外籍专业人员的引入通道，因此，双方进行基础设施互联互通建设时，需要在当地选用大部分劳务人员。

第二，印度尼西亚国内基础设施建设行业规模较大，该国自身的国有企业承建了大部分工程项目，在市场上具有一定的垄断地位。从表 8-8 可知，对印度尼西亚 PPI 投资额最高的前十大公司中中国企业仅占一席，因此中国企业在印度尼西亚开展基础设施互联互通建设可能面临激烈竞争。

第三，印度尼西亚行政效率不高，投资相关规章制度纷繁复杂，相关法案执行结果不理想，此类矛盾可能加剧项目风险。

第四，印度尼西亚在基础设施建设不同行业设立了不同的外资持股比例限制。所有的行业都不能由外资 100%控股，其中海陆交通、供水以及小型电力方面的限制较为宽松，最高控股可达 95%（见表 8-9）。

表 8-8 2018 年对印度尼西亚 PPI 投资额最高的公司排名

公司	国家	投资金额（百万美元）
住友商事株式会社	日本	8782
PT Adaro Energy Tbk	印度尼西亚	4968
PT Medco Energi International Tbk	印度尼西亚	3172

续表

公司	国家	投资金额（百万美元）
中国铁建第18局（集团）有限公司	中国	2400
伊藤忠商事	日本	2362
关西电力	日本	2215
韩国米德兰电力公司（KOMICO）	韩国	2034
三井	日本	1960
神华集团有限公司	中国	1913
苏伊士	法国	1486

注：PPI指的是私营部门参与基础设施投资。

资料来源：世界银行数据库。

表8-9　印度尼西亚基础设施领域准入壁垒情况

行业	外资持股比例限制
建筑	在建筑公共工程行业，外资股权比例最高限制不得超过67%
电力	电力行业，允许外国企业通过合作方式参与开发0.1万千瓦和1万千瓦的发电项目；对1万千瓦以上的发电项目，外资股权比例不得超过95%
通信	信息通信领域，从事邮递业务必须获得特殊许可，外资股权比例最高不得超过49%；电信基站建设、运营和管理等，须100%由内资控股
交通	公私合营的基础设施项目领域，其中机场、港口和陆路交通客站（含铁路）的经营管理外资可持股权分别为49%、95%和49%，供水95%，收费公路95%

资料来源：中国对外承包商会《印度尼西亚2017年报告》（2018）。

　　从表8-10可以看到，印度尼西亚近年来在水利设施建设方面主要采用BROT模式，在电力设施建设上主要采用BOO模式，道路、港口等交通基础设施建设则多采用BOT模式。印度尼西亚近年来虽然经济发展较快，但由于整体基础设施的底子薄弱，往往出现外资企业工程完成后却没有配套设施支持运营的情况。因此，中国在与印度尼西亚进行基础设施互联互通合作时，应对当地的供求市场进行详细的评估，谨慎投标。考虑到印度尼西亚基础设施市场竞争激烈，政府在基础设施领域的法律制度不够完善，中国企业可以考虑适当采用EPC、BT的方式参与基础设施项目。与BOT模式相比，EPC模式、BT模式最大的特点就是不直接参与项目的运营。一方面，企业可以避免因印度尼西亚政府过于乐观地需求预测而导致最终供过于求的局面，增加项目亏损的风险；另一方面，可以减少与日本、韩国以及印度尼西亚本地企业之间的竞争。

表 8-10　2001~2021 年印度尼西亚 PPI 基础设施项目情况

PPI 类型	具体方式	部门	年份	私人资本占比（%）/国家
棕地	BROT	水利设施	2001	95%/法国
棕地	BROT	水利设施	2001	51%/菲律宾；30%/印度尼西亚；19%/美国
棕地	BROT	水利设施	2002	95%/马来西亚
棕地	BROT	水利设施	2002	51%/菲律宾；30%/印度尼西亚；19%/美国
拆分出售	部分	天然气	2002	15%/美国
绿地	BOO	电力	2003	51%/印度尼西亚
绿地	BOO	电力	2003	67%/印度尼西亚
棕地	ROT	港口	2003	95%/菲律宾
棕地	BROT	水利设施	2003	51%/菲律宾；30%/印度尼西亚；19%/美国
拆分出售	部分	天然气	2003	44%/其他
绿地	Merchant	电力	2004	57%/印度尼西亚
棕地	BROT	水利设施	2004	51%/菲律宾；30%/印度尼西亚；19%/美国
棕地	ROT	水利设施	2004	76%/印度尼西亚
管理租赁合同	租赁	电力	2004	Not Available/印度尼西亚
绿地	BOO	电力	2004	95%/美国
绿地	BOT	道路	2004	85%/印度尼西亚
绿地	BOT	道路	2004	75%/印度尼西亚
绿地	供应	电力	2004	57%/印度尼西亚
绿地	BOO	电力	2004	Not Available/美国
棕地	BROT	水利设施	2005	51%/菲律宾；30%/印度尼西亚；19%/美国
绿地	BOO	电力	2005	100%/印度尼西亚
绿地	BOO	电力	2005	Not Available/美国
棕地	BROT	水利设施	2006	95%/马来西亚
棕地	BROT	水利设施	2006	Not Available/印度尼西亚
绿地	BOO	电力	2006	Not Available/中国，印度尼西亚
绿地	BOT	道路	2006	90%/马来西亚
绿地	BOO	电力	2006	Not Available/印度尼西亚
绿地	BOO	电力	2006	Not Available/印度尼西亚；15%/新加坡
绿地	BOT	电力	2006	85%/印度尼西亚；15%/其他
绿地	BOO	电力	2006	49%/印度尼西亚
绿地	BOO	电力	2006	100%/印度尼西亚

续表

PPI 类型	具体方式	部门	年份	私人资本占比（%）/国家
拆分出售	部分	天然气	2006	44%/其他
绿地	BOO	电力	2007	49%/印度尼西亚
绿地	BOT	电力	2007	95%/澳大利亚；5%/印度尼西亚
绿地	BOO	电力	2007	100%/印度尼西亚
绿地	BOT	道路	2007	Not Available/印度尼西亚
绿地	BOT	道路	2007	80%/印度尼西亚
绿地	BOT	道路	2007	100%/印度尼西亚
棕地	BROT	水利设施	2007	70%/美国
绿地	BOT	电力	2008	85%/印度尼西亚；15%/其他
绿地	BOO	电力	2008	Not Available/印度尼西亚
绿地	BOO	电力	2008	100%/印度尼西亚
绿地	BOO	电力	2008	Not Available/新加坡
棕地	BROT	水利设施	2008	30%/印度尼西亚；19%/美国；51%/菲律宾
绿地	BOT	电力	2008	100%/日本
拆分出售	部分	天然气	2008	44%/其他
绿地	BOT	港口	2009	75%/印度尼西亚
棕地	BROT	港口	2009	51%/中国
绿地	BOT	绿地	2009	50%/美国；50%/印度尼西亚
拆分出售	部分	天然气	2009	44%/其他
绿地	BOT	电力	2010	33%/日本；20%/印度尼西亚；48%/韩国
绿地	BOO	电力	2010	50%/日本；32%/美国；19%/其他
绿地	BOO	电力	2011	100%/印度尼西亚
绿地	BOT	电力	2011	95%/澳大利亚；5%/印度尼西亚
绿地	BOT	电力	2011	Not Available/印度尼西亚，中国
绿地	BOO	电力	2012	100%/菲律宾
绿地	BOO	电力	2012	80%/马来西亚
棕地	BROT	水利设施	2012	95%/巴林
棕地	BROT	水利设施	2012	Not Available/印度尼西亚，美国，菲律宾
绿地	BOO	道路	2012	55%/马来西亚
绿地	BOT	电力	2012	Not Available/韩国
绿地	BOT	电力	2012	Not Available/美国
绿地	BOO	电力	2012	50%/日本；38%/印度尼西亚；13%/以色列

续表

PPI 类型	具体方式	部门	年份	私人资本占比（%）/国家
绿地	BOT	电力	2012	Not Available/法国；美国；日本
绿地	BOT	电力	2012	Not Available/澳大利亚
绿地	BOT	电力	2012	100%/印度尼西亚
绿地	BOT	道路	2012	61%/印度尼西亚；39%/其他
绿地	BOT	电力	2013	95%/马来西亚
绿地	BOT	电力	2013	51%/印度尼西亚
绿地	BOO	电力	2013	100%/印度尼西亚
绿地	BOT	水利设施	2013	88%/巴林；13%/国际金融公司IFC
绿地	—	电力	2013	100%/其他
绿地	BOT	电力	2014	51%/日本；49%其他
绿地	BOO	电力	2014	50%/日本；38%/印度尼西亚；13%/以色列
绿地	BOO	电力	2015	20%/其他；80%/韩国；
棕地	—	水利设施	2015	Not Available/澳大利亚，其他
绿地	BOT	电力	2016	66%/日本；34%/印度尼西亚
绿地	BOO	电力	2016	51%/韩国；49%/美国
棕地	BROT	电力	2016	51%/印度尼西亚，49%/其他
绿地	BOT	电力	2016	70%/中国，30%/其他
绿地	BOT	电力	2016	30%/印度尼西亚；70%/中国
绿地	BOT	通信	2016	90%/印度尼西亚；10%/其他
绿地	BOT	通信	2016	100%/印度尼西亚
绿地	BOT	道路	2016	75%/印度尼西亚，25%/其他
棕地	BROT	电力	2017	50%/印度尼西亚；25%/日本；25%/美国
绿地	BOT	铁路	2017	40%/中国
绿地	BOO	电力	2017	35%/法国；35%/日本；30%/美国
绿地	BOO	电力	2017	100%/中国
绿地	BOT	通信	2017	Not Available/印度尼西亚，马来西亚
棕地	BROT	电力	2017	45%/日本；10%/韩国；20%/韩国；25%/印度尼西亚
绿地	BOO	电力	2017	75%/中国；25%/美国
绿地	BOO	电力	2017	100%/新加坡
棕地	BOT	电力	2017	35%/韩国；65%/印度尼西亚
绿地	BOO	电力	2017	10%/印度尼西亚；90%/荷兰
绿地	BOT	水利设施	2017	100%/印度尼西亚

续表

PPI 类型	具体方式	部门	年份	私人资本占比（%）/国家
绿地	—	电力	2017	100%/其他
绿地	租赁	电力	2018	100%/土耳其
棕地	BROT	水利设施	2018	100%/法国
绿地	BOO	电力	2018	42%/法国；42%/日本；16%/美国
绿地	BOO	电力	2018	100%/澳大利亚
绿地	BOT	水利设施	2018	100%/其他
绿地	BOT	电力	2018	60%/日本；40%/印度尼西亚
绿地	BOT	电力	2018	100%/印度尼西亚
绿地	BOT	道路	2018	45%/印度尼西亚；55%/其他
绿地	BOT	道路	2018	100%/印度尼西亚
绿地	BOT	道路	2018	60%/印度尼西亚；40%/美国
绿地	—	道路	2018	100%/其他
绿地	BOO	电力	2019	Not Available/印度尼西亚，泰国
绿地	BOT	水利设施	2019	100%/印度尼西亚
绿地	BOT	铁路	2021	78%/印度尼西亚；23%/中国
棕地	BROT	机场	2021	Not Available/印度尼西亚，韩国
绿地	BOT	电力	2021	49%/阿联酋；51%/其他
棕地	BROT	道路	2021	100%/印度尼西亚
管理和租赁合同	管理	机场	2021	49%/印度；51%/印度尼西亚

注：PPI 指的是私营部门参与基础设施投资。"—"表示无数据。

资料来源：根据世界银行 PPI Database 数据整理得到。

第四节　中国与老挝基础设施互联互通建设的思路

一、老挝基础设施状况与发展规划

表 8-11 是 2018 年老挝基础设施基本情况，老挝的整体基础设施水平较低，各领域的基础设施都需要进一步完善。在世界银行 2018 年发布的全球国家竞争

力排名中，老挝在基础设施能力方面排在世界第 99 位，评分为 57.5 分，处于落后的水平。与大部分东盟国家不同，老挝属于内陆国家，自然资源较为丰富。著名的湄公河流经老挝，其拥有的水能储存约 2/3 在老挝境内。除湄公河外，老挝国内有 20 多条超过 200 千米的长河，有 60 多个水电站建站点。随着经济的发展，老挝政府加大对基础设施的投入，中心城市基础设施有所改善，已经基本建成全国通信网络，光缆全长 6000 千米。

表 8-11　2018 年老挝基础设施基本情况

指标	数值	评分	排名
道路联通性指数（1~100）	20.5	20.5	130
道路质量（1~7）	3.2	37	107
列车服务效率（1~7）	2.3	21.4	105
机场联通性	14364.3	35.9	88
空运服务效率（1~7）	3.9	48.3	98
班轮运输联通性（0~157.1）	—	—	—
港口服务效率（1~7）	2.7	28.6	115
电力指数（占人口百分比）	91.4	91.4	97
电力传输和分配损失（占产出百分比）	—	95	—
不安全饮用水（占人口百分比）	25	76.5	100
供应水可靠性（1~7）	4.3	55.3	91
移动蜂窝电话订阅（每百人）	54.1	45.1	135
移动宽带订阅（每百人）	40	—	107
固定宽带网络订阅（每百人）	0.4	0.8	117
光纤网络订阅（每百人）	0.2	—	78
互联网用户数（占人口百分比）	21.9	21.9	117

注："—"表示的缺失部分为原官方数据缺失。

资料来源：根据世界银行数据整理。

老挝整体投资环境稳定，但是工业化水平较低，物流成本较高，因此进行基础设施建设大部分物资需要进口。此外，虽然老挝利用本地水能优势建立了多个水电站，但尚未充分利用，国内还存在许多区域没有稳定的电力供应。同时，老挝的劳动力较越南等国家不足，劳动力素质和技能掌握水平有待加强。虽然随着国家开放力度的加大，老挝的法律法规已经不断完善，但存在执法效率低、司法不公的现象。

二、中国与老挝互联互通建设思路

从图 8-5、表 8-12 都可以看出，老挝在基础设施领域合同额最高的行业为交通行业，其次是能源产业，从图 8-6 可知，基础设施项目建设完成度最高的是电力部门，其次是交通部门和通信部门。世界银行的报告显示，老挝电力行业将继续扩张，预计到 2021 年装机容量将达到 11000 兆瓦左右。中国在老挝基础设施建设领域，特别是电力方面的项目中参与度极高，《国际河流》的相关数据显示，中国参与了老挝近半数的水电站项目，主要项目有投资规模 24 亿美元的 Pak Beng 水电站项目、投资规模 20 亿美元的 Nam Ou 河 7 座梯级水电站等。

老挝作为一个内陆国，国内公路全长 43604 千米，公路运输在国内运输方式中占据主导地位，公路运输量约为总量的 80%，但全国没有高速公路，公路交通基础设施状况整体较差，道路不平整，路况有待加强。中国是老挝的邻国，在陆路交通基础设施建设上积累了丰富经验，有较强的建设能力。目前，老挝基础设施建设项目多在电力部门，可见，中国与老挝交通基础设施互联互通建设大有可为。

图 8-5　2015~2016 年老挝基础设施不同行业合同额

资料来源："一带一路"国家基础设施发展指数信息服务平台。

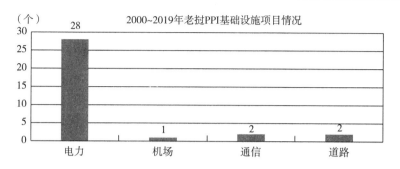

图 8-6　1990~2018 年上半年老挝达到财政结算的各部门 PPI 项目数

注：PPI 指的是私营部门参与基础设施投资。

资料来源：世界银行数据库。

从表 8-12 可知，老挝基础设施建设项目 80%以上采用 BOT 模式，中国企业主要以 BOT 模式参与老挝的电力基础设施项目。老挝的经济发展状况、社会环境与柬埔寨类似，因此未来中国企业在老挝进行水电站项目合作时可以借鉴柬埔寨甘再水电站项目的 BOT 模式，再结合当地的实际情况开展项目。老挝的地理环境相对复杂，全国面积近 2/3 是山区，交通基础设施建设难度很大。结合上述因素，中国与老挝进行交通基础设施互联互通建设时可以考虑使用 BOT+EPC 模式。一方面，采用这一组合模式可以加强对建设成本和运营成本的统筹考虑，有机统筹兼顾参与建设方的利益；另一方面，也使承包方可以针对当地复杂多变的地形地势进行科学设计，不断优化方案，减少项目建设障碍，降低工程难度。

表 8-12　2000~2019 年老挝 PPI 基础设施项目情况

PPI 类型	具体方式	部门	年份	私人资本占比（%）/国家
管理租赁合同	管理	机场	2000	50%/日本
绿地	供应	通信	2002	78%/俄罗斯
绿地	BOT	电力	2005	35%/法国；15%/泰国
绿地	BOT	电力	2006	54%/泰国
绿地	BOT	电力	2006	85%/越南
绿地	BOO	电力	2008	85%/中国
绿地	BOT	电力	2008	70%/中国香港；30%/越南
绿地	BOT	电力	2008	Not Available/泰国、瑞典、挪威
管理租赁合同	管理	机场	2009	50%/日本
绿地	BOO	电力	2010	80%/泰国
绿地	BOT	电力	2010	90%/中国

PPI 类型	具体方式	部门	年份	私人资本占比（%）/国家
绿地	BOT	电力	2011	80%/老挝
绿地	BOT	电力	2011	100%/老挝
绿地	BOT	电力	2012	100%/中国
绿地	BOT	电力	2012	100%/越南
绿地	BLT	电力	2012	30%/泰国；45%/日本
绿地	BOT	电力	2012	55%/日本；20%/其他
绿地	BLT	电力	2012	Not Available/泰国；45%/日本
绿地	BLT	电力	2012	80%/俄罗斯
绿地	BOT	电力	2012	80%/俄罗斯
绿地	BOT	电力	2012	80%/俄罗斯
绿地	BOT	电力	2012	75%/中国；Not Available/老挝
绿地	BOT	电力	2012	85%/中国
绿地	BOT	电力	2012	75%/中国
绿地	BOT	电力	2012	100%/老挝
绿地	BOT	电力	2014	45%/日本
绿地	BOT	电力	2014	25%/韩国；25%/泰国
绿地	BOT	电力	2017	80%/马来西亚
绿地	BOT	电力	2017	85%/泰国
绿地	BOO	电力	2017	100%/泰国
绿地	—	电力	2019	100%/泰国
绿地	BOT	铁路	2019	100%/其他

注：PPI 指的是私营部门参与基础设施投资。"—"表示无数据。"Not Available"表示具体数据无法获得。

资料来源：根据世界银行 PPI Database 数据整理得到。

第五节　中国与马来西亚基础设施互联互通建设的思路

一、马来西亚基础设施状况与发展规划

表 8-13 是马来西亚基础设施基本情况，马来西亚在海、空两个领域的交通

联通性方面能力较强，排名相对靠前，而陆上道路建设与电力电信建设方面存在一定的问题，整体基础设施发展仍有较大进步空间。在世界银行 2018 年发布的全球国家竞争力排名中，马来西亚在基础设施能力方面排在世界第 32 位，评分为 77.9 分，处于中上游水平。依靠独特的地缘优势与市场辐射力，马来西亚成了东盟的一大交通运输中转站，而不完善的基础设施是阻碍其经济进一步发展的因素之一，其未来基础设施建设市场空间将十分巨大。

表 8-13　2018 年马来西亚基础设施基本情况

指标	数值	评分	排名
道路联通性指数（1~100）	26.8	26.8	128
道路质量（1~7）	5.5	74.2	20
道路密度（千米/平方千米）	6.8	17	59
列车服务效率（1~7）	5.2	69.5	13
机场联通性	420249.6	88.9	20
空运服务效率（1~7）	5.6	76.4	19
班轮运输联通性（0~157.1）	98.1	98.1	5
港口服务效率（1~7）	5.3	71.5	17
电力指数（占人口百分比）	98.6	98.6	85
电力传输和分配损失（占产出百分比）	5.9	98	28
不安全饮用水（占人口百分比）	10.7	91.1	69
供应水可靠性（1~7）	5.4	74.2	50
移动蜂窝电话订阅（每百人）	133.9	100	32
移动宽带订阅（每百人）	111.5	—	19
固定宽带网络订阅（每百人）	8.5	17	77
光纤网络订阅（每百人）	3.8	·	39
互联网用户数（占人口百分比）	78.8	78.8	34

注："—"表示的缺失部分为原官方数据缺失。

资料来源：根据世界银行数据整理。

马来西亚推行的"大吉隆坡"计划，辐射了首都吉隆坡附近的多个城市，计划从基础设施、人民收入和居住环境三个领域对首都吉隆坡进行改造升级，致力于将吉隆坡塑造为一个国际性现代都市。马来西亚不仅有基础设施相关的战略政策支持，而且该国的投资环境也比较好。第一，马来西亚的外汇管制较为宽松，目前对外国资本的流动与货币兑换没有任何限制。为支持本国投资的发展，马来西亚政府制定了许多优惠政策。中国与马来西亚达成了双边互换协议，两国可以人民币和林吉特作为结算货币，2015 年，中国还为马来西亚提供了数百亿人民币合格境外投资者额度（RQFII）。这些在金融领域的合作可以减少基础设施投资者融资过程中遇到的障碍。第二，马来西亚制定了一系列税收优惠政策。中马双边税收协定采用了"税收饶让"条款，在这一条款下，中国企业能将相关已减免的马来西亚税收视为已缴纳并用于税收抵免。换而言之，投资马来西亚的中国企业在中国应缴纳的税收将减少或降低为零。第三，马来西亚的资源丰富，劳动力市场供给稳定，人力资源近年来一直保持增长。第四，马来西亚的政局在东盟国家中属于稳定的，与其他国家之间发生的冲突不多。

二、中国与马来西亚互联互通建设思路

从图 8-7 可知，马来西亚近年来在交通行业的基础设施合同额最高，接下来是建筑行业和能源产业。从图 8-8 可知，电力、道路、水与排污、港口、铁路等部门的基础设施项目建设完成度较高。根据中国国家税务总局 2018 年的《中国居民赴马来西亚投资税收指南》可知，中国与马来西亚之间主要的基础设施互联互通项目有中国石化工程建设有限公司承建的马来西亚建炼油厂；中铁国际集团有限公司承建的马来西亚安邦博瑞姆新城（雅益轩）项目等。此外，中国企业还积极参与了马新高铁、吉隆坡轻轨、吉隆坡捷运 2 号线、东海岸铁路、巴勒水电站、泛婆罗洲大道等马来西亚重点基础设施建设项目。

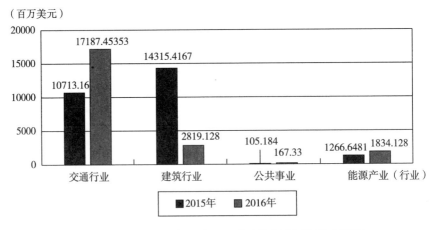

图 8-7　2015～2016 年马来西亚基础设施不同行业合同额

资料来源："一带一路"国家基础设施发展指数信息服务平台。

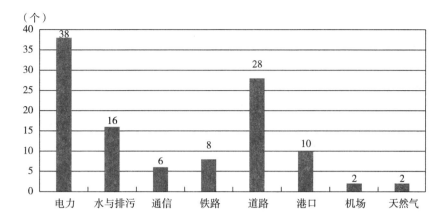

图 8-8 1990~2018 年上半年马来西亚达到财政结算的各部门 PPI 项目数

注：PPI 指的是私营部门参与基础设施投资。

资料来源：世界银行数据库。

中国在马来西亚进行基础设施互联互通建设时，需要注意防范以下几方面风险：

第一，马来西亚潜在的政治风险。近年来，马来西亚的党派斗争呈激化趋势，这为长期性的基础设施建设带来了不确定因素。

第二，包括毒品在内的社会治安问题。受地理位置的影响，马来西亚对毒品问题较为关注。一方面，基础设施建设涉及的劳动力与设备较多，而马来西亚政府出于对反毒运动的重视，在物品人员方面设置了严格障碍，可能会影响互联互通建设时的联通性和便利性；另一方面，反毒运动的开展会消耗大量国家财政资金，进而使得马来西亚政府对基础设施等其他领域的投资相对减少。

第三，马来西亚国内市场竞争较为激烈，且该国政府对外来承包商限制较多。表 8-14 数据显示，2018 年马来西亚 PPI 投资额排名前十的公司均为马来西亚本土公司。马来西亚政府不仅大力支持当地企业发展，还设立了一些针对外国承包商的市场门槛。比如，外国独资企业不能获得 A 级建筑承包执照，这一举措使外国承包商失去了参与 1000 万马币以上项目的招标资格。同时，马来西亚政府只允许外国工程公司或外国投资公司从当地公司手中分包工程或者与马来西亚当地公司开展合作。

表 8-14　2018 年对马来西亚 PPI 投资额最高的公司排名

公司	国家	投资金额（百万美元）
马拉科夫有限公司	马来西亚	8163
Ranhill Bhd	马来西亚	3934
Renong Berhad	马来西亚	3506
Puncak Niaga Holdings Berhad	马来西亚	3311
Prime Utilities Berhad	马来西亚	1632
Negri Sembilan	马来西亚	1600
马来西亚资源公司	马来西亚	1473
Gamuda Berhad	马来西亚	1134
YTL 公司	马来西亚	1129
成功集团	马来西亚	997

注：PPI 指的是私营部门参与基础设施投资。

资料来源：世界银行数据库。

中国企业在参与马来西亚基础设施互联互通建设时，在模式选择方面可以采用 EPC 模式或"EPC+当地设计企业"模式。在 EPC 模式中，中国企业可以和马来西亚当地公司合作，简化项目申请审理的程序步骤，减少中间障碍；同时也可以降低马来西亚当地居民对中国企业参与建设的不满情绪，降低风险，更好地推动项目开展。在"EPC+当地设计企业"模式中，一方面，马来西亚当地设计企业可以帮助中国企业更好地了解当地文化与各部门的运行机制，使中国企业掌握主动权；另一方面，使用马来西亚当地设计公司的设计，设计成本才能抵减①，从而减少高额税收，降低工程建设成本。

第六节　中国与缅甸基础设施互联互通建设的思路

一、缅甸基础设施状况与发展规划

表 8-15、表 8-16 是缅甸基础设施基本情况，缅甸基础设施水平低下，交

---

① 叶宝松．国际工程模式选择与税务筹划——源于马来西亚 EPC 项目实例的分析［J］．财会学习，2015（2）：54-56.

通、通信等基础设施不完善，电力需求大而供给不足。在世界银行公布的《2018营商环境报告》中，缅甸排在世界第 171 位，说明该国的基础设施水平十分落后。据亚洲开发银行估算，为满足基本的交通运输需求，2016~2030 年，缅甸需要在交通基础设施方面投入 600 亿美元。

表 8-15 2000~2018 年缅甸基础设施基本情况（一）

指标 年份	电力联通 （占人口百分比）	基础洗手设施 （占人口百分比）	基础饮用水服务 （占人口百分比）	移动蜂窝订阅 （每百人）
2000	41.83	—	46.97	0.029
2001	42.94	—	48.57	0.048
2002	47.00	—	50.19	0.10
2003	45.13	—	51.83	0.14
2004	46.23	—	53.51	0.19
2005	47.32	—	55.21	0.27
2006	48.41	—	56.93	0.44
2007	49.51	—	58.68	0.50
2008	50.61	—	60.45	0.74
2009	51.73	—	62.25	0.99
2010	48.79	74.22	64.08	1.17
2011	54.00	74.25	65.93	2.43
2012	55.16	74.27	67.81	7.25
2013	56.34	74.29	69.71	13.17
2014	52.00	74.32	71.63	55.52
2015	60.50	74.34	73.58	77.81
2016	55.59	74.37	75.56	95.36
2017	69.81	74.40	77.57	89.81
2018	66.22	74.43	79.60	113.84

注："—"表示的缺失部分为原官方数据缺失。

资料来源：根据世界银行数据整理。

表 8-16 2000~2018 年缅甸基础设施基本情况（二）

指标 年份	集装箱港口交通 （20 英尺标准货柜）	班轮运输联通性 （2004＝100）	空运运费 （百万吨/千米）	物流表现指数 （1~5）
2000	—	—	0.774	—
2001	—	—	0.882	—

续表

指标 年份	集装箱港口交通 （20 英尺标准货柜）	班轮运输联通性 （2004＝100）	空运运费 （百万吨/千米）	物流表现指数 （1~5）
2002	—	—	1.988	—
2003	—	—	2.078	—
2004	—	—	2.463	—
2005	—	—	2.722	—
2006	—	3.804	2.788	—
2007	170000	3.409	2.867	1.86
2008	180000	4.582	2.83	—
2009	163692	4.911	2.614	—
2010	335346	4.896	2.062	2.33
2011	380675	5.778	3.530	—
2012	474300	7.501	3.830	2.37
2013	567156	6.792	2.862	—
2014	716926	7.242	3.902	2.25
2015	827249	9.497	3.386	—
2016	1026216	9.164	5.065	2.46
2017	1200000	9.965	4.834	—
2018	1043500	8.276	4.742	2.30

注："—"表示的缺失部分为原官方数据缺失。

资料来源：根据世界银行数据整理。

二、中国与缅甸互联互通建设思路

从图 8-9 可知，缅甸政府近年来很重视交通行业和能源产业的基础设施建设，合同额达到 6 亿多美元。从图 8-10 可知，电力、港口的基础设施建设投入很高，港口、天然气、通信部门次之。中国企业与缅甸主要合作领域为一般建筑、电力工程建设和通信工程建设等基础设施项目。表 8-17、表 8-18 显示，近年来中国在缅甸的基础设施投资主要集中在电力部门，共计 4 家中国企业进入了缅甸 PPI 投资额最高的前十家企业名单。缅甸是东南亚大陆上面积最大的国家，拥有较为丰富的自然资源，而且劳动力相对低廉，对发展基础设施的渴望强烈。因此，中国企业在缅甸参与基础设施互联互通建设项目的过程中面临诸多机遇。

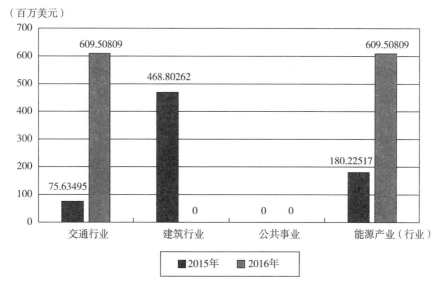

图 8-9 2015~2016 年缅甸基础设施不同行业合同额

资料来源："一带一路"国家基础设施发展指数信息服务平台。

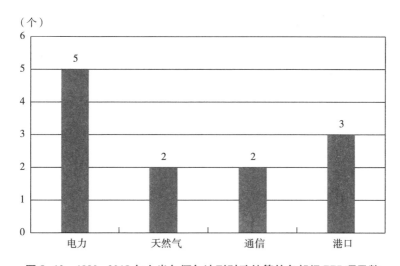

图 8-10 1990~2018 年上半年缅甸达到财政结算的各部门 PPI 项目数

注：PPI 指的是私营部门参与基础设施投资。

资料来源：世界银行数据库。

中国与缅甸进行基础设施互联互通建设时，需要注意防范以下几方面风险：

第一，缅甸自身经济发展状况并不好，多年来面临着财政赤字问题，缅甸政府对举债比较谨慎，举债发展的项目主要集中在输变电线路以及给排水、垃圾处理等工程，而且规模较小。因此，缅甸政府在基础设施互联互通建设资金上能够提供的帮助有限。

第二，缅甸虽然劳动力成本低廉，但劳动力素质不高，技能不足。

第三，在政治风险方面，长期以来，缅甸中央政府和部分少数民族之间的关系十分微妙。所以中国企业在缅甸进行基础设施建设时，必须关注项目建设区域是否有属于少数民族控制的区域范围，若有则两国政府必须事先积极沟通协商，否则发生突发时项目建设工作将受影响。

第四，缅甸的体制机制与法律相对不完善。尽管缅甸法律体系的改革已在进行之中，但是许多与营商投资相关的法律仍不健全。比如，缅甸在知识产权和PPP 合作方面的法律法规依旧是空白。

表 8-17　2018 年对缅甸 PPI 投资额最高的公司排名

公司	国家	投资金额（百万美元）
Viettel 电信	越南	735
云南电网公司	中国	414
云南机械设备进出口有限公司	中国	414
云南华能澜沧江水电有限公司	中国	414
胜科工业	新加坡	252
东洋泰公司上市公司	泰国	170
Petroliam Nasional Berhad	马来西亚	133
中国国际水电公司	中国	128
Total SA	法国	123
日本石油公司（NOC 集团）	日本	63

注：PPI 指的是私营部门参与基础设施投资。

资料来源：世界银行数据库。

从表 8-18 可以看出，中国企业主要采用 BOT 模式参与缅甸基础设施项目建设。未来中国企业在参与缅甸基础设施互联互通项目建设时可以采取 EPC 模式或者 BOT+TOT 模式。在 EPC 模式下，一方面，中国企业对项目的参与度更低，参与时间更短，可以在一定程度上降低缅甸由于政策不稳定与法律不完善带来的风险；另一方面，缅甸政府也可以学习到中国先进的技术与管理经验。TOT 模式指"移交-经营-移交"模式，即东道国政府将已经或即将投产运营的基础设施项目等经营权有偿移交给私营机构、外资企业等投资者，待其期满后再将基础设施移交回东道国政府的施工模式。例如，采用"BOT+TOT"模式进行水电站项目建设，可以先采取 BOT 模式建设水坝，再通过 TOT 模式将水坝作为股份加入水电站的建设中，期满后同时收回水电站和水坝。在"BOT+TOT"模式下，风险得到了合理分担，融资渠道也有所扩大，可在一定程度上缓解前期投入大量资金的压力。同时，由于政府在两个模式下有很高的参与度，因此可以增强投资者对项目的信心，也可以赢得更多的民众支持。

表 8-18　2006~2018 年缅甸 PPI 基础设施项目情况

PPI 类型	具体方式	部门	年份	私人资本占比（%）/国家
绿地	BOT	电力	2006	90%/中国
绿地	BOT	电力	2006	Not Available/中国
绿地	BOO	电力	2013	100%/泰国
绿地	—	水利设施	2016	100%/日本
绿地	供应	通信	2017	100%/其他
绿地	BOT	电力	2017	80%/新加坡；20%/其他
绿地	—	通信	2017	49%/越南；51%/其他
绿地	BOT	港口	2018	50%/日本；50%/缅甸
绿地	BOT	电力	2018	100%/泰国
绿地	BOT	港口	2018	100%/新加坡
绿地	Merchant	通信	2018	100%/其他

注：PPI 指的是私营部门参与基础设施投资。"—"表示无数据。"Not Available"表示具体数据无法获得。

资料来源：根据世界银行 PPI Database 数据整理得到。

第七节　中国与菲律宾基础设施互联互通建设的思路

一、菲律宾基础设施状况与发展规划

表 8-19 是菲律宾基础设施基本情况，总体来看，菲律宾整体基础设施水平较为落后，即使在东盟国家中也处于中下游水平。在世界银行 2018 年发布的全

球国家竞争力排名中，菲律宾在基础设施能力方面排在世界第 92 位，评分为 59.4 分，处于较为落后的水平。菲律宾的陆路交通基础设施比海、空运交通基础设施状况要差，这是由于菲律宾是群岛且地形复杂，公路和铁路建设难度大、成本高。根据中国商务部的资料，菲律宾国内铁路总长 1200 千米，其中仅有 1/3 路程的铁路可运营，其余 2/3 的铁路均存在问题，需要进一步建设完善。作为海岛国家，菲律宾的海运与港口设施较多，但主要的对外贸易港口只有 6 个，其余多数港口需要扩建和升级。为支持国内经济发展，菲律宾政府的《2017－2022 菲律宾发展规划（PDP）》中，将基础设施建设列为菲律宾政府在中期规划中的关键任务之一。

表 8-19 2018 年菲律宾基础设施基本情况

项目	数值	评分	排名
道路联通性指数（1~100）	22.5	22.5	129
道路质量（1~7）	3.5	42.2	88
道路密度（千米/平方千米）	1.6	4	87
列车服务效率（1~7）	2.4	23.5	100
机场联通性	306152.8	82.6	26
空运服务效率（1~7）	4.1	51.4	92
班轮运输联通性（0~157.1）	25	25	61
港口服务效率（1~7）	3.6	43.9	84
电力指数（占人口百分比）	89.6	89.6	100
电力传输和分配损失（占产出百分比）	9.1	94.7	54
不安全饮用水（占人口百分比）	25.4	76.1	101
供应水可靠性（1~7）	5	67.4	60
移动蜂窝电话订阅（每百人）	110.4	92	84
移动宽带订阅（每百人）	68.6	—	70
固定宽带网络订阅（每百人）	3.2	6.5	96
光纤网络订阅（每百人）	—	—	—
互联网用户数（占人口百分比）	55.5	55.5	76

注："—"表示的缺失部分为原官方数据缺失。

资料来源：根据世界银行数据整理。

菲律宾政府为了鼓励基础设施投资，推出了许多激励政策。比如，提高建筑法规透明度，出台税收优惠政策，政府办事手续与程序逐步便利化，提高支付结算的效率和便利性，为跨国基础设施建设扫清障碍。菲律宾与东盟其他国家相比一个突出的特点就是劳动力素质较高，而且菲律宾劳动成本还大大低于发达国家的水平，这极大地增加了菲律宾对外资的吸引力。根据瑞士洛桑管理学院（IMD）的《世界人才报告 2021》（*IMD WORLD TALENT RANKING* 2021），菲律宾在全球的人才综合排名分别是：2019 年第 49 名，2020 年第 20 名，2021 年第 57 名，其中，2021 年该国的熟练劳动力情况全球排名第 9 位，理工科毕业生情况全球排名第 15 位，拥有胜任力的高级管理人员情况全球排名第 17 位，劳动力语言能力全球排名第 21 位[①]。

二、中国与菲律宾互联互通建设思路

　　从图 8-11 可知，菲律宾的交通行业、能源产业是基础设施建设项目中投资额最多的。从图 8-12 可知，菲律宾的基础设施建设项目主要集中在电力、道路、

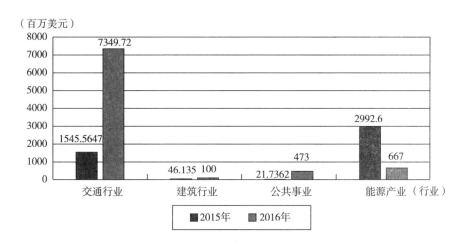

图 8-11　2015～2016 年菲律宾基础设施不同行业合同额

资料来源："一带一路"国家基础设施发展指数信息服务平台。

---

　　① 瑞士洛桑管理学院（IMD）. IMD WORLD TALENT RANKING 2021［EB/OL］.（2021 - 12）［2022 - 08 - 22］. https：//www. imd. org/centers/world - competitiveness - center/rankings/world - talent - competitiveness.

港口等部门。中国对菲律宾的基础设施建设投资主要涉及矿业和电力领域，主要项目包括中国二十冶集团有限公司承建的菲律宾克拉克度假城项目、中国路桥工程有限责任公司承建的菲律宾中吕宋高速连接线一期工程 2 标项目（Central Luzon Link Expressway project，CLLEX）等。

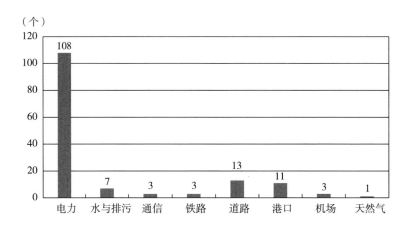

图 8-12　1990~2018 年上半年菲律宾达到财政结算的各部门 PPI 项目数

注：PPI 指的是私营部门参与基础设施投资。

资料来源：世界银行数据库。

中国与菲律宾进行基础设施互联互通建设时，需要注意防范以下风险：

第一，政治风险是中国与菲律宾基础设施互联互通建设中最大的风险来源。中国与菲律宾之间的南海争端，曾经使两国经贸往来跌入低谷。因此，中国企业在菲律宾参与基础设施互联互通建设时一定要防范政治风险。

第二，法律风险。按照菲律宾的法律，外资的建设承包商只能做外资项目，这必然会影响外国投资者参与菲律宾投资的热情和积极性。从表 8-20 可知，菲律宾本土企业在国内基础设施建设方面发挥了较大的作用，投资额前十名的企业中外国企业仅有三家。

表 8-20　2018 年对菲律宾 PPI 投资额最高的公司排名

公司	国家	投资金额（百万美元）
Aboitiz Equity Ventures	菲律宾	8187

续表

公司	国家	投资金额（百万美元）
阿亚拉公司	菲律宾	6999
菲律宾第一控股公司（FPHC）	菲律宾	6298
圣米格尔公司（SMC）	菲律宾	5303
Coyiuto 集团	菲律宾	4178
蒙特奥罗网格资源公司	菲律宾	4178
国网鑫源有限公司	中国	4178
丸红株式会社	日本	3545
Electricity Generating Company	泰国	2865
Benpres Holdings	菲律宾	2723

注：PPI 指的是私营部门参与基础设施投资。

资料来源：世界银行数据库。

第三，税收风险。菲律宾税种多、税率高，税负较重。因此，在进行互联互通建设时有必要从菲律宾重点支持项目入手，以享受更多的税收优惠政策，降低工程建设成本。因此，中国参与菲律宾基础设施互联互通建设时应该关注菲律宾政府扶持力度较大的能源和交通行业。

虽然菲律宾本国发布的发展规划中提及允许政府在私营部门投资不足的情况下参与发电行业的投资，但实际上菲律宾政府对债务问题较为谨慎，现阶段正着手缓解开展 BOT 项目对政府财政产生的压力。因此，中国企业和菲律宾开展基础设施互联互通建设时可以采用"BOT+ABS"模式。一方面，菲律宾是劳务输出大国，每年的外汇收入极高，该国的国内金融市场水平比很多东盟国家的高。因此，在菲律宾采用 ABS 模式，实现融资渠道多样化，不仅可以减轻菲律宾政府财政压力，同时也可以降低菲律宾政府违约的风险。此外，在工程建设过程中应适当提高菲律宾劳工在工人总数中的占比，提高项目的普惠性，这有利于逐渐消除菲律宾民众对中国的误解，赢得当地民众的支持。另一方面，菲律宾社会环境较为复杂，选择可靠的合作伙伴，开展本地化经营，有助于降低中国企业投资风险。根据 2017 年的《菲律宾基础设施发展指数国别分析报告》，菲律宾社会环境复杂，基本属于"熟人社会"，在投资合作中选择本地化经营策略能够起到事半功倍的作用。所以中国企业也可以通过在当地设立合作或合资公司的方式开展项目，为以后的企业经营扫除障碍。

第八节 中国与泰国基础设施互联互通建设的思路

一、泰国基础设施状况与发展规划

表 8-21 是 2018 年泰国基础设施基本情况，泰国的电力资源、通信和空运交通基础设施较好，但是铁路、卫生基础设施还存在不足。在世界银行 2018 年发布的全球国家竞争力排名中，泰国的基础设施排在世界第 60 位，评分为 69.7分，处于中上水平。泰国地理位置优越，是东南亚地区重要的经济中心和航空枢纽，基础设施与东盟其他国家相比也较为完善。泰国的投资环境在东盟国家中属于良好的。在融资方面，外资企业享有国民待遇，可以在泰国银行正常办理业务。目前，泰国大部分商业银行都可以办理人民币业务，虽然服务种类有所不同，但是给中国投资方提供了一定程度的便利。2014 年，泰国政府批准了2015~2022 年交通基础设施投入规划，预计公共和私人投资近 800 亿美元，其中有 50 亿美元将用于高速公路、农村道路修复，以及与周边国家互联互通项目。2015 年，泰国内阁批准设立全国首个基础设施基金，启动资金 30 亿美元，以缓解政府为发展基础设施而产生的财政负担。

表 8-21　2018 年泰国基础设施基本情况

指标	数值	评分	排名
道路联通性指数（1~100）	70.2	70.2	55
道路质量（1~7）	4.4	55.9	55
道路密度（千米/平方千米）	10.4	26	54
列车服务效率（1~7）	2.6	27.4	91
机场联通性	670386.7	98.9	9
空运服务效率（1~7）	5	66.8	48
班轮运输联通性（0~157.1）	41.1	41.1	39
港口服务效率（1~7）	4.1	51.5	68
电力指数（占人口百分比）	100	100	1
电力传输和分配损失（占产出百分比）	6.2	97.7	31

续表

指标	数值	评分	排名
不安全饮用水（占人口百分比）	30.2	71.2	105
供应水可靠性（1~7）	5.2	69.5	56
移动蜂窝电话订阅（每百人）	176	100	5
移动宽带订阅（每百人）	99	—	29
固定宽带网络订阅（每百人）	11.9	23.8	68
光纤网络订阅（每百人）	2.1	—	47
互联网用户数（占人口百分比）	47.5	47.5	87

注："—"表示的缺失部分为原官方数据缺失。

资料来源：根据世界银行数据整理。

二、中国与泰国互联互通建设思路

从图 8-13 可知，泰国在交通行业、建筑行业、公共事业和能源产业四个领域基础设施建设均有所发展。从图 8-14 可知，电力部门的基础设施投资项目数量较多，完成度也较高。2017 年，中国在泰国基础设施建设项目的投资主要涉及通信工程、交通运输工程建设等领域。从表 8-22 可知，中国企业没能进入对泰国 PPI 投资额最高的前十大企业的名单。泰国本土企业的发展，加上日本、法国等国家在该国的积极投资，使得泰国基础设施建设市场竞争激烈。

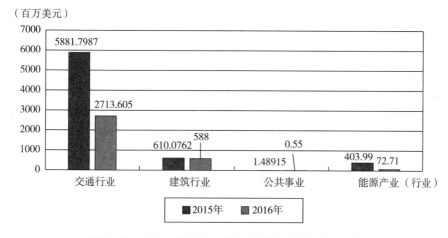

图 8-13　2015~2016 年泰国基础设施不同行业合同额

资料来源："一带一路"国家基础设施发展指数信息服务平台。

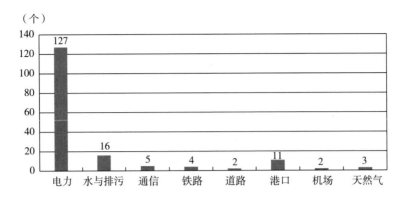

图 8-14 1990~2018 年上半年泰国达到财政结算的各部门 PPI 项目数

注：PPI 指的是私营部门参与基础设施投资。

资料来源：世界银行数据库。

表 8-22 2018 年对泰国 PPI 投资额最高的公司排名

公司	国家	投资金额（百万美元）
Electricity Generating Company	泰国	4641
杰强	日本	3379
苏伊士	法国	2740
Ratchaburi 发电控股公司	泰国	1691
茉莉花国际	泰国	1600
风能控股（WEH）	泰国	1570
班普公司	泰国	1566
海湾集团	泰国	1540
阿玛塔电力有限公司	泰国	1103
三井	日本	992

注：PPI 指的是私营部门参与基础设施投资。

资料来源：世界银行数据库。

中国与泰国进行基础设施互联互通建设时，需要注意防范以下几方面风险：

第一，泰国内部政治斗争对外国投资者的影响。近年来，泰国政局较不稳定，政府高层结构发生多次变化和改动，行政部门工作效率也较为低下。基础设施互联互通合作往往是大型投资项目，审核手续繁杂，审批周期较长，可能造成沉没成本较高的情况出现。

第二，泰国对环保的要求较高，外国工程承包商在接受项目时必须考虑项目的环保性。如果项目的开展可能影响项目所在区为周边自然环境，必须向泰国相关部门提交环境影响评估报告，通过有关部门的评估和审核后才可以进行施工。

泰国与东盟其他国家相比经济状况较好，市场空间广阔，法律制度等也较为完善。中国企业在泰国开展基础设施互联互通建设时，若是进行电力工程等有一定收益保障且风险较小的项目，可以采用 EPC 模式。一方面，泰国政府鼓励外国投资公用事业，并且在工程设计等重点鼓励投资的行业规定了特别的优惠条件；另一方面，泰国国内基础设施行业已经有一定的发展，中国企业可以更多地向泰国推广良好的项目设计能力和项目管理能力，向产业上游发展。

第九节　中国与越南基础设施互联互通建设的思路

一、越南基础设施状况与发展规划

表 8-23 是 2018 年越南基础设施基本情况，总体来看，越南的基础设施整体较为落后，联通性不强。在世界银行 2018 年发布的全球国家竞争力排名中，越南在基础设施能力方面排在世界第 75 位，评分为 65.4 分，处于较为落后的水平。越南作为世界上经济增长速度最快的国家之一，已经认识到基础设施建设对经济发展的重要性。越南 3/4 的货物总量运输依赖公路，而现有的公路系统年久失修且经常拥堵。越南一直重视公路系统现代化，2022 年前 7 个月，越南投入了国家财政的 90%改造和建设基础设施系统[1]。越南计划到 2030 年至少建成 5000 千米高速公路[2]。就投资环境而言，越南实行一党制，政局在东盟国家中较为稳定，支付结算便利度也在不断提高。越南近年来工业发展较为迅速，建筑材料充裕，劳动力较为廉价，有利于降低基础设施项目成本。

---

① 中国驻胡志明市总领事馆经济商务处. 如果越南能克服一些瓶颈，经济增长可超 7%的目标［EB/OL］.（2022-08-21）［2022-08-22］. https：//www. investgo. cn/article/gb/fxbg/202208/624179. html.

② 中国驻胡志明市总领事馆经济商务处. 至 2030 年越南至少要建成 5000 公里高速公路［EB/OL］.（2022-08-12）［2022-08-22］. https：//www. investgo. cn/article/gb/fxbg/202208/622336. html.

表 8-23 2018 年越南基础设施基本情况

指标	数值	评分	排名
道路联通性指数（1~100）	44.3	44.3	107
道路质量（1~7）	3.2	36	109
道路密度（千米/平方千米）	7.1	17.7	57
列车服务效率（1~7）	3.4	39.2	61
机场联通性	364184.2	86	22
空运服务效率（1~7）	3.8	47.4	101
班轮运输联通性（0~157.1）	60.5	60.5	20
港口服务效率（1~7）	3.8	46.4	78
电力指数（占人口百分比）	98.3	98.3	87
电力传输和分配损失（占产出百分比）	9.1	94.7	55
不安全饮用水（占人口百分比）	15	86.7	82
供应水可靠性（1~7）	4.3	55.1	95
移动蜂窝电话订阅（每百人）	125.6	100	50
移动宽带订阅（每百人）	46.9	—	101
固定宽带网络订阅（每百人）	11.8	23.6	69
光纤网络订阅（每百人）	0.3	—	74
互联网用户数（占人口百分比）	46.5	46.5	88

注："—"表示的缺失部分为原官方数据缺失。

资料来源：根据世界银行数据整理。

二、中国与越南互联互通建设思路

从图 8-15 可以看出，越南近年来建筑行业、交通行业、能源产业发展迅速，获得的投资较多。从图 8-16 可知，越南的电力行业基础设施发展遥遥领先于其他行业，其次是港口。中国和越南近年来正在落实中国提出的"一带一路"倡议与越南提出的"两廊一圈"经济合作建议的资源整合和对接工作，因此，两国在基础设施互联互通建设领域合作频繁。2017 年，电力工程建设是中国企业在越南市场的主要业务领域，业务占比达到 48.2%。

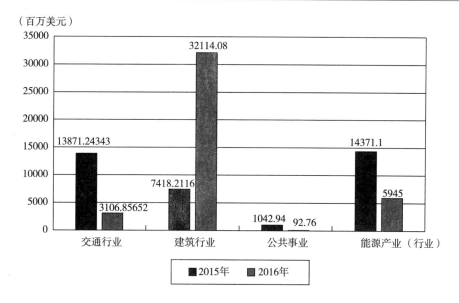

图 8-15　2015~2016 年越南基础设施不同行业合同额

资料来源："一带一路"国家基础设施发展指数信息服务平台。

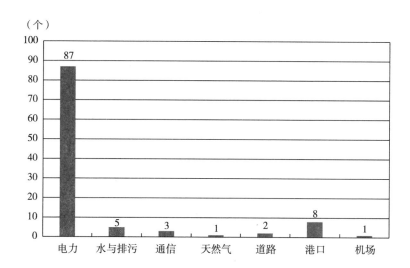

图 8-16　1990~2018 年上半年越南达到财政结算的各部门 PPI 项目数

注：PPI 指的是私营部门参与基础设施投资。

资料来源：世界银行数据库。

中国与越南进行基础设施互联互通建设时，需要注意防范以下几方面风险：

第一，越南金融市场发展仍不完善，外汇管制也较为严格。越南政府规定，人民币与越南盾不可直接兑换，除非外汇管制规定特别允许，越南实体和个人间的交易必须使用越南盾。越南还规定了外币汇往国外需要进行登记或满足税务要求。外国投资者如需在国外银行开设账户，需经越南国家银行批准。

第二，政治方面也存在一些消极因素，如南海问题，此外，多年来越南对中国的贸易逆差也造成了部分越南民众对华的抵触情绪。总之，较低的政治互信会给中国与越南之间的基础设施互联互通建设带来不利影响。

由表8-24可知，对越南进行投资的国家较多，投资额最高的公司多为能源产业方面的外资企业，因此在能源产业方面的基础设施市场有一定的竞争。越南投资法相比于其他同发展水平的国家而言更为宽松，给予了投资者更为详细的基础法律保障，也切实制定了政府重点关注领域的各类优惠政策。越南鼓励外国投资者通过BCC、BOT、BT等多种模式投资于基础设施领域，在越南成立和经营的企业在国际投标中享受政策优惠。结合以上资料，中国企业在未来与越南开展基础设施互联互通建设时除了传统的BOT模式之外，还可以考虑使用TOT模式。TOT模式不仅可以提高越南已建成基础设施项目的运营效率，还可以提高资金的周转速度，提前回收部分资金进行再投资，从而减轻越南政府基础设施建设资金短缺的压力。对中国企业来说，TOT模式会将投资风险部分转移到政府，降低投资成本和风险。

表8-24　2018年对越南PPI投资额最高的公司排名

公司	国家	投资金额（百万美元）
马拉科夫有限公司	马来西亚	2400
越南国家煤炭-矿业集团（Vinacom）	越南	1902
丸红株式会社	日本	1869
AES公司	美国	995
中国南方电网公司	中国	973
中国电力投资公司	中国香港	696
超级风能公司	泰国	627
英国石油公司	英国	429
中国投资公司	中国	371
Bitexco集团	越南	311

注：PPI指的是私营部门参与基础设施投资。

资料来源：世界银行数据库。

第十节 中国与新加坡基础设施互联互通建设的思路

一、新加坡基础设施状况与发展规划

表 8-25 是 2018 年新加坡基础设施基本情况，在衡量基础设施状况的多个项目中，新加坡的排名均在前五十，除个别项目外基本进入了前五名。在世界银行2018 年发布的全球国家竞争力排名中，新加坡在基础设施方面排在世界第一位，评分为 95.7 分，处于先进水平。由此可见，新加坡自身基础设施完善程度已经整体较高，这可以为中国与东盟之间基础设施互联互通建设提供相应的便利。现阶段新加坡基础设施领域较为落后的是航空交通联通性与电信产业。除了较为良好的投资硬环境之外，新加坡的投资软环境也是东盟国家中唯一进入世界对外直接投资信心指数（FDIC）前 25 名的国家。

表 8-25　2018 年新加坡基础设施基本情况

指标	数值	评分	排名
道路联通性指数（1~100）	—	—	—
道路质量（1~7）	6.4	90.8	1
列车服务效率（1~7）	5.8	80.5	5
机场联通性	352687.7	85.4	23
空运服务效率（1~7）	6.7	95	1
班轮运输联通性（0~157.1）	115.1	100	2
港口服务效率（1~7）	6.4	90.6	1
电力指数（占人口百分比）	100	100	2
电力传输和分配损失（占产出百分比）	1.8	100	1
不安全饮用水（占人口百分比）	2.3	99.7	25
供应水可靠性（1~7）	6.9	97.5	3
移动蜂窝电话订阅（每百人）	148.2	100	17
移动宽带订阅（每百人）	148.2	—	4
固定宽带网络订阅（每百人）	25.8	51.5	39

续表

指标	数值	评分	排名
光纤网络订阅（每百人）	20.9	—	4
互联网用户数（占人口百分比）	84.5	84.5	24

注："—"表示的缺失部分为原官方数据缺失。

资料来源：根据世界银行数据整理。

二、中国与新加坡互联互通建设思路

从图 8-17 可以看出，新加坡近年来交通行业和能源产业的基础设施合同额有所上升，特别是能源产业，在 2016 年达到了约 6 亿美元，与此同时，建筑行业合同额有所下降。今后，中国与新加坡可以加强在交通行业、能源产业的互联互通建设项目上的合作。

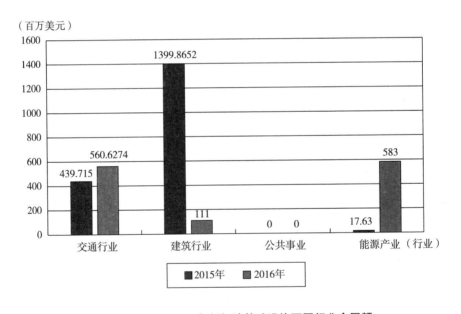

图 8-17　2015~2016 年新加坡基础设施不同行业合同额

资料来源："一带一路"国家基础设施发展指数信息服务平台。

虽然新加坡的基础设施投资环境在东盟十国中是最为良好的，但中国与新加坡在基础设施互联互通建设中同样存在以下障碍：

第一，两国体制机制存在差异。中国的法律是大陆法系，而新加坡的法律则是英美法系，因此在投资中涉及的合同签订存在着有关法律、税收以及对诉讼仲裁方面判决方法的区别。基础设施建设有长期性的特点，同时由于互联互通也要求两国进行深入合作，所以体制机制的差异易导致项目进度缓慢，甚至会出现两国产生分歧而将项目搁置的情况。

第二，存在一定的经济风险。相较于东盟其他国家，新加坡的货币更为强势，国家对于汇率的管控也更为严格。因为新加坡的新元非国际化货币，所以新加坡在一定程度上限制了非居民对新元的持有数量，而且该国实行有管理的、不公示浮动区域的浮动汇率制。此外，新加坡规定人民币清算需实行独立的财务核算。这些因素增加了投资者控制成本和把握收益的困难。而且新加坡的公司所得税税率高达12%，也增加了外国投资者的成本与难度。

第三，新加坡基础设施相关产业的发展近年来略显疲态。根据中国商务部数据，新加坡建筑业已经连续10个季度处于萎缩状态，2018年中国企业在新加坡新签工程合同额27.9亿美元，下降20.6%，营业额25.8亿美元，下降24.9%。2018年11月，新加坡电信集团发布的业绩显示，如果以半年计算，该集团净利下跌60%。这些情况可能会打击投资者的信心。

中国商务部驻新加坡经商参处资料显示，中国对"一带一路"沿线国家的投资25%流向了新加坡，新加坡是中国第二大新增对外投资目的国。目前，中国与新加坡之间基础设施互联互通项目包括2015年签署协议后开展的中新（重庆）战略性互联互通示范项目，以及"陆海新通道"项目等。新加坡投资环境良好，政府资金雄厚，中国可以采用BOT、BOO、EPC等模式进入新加坡市场，进行基础设施互联互通项目建设。中国企业通过在本地设立公司能够方便、直观地了解新加坡相关法律法规与制度体系，更好地推动项目的建设和运行。

第九章　中国与东盟基础设施互联互通建设合作模式：以铁路为例

根据前述章节的分析，在基础设施互联互通建设中，中国与东盟国家之间铁路基础设施的互联互通是重点推进的内容之一。本章根据第七章和第八章的思路，以铁路基础设施为例，在归纳总结基础设施互联互通建设合作模式的基础上，借鉴了中国与泰国、中国与印度尼西亚、中国与老挝铁路建设项目案例的经验，详尽地分析了中国与东盟之间铁路基础设施互联互通建设的合作模式选择。

第一节　基础设施互联互通建设的合作模式

基础设施互联互通项目是一个系统工程，因此基础设施互联互通建设的合作模式应该包括融资模式、管理模式和运营模式。

一、基础设施互联互通建设的融资模式

融资模式指的是在基础设施互联互通建设过程中，投入的项目资金的筹集方式。基础设施作为公共物品，一般情况下是由政府部门提供的，所以，传统的基础设施建设的融资多数来源于国家政府、地方政府的财政资金、国家借款等，资金来源渠道较为单一。随着经济的快速发展，基础设施建设的投入也逐渐增加，促使各国政府不断探索、寻找新的融资渠道，在此背景下，基础设施建设的融资模式逐渐增多，目前基础设施互联互通建设的融资模式主要有 BOT 模式、PPP模式、TOT 模式、ABS 模式。

1. BOT 模式

BOT 模式（Build-Operate-Transfer）指的是某国政府授予非该国政府部门的

项目公司一定期限的某一个基础设施的特许经营权，项目公司自行筹措资金修建这一基础设施，并承担相应的融资风险、运营风险等，在特许经营权到期时，项目公司应无偿将这一基础设施移交至该国政府或其指定部门。BOT 模式的关键是项目公司前期主导基础设施的建设和服务，期满之后再转让给该国政府。BOT 模式的变形有：BOOT（Build-Own-Operate-Transfer）、BOO（Build-Own-Operate）、BLT（Build-Lease-Transfer）等模式。BOT 模式既属于项目融资模式又属于项目管理模式。

2. PPP 模式

1982 年，英国政府提出了 PPP 模式，也叫公私合营模式，指的是某国政府与非该国政府部门的项目公司签订长期协议，非该国政府部门的项目公司负责建设、运营和管理基础设施，并在一定期限内向该国国民提供公共服务。除此之外，政府可视情况收取特许权费用或给予相关补偿。[①] 广义的 PPP 模式包括了 BOT 等具体实施模式，本书中提及的 PPP 模式，采用的是其狭义的定义，即某国政府与非该国政府部门的项目公司组成特殊目的机构，将社会资本注入其中，然后共同对基础设施进行设计开发，并共同承担管理、运营等风险，整个过程都由双方合作完成，期满之后再将这一基础设施转让给该国政府。狭义的 PPP 模式中，非该国政府部门的项目公司承担项目初期到中后期的各项工作，收益主要来源于"使用者付费"及政府补偿，政府更侧重于承担项目中后期的各项工作。

3. TOT 模式

TOT 模式（Transfer-Operate-Transfer）指的是某国政府授予投资者一定期限的可获益公共设施的特许经营权，然后从投资者处获得基础设施项目建设的所需资金，在期满后投资者将可获益公共设施无偿移交至该国政府或其指定部门。一般情况下可获益公共设施需为已投产运行的桥梁、公路、铁路等。TOT 模式与 BOT 模式有着显著差别，TOT 模式不涉及基础设施项目的建设事宜，仅属于单纯的融资模式，可避免基础设施项目建设中产生的矛盾与风险，政府与投资者之间的关系较为明了，容易协商一致。

4. ABS 模式

ABS 模式（Asset-Backed Securitization）即资产证券化，其基本运作流程

---

① 刘旭，泮俊. 浅谈 PPP 模式在公路项目融资中的应用［J］. 公路交通科技（应用技术版），2019，15（1）：37-39.

是将流动性较差但在未来可以产生较稳定现金流量的资产归集起来，通过结构化设计使之信用增级，然后以证券的形式在金融市场进行买卖流通。[①] ABS 融资模式通过提高信用等级这一手段，使原本信用等级较低的项目可以进入高级别的证券市场，利用证券市场信用等级高、安全性和流动性强等特点，达到大幅度降低筹集资金的成本的目的。而基础设施建设项目一般都属于投资额高，投资周期长，风险大的项目，私人部门的投资都不愿意进入该领域，只能由政府出资，但是，如果基础设施项目未来的收益采用 ABS 融资模式后，就可以在证券市场上融资。这样可以缓解基础设施建设项目的资金不足，并分散投资风险。

二、基础设施互联互通建设的管理模式

基础设施互联互通项目是一个庞大的系统工程，除了需要资金融通之外，项目从开始实施到结束，整个过程也需要管理，以保证项目的顺利实施和完成。目前，国际上的工程项目管理模式比较多，例如，DBB 模式、EPC 模式、Partne-ring 模式、CM 模式、PMC 模式、EP 模式等，本章重点介绍以下几个基础设施互联互通建设中经常采用的管理模式。

1. DBB 模式

DBB 模式（Design-Bid-Build）即"设计—招标—建造"模式，它的突出特点是项目严格按顺序进行，即只有设计完成之后才能进入招标阶段，而后进入建造阶段。在 DBB 模式中，一国政府事先委托相关基础设施设计公司或他国政府对基础设施项目进行前期的可行性研究，如果具备可行性则编制项目招标文件。在招标文件编制妥善后，即可进行项目招标，项目东道国政府通过对比承包商资质、标书等条件选择合适的承包商。招标阶段结束之后，即可进行基础设施项目的建设工作。

2. EPC 模式

EPC 模式（Engineering Procurement Construction）即"设计—采购—施工"模式，它的突出特点是项目的设计、采购、建造工作均集中在一个项目公司身上，过程较为连贯。在 EPC 模式中，一国政府委托该国国内项目公司或国外项

---

① 郭宁，安起光.PPP 模式资产证券化定价研究——基于期权调整利差模型的分析［J］.山东财经大学学报，2017，29（1）：11-18+27.

目公司或两国合资项目公司负责基础设施的设计、采购、建造、技术培训等工作。双方签订总价合同，项目公司对基础设施建设的可行性进行研究并编制基础设施建设总体策划案，以便后续建设可以平稳顺畅进行，建设过程中需要保证基础设施建设的质量及安全性，除此之外建设过程中的施工费用和进度也需合理把握。

3. Partnering 模式

Partnering 模式即合伙模式，它的突出特点是强调参与项目的各方相互信任共享信息减少冲突。在 Partnering 模式中，一国政府与参建该国基础设施的各相关方在相互信任的前提下达成长期或短期协议，在达成协议的过程中应充分考虑各方利益并共享信息。达成协议后以工作小组的形式相互合作交流，通过直接而顺畅的沟通来达到减少矛盾和误解、避免诉讼的目的。除此之外，工作小组中的各方还应共担风险，共同解决基础设施建设中遇到的问题，以便保证项目实施更加顺利，各方目标更快实现。

三、基础设施互联互通建设的运营模式

基础设施互联互通项目完全建成后，并不意味着项目的结束，如何运营，让项目产生收益，也是一个重要的任务。因此，基础设施互联互通建设除了融资模式、管理模式之外，还需要考虑运营模式。基础设施的运营模式，主要考虑基础设施建成后的设施（或者设备）供应、维修养护、运营管理服务的模式。本部分主要介绍铁路设施互联互通建设的运营模式。

1. 单独承包运营模式

单独承包运营模式（Individual Contracted Operation Mode）中，铁路基础设施建设项目所在国政府委托国外运营团队进行铁路的运输组织及维修、客货经营等工作，双方关系是委托经营。国外运营团队可根据当地实际情况制定相应的客运及货物票价，经项目所在国政府批准可实际推行①。国外运营团队的成本主要是维修保养成本、经营管理成本，收入主要来源于经营所得。具体铁路经营收入的分配比例可与铁路基础设施建设项目所在国政府共同商定（见图9-1）。

---

① 保鲁昆．铁路运营管理"走出去"合作模式与运营团队组建初探［J］．综合运输，2016，38（4）：9-13.

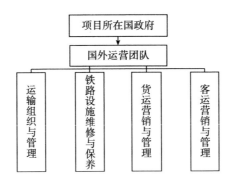

图 9-1 单独承包运营模式

资料来源：本书根据单独承包运营模式内容绘制得出。

2. 联合承包运营模式

联合承包运营模式（Joint Contracted Operation Mode）中，铁路基础设施建设项目所在国政府委托该国与他国共建的合资公司进行铁路的运输组织及维修、客货经营等工作。合资公司可根据当地实际情况制定相应的客运及货物票价，经项目所在国政府批准可实际推行。合资公司的成本主要是维修保养成本、经营管理成本、技术培训成本，收入主要来源于经营所得。具体铁路经营收入的分配比例可与铁路基础设施建设项目所在国政府共同商定（见图 9-2）。

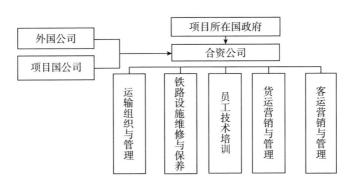

图 9-2 联合承包运营模式

资料来源：本书根据联合承包运营模式内容绘制得出。

3. 单独承包运输组织模式

单独承包运输组织模式（Individual Contracted Transport Organization Mode）中，铁路基础设施建设项目所在国政府委托国外运营团队进行铁路的运输组织及维修等工作。铁路基础设施建设项目所在国政府负责客货经营并根据当地实际情况制定相应的客运及货物票价。国外运营团队的成本主要是维修保养成本，收入分配可与铁路基础设施建设项目所在国政府共同商定（见图9-3）。

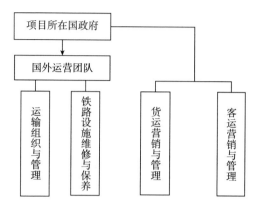

图9-3 单独承包运输组织模式

资料来源：本书根据联合承包运营模式内容绘制得出。

4. 联合承包运输组织模式

联合承包运输组织模式（Joint Contracted Transportation Organization Mode）中，铁路基础设施建设项目所在国政府委托该国与他国共建的合资公司进行铁路的运输组织及维修等工作。该国公司可根据当地实际情况制定相应的客运及货运票价，经项目所在国政府批准可实际推行。合资公司的成本主要是维修保养成本、技术培训成本，收入可与铁路基础设施建设项目所在国政府共同商定（见图9-4）。

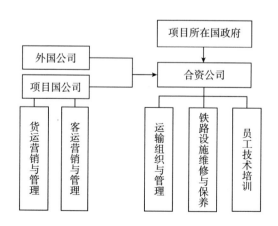

图9-4 联合承包运输组织模式

资料来源：本书根据联合承包运营模式内容绘制得出。

第二节　中国与东盟铁路基础设施
互联互通建设案例探析

本节选择了中国与泰国、中国与印度尼西亚、中国与老挝的铁路基础设施建设项目，作为案例。根据第四章基础设施互联互通建设环境的分析，本书将东盟国家的互联互通建设环境分为了三类，泰国、印度尼西亚、老挝分别属于东盟国家中互联互通建设环境较好、中等、较差的国家。而且中国与这三个国家之间有在建的铁路基础设施建设合作项目。因此，本书选择中国与泰国、中国与印度尼西亚、中国与老挝的铁路基础设施建设合作项目为案例，具有较好的代表性。

一、中国与泰国铁路基础设施互联互通建设合作案例

1. 中国与泰国铁路基础设施建设合作的推进情况

中国与泰国铁路基础设施建设合作可以说历经波折，整个过程大致如下：

2013 年 10 月，为促进中泰两国经济繁荣和物流畅通，两国总理达成合作备忘录，备忘录中指出中国将与泰国合作建设泰国廊开至帕栖段的铁路，泰国可以利用大米、橡胶等农产品抵消部分投资资金。当时泰国铁路基础设施饱受本国民众诟病，泰国人民对改善本国铁路基础设施的需求强烈，泰国政府积极推进泰国国内铁路建设。但事与愿违，备忘录达成不久后，泰国政坛变动，中泰两国达成的合作共识暂被搁置。

2014 年 10 月，中泰两国铁路建设合作迎来转机。在第十届亚欧首脑会议上，中泰两国再次就相关合作事宜展开商讨。泰国希望继续推进和深化中泰两国的合作计划，以改善泰国国内铁路交通现状。中国也有坚定合作的意愿，因此两国再次达成合作共识。

2015 年 12 月，中泰两国铁路基础设施建设合作得以推进。中泰两国正式就合作事宜签署政府框架文件，双方将以合资公司的形式开展铁路的建设和运营。

2017 年 12 月，由中泰两国共建的第一条泰国标准轨高铁项目首期工程正式开工，预计完工之后将大幅度缩减泰国的曼谷-呵叻府来往时间。

2018 年 9 月，中泰铁路首期工程顺利完工，全长 253 千米，沿途设有 6 个车

站。首期工程难度最大，它的完工意味着后期工程将能够更加顺利地开展。中泰铁路合作二期工程将与中国国内铁路接轨，届时两国铁路互联互通将进一步推进。

2. 中国与泰国铁路基础设施互联互通建设的合作模式

根据2015年12月中泰两国签订的《政府间铁路合作框架文件》，双方将以"设计—采购—施工"管理模式（即EPC模式）建设中泰铁路基础设施合作项目，并成立合资公司负责线上部分投资及铁路运营，中方将向泰方提供技术许可、技术转让、人力资源培训和融资等方面的支持。中泰铁路联委会第四次会议上，中方已经向泰方提交了人员培训方案。中方将派出专家团赴泰国，不仅传授铁路技术知识，还进行铁路建设计划的配套培训；不仅开设有一两个月的短期授课班，而且将开设中长期培训班，内容涉及铁路的轨道、维修、系统、列车控制、安全保障等。中泰铁路一期总投资1794亿泰铢（约合361亿元人民币），全部由泰方独立融资，铁路建好通车后，由泰方运营。

二、中国与印度尼西亚铁路互联互通建设合作案例

1. 中国与印度尼西亚铁路基础设施建设合作的推进情况

中国与印度尼西亚在铁路基础设施建设合作中，最具代表性也最典型的项目是印度尼西亚雅加达-万隆高铁项目（以下简称雅万高铁项目）。雅万高铁项目的合作历程如下：

2015年7月，印度尼西亚否定了中日两国提交的印度尼西亚雅加达-万隆高铁方案，决定改建中速铁路。

2015年10月，中国和印度尼西亚正式签署雅万高铁建设协议，项目采用中国的技术标准。

2016年1月，中国和印度尼西亚共建的第一条印度尼西亚高铁项目正式开工。

2017年4月，雅万高铁项目EPC总承包合同在印度尼西亚雅加达签署，这意味着雅万高铁已进入全面实施规划阶段。

2018年6月，雅万高铁项目多处建设难度较大的分支项目已完成，这意味着总体项目已进入全面实施推进阶段。

2. 中国与印度尼西亚铁路基础设施互联互通建设的合作模式

雅万高铁项目的合作方包括了中国与印度尼西亚两国的多家公司。2015年

10 月 16 日，中国铁路总公司牵头铁路设计、建造、装备和运营等有关企业组成联合体，与印度尼西亚维贾亚卡亚公司牵头的印度尼西亚国企联合体正式达成合资公司组建协议。雅万高铁项目的合资公司参与者主要包括：中国铁路总公司、中国水电建设公司、中国中铁公司、印度尼西亚维贾亚卡亚公司、印度尼西亚努山塔拉第八种植园公司、印度尼西亚铁路运营公司、印度尼西亚高速公路建设公司（即 PT Jasa Marga（Persero）Tbk）等。合资公司持股情况：中方占 40%，印度尼西亚方占 60%。雅万高铁项目采用 EPC 管理模式，由合资公司负责设计、采购、施工等一系列事宜。项目融资方面，雅万高铁总投资 332 亿元人民币，主要依靠中国给予的贷款，中国开发银行给予 75% 的项目资金，资金期限为 50 年，剩余 25% 的项目资金由合资公司承担，印度尼西亚并未使用政府预算及担保。在运营方面，印度尼西亚政府授予合资公司 50 年的特许经营权，权利自 2019 年 5 月生效。

三、中国与老挝铁路互联互通建设合作案例

1. 中国与老挝铁路基础设施建设合作的推进情况

中国与老挝铁路起于中老边境口岸磨丁，南到老挝首都万象，长 400 余千米，全线采用中国管理标准和技术标准建设，2016 年 12 月全线开工，计划 2021 年 12 月建成通车。中老铁路建设合作的推进过程如下：

2015 年 12 月 2 日，中老铁路老挝境内的磨丁-万象段正式开工，设计时速 160 千米。

2016 年 4 月 19 日，中老铁路中国境内的玉溪-磨憨段开工动员会在玉溪召开，标志着玉磨铁路全线开工建设。

2017 年 12 月 12 日，中国电建水电十五局承建的旺门村二号隧道顺利贯通，成为中老铁路基础设施建设项目全线首个贯通的隧道。

2019 年 2 月 9 日，中老铁路全线最长桥、位于老挝首都万象的梁楠科内河特大桥开始架梁施工。

2. 中国和老挝铁路基础设施互联互通建设的合作模式

中老铁路基础设施建设项目先后经历了 PPP 模式、BOT 模式、EPC 模式等三种不同模式的谈判，最终在 2015 年敲定采用 BOT 模式。中老铁路预计建设期 5 年，总投资近 400 亿元人民币，中老双方于 2016 年 8 月组建合资公司进行铁路建设及运营工作。中老铁路的合资公司持股情况：中方占 70%，其中，中国磨万

铁路公司占 40%，中国玉昆投资公司占 20%，云南省政府占 10%；老方占 30%，老挝铁路公司代表该国政府持有。中国进出口银行同意给予老挝低息贷款，期限为 30 年，老挝可向中国提供钾碱，以钾碱换取资金。在运营方面，老挝政府授予合资公司特许经营权，在期满之前合资公司负责运营工作。

四、案例经验与启示

综观中泰铁路、雅万高速铁路、中老铁路的建设项目，本书发现它们有以下共同点：第一，三条铁路都是中国与东盟国家之间铁路基础设施互联互通建设的关键性线路。它们的顺利建设不仅对推进泛亚铁路基础设施建设项目进程至关重要，有利于东盟国家内部基础设施的互联互通建设，而且还将打通东盟国家至中国的铁路通道，促进中国及东盟的贸易与投资发展。第二，三条铁路在项目规划过程中都遇到了很多问题，其中比较共性的问题是参与建设的东盟国家都存在自身技术水平弱，需要寻求外界的技术帮助。第三，对于中国而言，三条铁路建设项目在谈判磋商过程中，遇到了来自其他国家的竞争。

三个铁路建设项目案例也存在许多不同之处。本书主要从建设合作模式的差异性去考察三个案例的不同。由于泰国、印度尼西亚、老挝三国的基础设施互联互通建设环境差异性很大，所以中国与三国进行的铁路基础设施建设合作模式并不相同，三个案例都有各自值得借鉴的经验和启示。

1. 中国与泰国铁路基础设施互联互通建设合作经验

（1）中国与泰国铁路基础设施互联互通建设合作的融资模式。中国与泰国铁路基础设施互联互通建设合作堪称一波三折，在融资方面更是几经周折。中国与泰国铁路基础设施互联互通建设合作项目的融资方式最初考虑的是"大米换铁路"，即中国与泰国合作建设该国廊开至帕栖段的铁路，泰国方面可以利用大米、橡胶等国内农产品抵消部分投资资金。但是泰国宪法法庭以 8∶0 的表决结果一致认为，此法案在内容与程序上均违反该国宪法。2015 年，中泰双方达成共识，中方向泰方提供贷款，但就贷款利率、贷款期限和债务期限上双方并未谈妥。目前，中泰铁路的一期工程最终融资模式是泰方独立融资，泰方通过国家预算基金拨款和国内贷款为中泰铁路基础设施建设项目融资。从第四章的基础设施互联互通建设环境分析中可知，2018 年泰国 GDP 总量在东盟国家排名中位列第二，经济规模较大，经济发展平稳，总体经济环境较好。因此，在中泰铁路建设中，泰国具备一定的自筹资金的能力。但从长期来看，中泰铁路项目的顺利完成，中泰两国还需要拓宽融资渠道，采用更多融资模式。

（2）中国与泰国铁路基础设施互联互通建设合作的管理及运营模式。由于中国与泰国铁路一期工程的融资方式是泰国自筹资金，这使项目在管理和运营模式上的选择更加灵活。中国与泰国铁路一期工程采用的是 EPC 项目管理模式，该模式有以下优点：

第一，中国与泰国铁路合资公司负责整个项目的实施过程，从全局的角度进行规划和运作，铁路基础设施建设项目的前期设计与后期建设可以顺利衔接，采购成本和建设成本可以得到较好的控制，避免铁路建设中出现适用性、安全性、技术性相互矛盾的情况。

第二，EPC 合同的建设期限和总资金较为固定，对于铁路建设的进度和费用控制十分有益。

第三，EPC 管理模式可较好地利用项目各参与方的优势，缩短了项目完成的时间。

第四，泰国政府可从具体的铁路建设细节中解放出来，从而有更多精力保证铁路建设管理的高效率。

总之，在中泰铁路建设合作上，EPC 模式相较传统的 DBB 模式来说，实用性更强。因为泰国铁路多为米轨，泰方在新型铁路的设计上缺乏经验，EPC 模式将设计建造合在一起，避免了设计与建造的脱节。此外，中泰铁路建好通车后，由泰方运营。根据表 4-9 可知，泰国属于基础设施互联互通建设环境较好的国家，泰国的基础设施全球竞争力较强，泰国有 100 多年的铁路运营历史，在铁路的运营上具有丰富的经验。所以中泰铁路一期工程建成通车后将由泰方运营，中方负责铁路相关人员的培训和技术指导等工作。这样的管理模式是恰当的选择。

2. 中国与印度尼西亚铁路基础设施互联互通建设合作经验

（1）中国与印度尼西亚铁路基础设施互联互通建设合作的融资模式。中国与印度尼西亚铁路的融资情况与中泰铁路差别较大，中国与印度尼西亚合作的雅万高铁项目采用的是 PPP 模式。印度尼西亚政府授予了铁路合资公司特许经营权，但是并未向雅万高铁项目提供资金。雅万高铁项目的资金来源是：中国开发银行给予 75% 的项目资金，资金期限为 50 年，剩余 25% 的项目资金由合资公司承担，印度尼西亚并未使用政府预算及担保。这样的融资模式解决了印度尼西亚政府的融资负担。根据表 4-9 可知，印度尼西亚的营商环境得分比泰国低。这说明印度尼西亚政府对于基础设施信贷的管控较严，中国在与印度尼西亚进行基础设施互联互通建设合作时，需要为其提供较大金额的贷款。雅万高铁项目就是最好的例证，印度尼西亚政府不提供债务担保，由中印尼高铁合资公司自负盈亏。印度尼西亚属于基础设施互联互通建设环境中等的国家，由于印度尼西亚的政治经济状况比较稳定，所以相较于其他政局动荡的高风险国家来说，向印度尼西亚提供无债务担保贷款风险较小。

（2）中国与印度尼西亚铁路基础设施互联互通建设合作的管理及运营模式。与中泰铁路相同，雅万高铁项目采用的也是 EPC 管理模式，设计与施工可以得到很好的衔接，但运营模式与中泰铁路不同，雅万高铁项目建成后由中印尼合资公司负责运营。印度尼西亚全国铁路总长 6458 千米，其中窄轨（1067 毫米）铁路占 5961 千米，由于印度尼西亚的铁路并不是国际标准轨，而且印度尼西亚的铁路技术标准也与中国的标准不同，所以在前期的设计上需要中方的参与。EPC 管理模式可以较好地解决这一问题，使项目的设计、采购、建设得以连贯进行。

根据第四章的分析可知，印度尼西亚的基础设施互联互通建设环境在东盟国家中位列第四，处于中等水平，基础设施全球竞争力也处于中等水平。此外，由于印度尼西亚缺乏高铁的运营经验，雅万高铁建好通车后，由中国与印度尼西亚组成的合资公司运营是一个恰当的运营模式。首先，中国与印度尼西亚合作运营可以较快提升印度尼西亚的高铁运行和管理水平。其次，中方对印度尼西亚员工的培训将帮助印度尼西亚建设一支自己的高铁技术力量。

3. 中国与老挝铁路基础设施互联互通建设合作经验

（1）中国与老挝铁路基础设施互联互通建设合作的融资模式。中老铁路的融资情况与中泰铁路、中印尼铁路均不相同。中国与老挝最初希望在中老铁路建设中全部使用中国向老挝提供的贷款，即由合资形式变成借贷形式，但是该方案最终没有被采用。中老铁路采用 BOT 模式进行融资，由中方和老方成立合资公司开发、管理和经营该铁路基础设施建设项目。中老铁路总投资近 400 亿元人民币，合资公司持股情况为：中方占 70%，老方占 30%。在第四章的基础设施互联互通建设环境评价中，老挝属于环境较差的国家，经济发展、营商环境、基础设施比较落后，境内只有一条 3.5 千米的米轨铁路，所以在中老铁路在修建过程中困难重重。BOT 模式解决了老挝融资难、负债压力过大的问题。

中老铁路建设项目中，中国给予了老挝十分优惠的政策。中老铁路老方投资占比 30%，根据项目总资金计算下来约 120 亿元人民币，由于中方提供的是低息贷款，在不考虑利息的情况下，老挝在 30 年中，每年只需还贷 4 亿元人民币。

另外老挝还可使用"资源换资本"方式还贷。项目的启动资金约 120 亿元人民币，中国进出口银行给予老挝 36 亿元人民币的启动资金贷款，利息率小于 3%，贷款金额按老挝的持股比例计算得出。而且中国政府以低息向老挝提供 36 亿元人民币启动资金贷款，打破了国际上通行的启动资金禁止使用贷款的惯例。

（2）中国与老挝铁路基础设施互联互通建设合作的管理及运营模式。本章第一节中已指出，BOT 模式同样也是一种项目管理模式，采用该管理模式有以下优点：

第一，中老铁路基础设施建设项目的建设周期长、规模大，然而老挝投资环境较差，铁路建设过程中的风险也较大，采用 BOT 模式中老双方可共担风险。

第二，合资公司为了减弱项目风险，增加投资回报，会保证铁路设施建造质量及进度，这将提高铁路建设与经营的效率，保证项目按时按质完成。这也满足了老挝目前急需完善基础设施建设，改善投资环境的需要。

中老铁路基础设施建设项目，由中老铁路有限公司负责铁路建成后的运营工作，老挝需要面临项目回收时间较长的现实。根据第四章的分析可知，老挝的基础设施互联互通建设环境在东盟国家中位列第九，处于落后水平，基础设施全球竞争力也较差，境内只有一条 3.5 千米的米轨铁路，可见老挝在铁路运营上的技术经验和实操经验极为缺乏。所以，中老铁路需要合作运营，引入中国成熟的经营机制和经验，以弥补老挝铁路运营经验的不足。

4. 案例启示的归纳和总结

（1）融资模式启示。中国在与基础设施互联互通建设环境较好的东盟国家进行基础设施建设合作时，融资模式的可选择性更大一些。在中泰铁路案例中，泰国基础设施全球竞争力较强，经济规模和经济对外开放程度较好，营商环境较好。泰国经过考量，采用了项目所在国政府独立融资的方式，项目所在国政府可以通过国家预算基金拨款、发行建设国债等途径获取资金。因为这类国家政治经济稳定，法律政策较为完善，铁路基础设施建设项目未来收益可观，这为 ABS 资产证券化提供了良好的支持。中国与项目东道国政府可组建合资公司，而后在境外发行 ABS 债券筹措资金，不仅可拓宽融资渠道还可促进社会资本的流动。除此之外，这类国家较好的投资环境也为 TOT 融资模式提供了良好的运作背景，投资环境良好的国家，基础设施较为完善，经济发展水平较高，投资者经营基础设施有利可图，所以可以较为容易地从私人部门投资者处获取铁路基础设施建设项目资金。

中国在与基础设施互联互通建设环境中等的东盟国家进行基础设施建设合作时，项目融资需要较多借助国外资本及国内社会资本的力量。在中国和印度尼西亚铁路案例中，印度尼西亚基础设施全球竞争力一般，经济规模、经济对外开放程度和营商环境中等。中印尼铁路采用了 PPP 融资模式，中方提供了较大比例的铁路基础设施建设资金，剩余资金由合资公司负担。尽管投资环境一般，但是此类国家政治经济较为稳定，而且此类国家，如印度尼西亚对 PPP 融资模式给予大力支持，为该模式提供了良好的运作背景。除此之外，对于想较快收回铁路运营权的此类国家，还可采用 TOT 融资模式。与投资环境较好国家不同的是，投资环境中等的国家给予投资者何种基础设施特许经营权，需要进行仔细衡量，这样才能顺利融资。

中国在与基础设施互联互通建设环境较差的东盟国家进行基础设施建设合作时，项目融资比较困难，需要更多依赖于中国自有资金和自己的融资途径和渠道。在中老铁路的案例中，老挝基础设施全球竞争力较弱，经济规模较小、经济对外开放程度较低、营商环境较差。中老铁路采用了 BOT 融资模式，中老合资公司获得了一定期限的铁路特许经营权，项目资金由中方及老方共同承担，中方给予老挝较大比例低息贷款，老方"以资源换资金"。可见，投资环境较差的国家，项目东道国政府融资难、负债高，东道国法律政策不健全，ABS 融资模式较难在该类国家运作，BOT 融资模式较适宜采用。

（2）管理及运营模式启示。在中国和泰国铁路案例中，泰国缺乏铁路设计经验，中国和泰国铁路采用的是 EPC 管理模式。该模式集设计、采购、施工为一体，有利于项目的系统性建设，而且该管理模式较为灵活，可以在多种融资模式下使用。从中国和泰国铁路案例中我们还发现，投资环境较好的国家，经济发展水平较高，在铁路运营上难度较小，该类国家更希望独立运营或早日收回铁路运营权。

在中国和印度尼西亚铁路案例中，印度尼西亚同样缺乏铁路设计经验，所以中国和印度尼西亚铁路采用的也是 EPC 管理模式。但是，与中国和泰国铁路案例不同的是，中国和印度尼西亚铁路采用的是 PPP 融资模式下的 EPC 管理模式。从中国和印度尼西亚铁路案例中我们还发现，投资环境中等的国家，经济发展水平一般，在铁路运营上的选择权利较小，主要采取合作运营的方式。

在中国和老挝铁路案例中，老挝在铁路融资、建设上遇到的困难都较大，BOT 模式集项目融资与管理于一身，运作形式简单，对于投资环境较差的国家较为适用。此外，投资环境较差的国家，经济基础薄弱，技术力量单薄，铁路运营经验十分缺乏，铁路技术人员也需要较长时间的培养，所以这类国家在铁路运营上较为依赖合作运营的方式。

第三节　中国与东盟铁路互联互通建设合作模式选择的策略

一、中国与东盟铁路互联互通建设合作模式选择的原则

1. 恰当选择铁路合作模式

铁路的跨境互联互通是庞大的系统工程，合作模式的选择是其中的重点。东盟各国的经济规模、营商环境、开放程度、基础设施水平千差万别，所以中国在与东盟各国进行合作时应当采取差异化的合作模式。两国除了使用惯用的合作模式，还可以考虑使用一些新的合作模式，拓宽双方的合作选择。例如，在融资模式上可以尝试 ABS 模式，以减轻政府的融资压力；在项目管理模式上可以尝试 Partnering 模式，使项目各参与方都能更加顺畅沟通，共担风险。

2. 加快完善融资政策法规

中国与东盟铁路互联互通融资模式的创新离不开相关政策法规的支持，目前菲律宾、印度尼西亚等国制定了特定的 PPP 法律；中国、马来西亚、新加坡等国制定了相关的 PPP 指南；然而缅甸、柬埔寨、老挝等国只是在别的法律文件中对 PPP 做出相关规定。除此之外，各国 PPP 相关的法律制度并不完全一致，甚至存在冲突，这将为 PPP 融资模式的使用带来较大阻碍。所以中国与东盟国家应当加强沟通与合作，制定标准化的 PPP 运作程序和争端解决机制，以便促进 PPP 模式在良好的法律环境下运行。除此之外，各国还应完善 ABS 资产证券化操作法律法规，尽快对接该模式国际标准，这将拓宽 ABS 资产证券化的运作路径。

二、中国与不同类型东盟国家铁路互联互通建设合作模式选择

一国的营商环境、经济发展水平、基础设施水平将直接影响到铁路互联互通

建设项目的融资、建设、运营。因此，中国需要根据不同类型东盟国家的情况，因地制宜地选择互联互通建设合作模式。

1. 投资环境较好的东盟国家合作模式选择

根据第四章的分类，新加坡、泰国、马来西亚，这三个国家属于投资环境较好国家，三国的基础设施全球竞争力较强，经济规模和经济对外开放程度较好，营商环境较好。合作模式可以选择：ABS/TOT+EPC/Partnering+单独承包经营模式/单独承包运输组织模式。

在融资模式方面，在 ABS/TOT 模式中，东道国在项目建设与运营上的自由度更高。对于投资环境较好的国家，中国与项目东道国可组建合资公司，而后在境外发行 ABS 债券筹措资金，该模式的最大优势是通过提高信用等级这一手段，使原本信用等级较低的项目可以进入高级别的证券市场，利用证券市场信用等级高、安全性和流动性强等特点，达到大幅度降低筹集资金成本的目的，使用该模式还可将投资风险进行分散。除此之外，由于这类国家的基础设施较为完善，经济发展水平较高，还可以采用 TOT 融资模式筹措资金，即项目东道国政府可以选择已投产且收益性较好的基础设施进行特许经营转让，例如，将某段公路一定时期的经营权转让给国内某公司或合资公司，以便获得铁路基础设施建设项目建设所需资金。如果在此过程中并未筹集到全部资金，中国政府还可以向项目东道国提供一部分贷款，两者结合，铁路基础设施建设项目融资问题即可解决。

在管理模式方面，EPC 模式对投资环境较好国家来说较为适宜。EPC 模式将设计建造合在一起，避免了 DBB 模式设计与建造脱节的缺点；合资公司负责整个项目的实施过程，从全局的角度进行规划和运作，采购成本和建设成本可以得到较好的控制。除此之外，泰国、马来西亚等国营商环境较好，在铁路基础设施建设项目管理上都积累了一定的经验，可以探寻新的铁路管理模式，例如，Partnering 模式。在 Partnering 模式中，铁路基础设施建设项目东道国政府与中国各相关方在相互信任的前提下达成长期或短期协议，达成协议后以工作小组的形式相互合作交流，通过直接而顺畅沟通来达到减少矛盾和误解、避免诉讼的目的。

在运营模式方面，投资环境较好的国家，经济发展水平较高，在铁路运营上难度较小，该类国家更希望独立运营或早日收回运营权。例如，在中泰铁路建设完工后，运营权归泰方所有，而如果泰方在运营人才、技术方面暂未准备充分，可以采取单独承包运营模式/单独承包运输组织模式，即由中方在短期内负责铁路的运输组织及维修、客货经营等工作或单独负责铁路的运输组织及维修工作。

2. 投资环境中等的东盟国家合作模式选择

印度尼西亚、越南、文莱、菲律宾，这四个国家属于投资环境中等国家，四国的基础设施全球竞争力一般，经济规模、经济对外开放程度和营商环境中等。合作模式可以选择：PPP/TOT+EPC+联合承包运营模式/联合承包运输组织模式。

在融资模式方面，投资环境中等的国家，铁路基础设施建设项目融资需要较多地借助国外资本及国内社会资本的力量，中国可与项目东道国组建合资公司，而后采用 PPP 融资模式筹措资金。利用 PPP 模式的优点，可以减缓项目东道国政府的压力，吸引社会资本参与铁路建设，推动铁路建设合作步伐；可以发挥东道国政府部门优势、中国政府优势及各公司优势，多方可以进行取长补短，以便达成共同的合作目标。除此之外，对于想较快收回铁路运营权的该类国家，还可采用 TOT 的融资模式，此种融资模式不涉及即将修建的铁路的经营权许可问题，如果在此过程中并未筹集到全部资金，中国政府还可以向其提供一部分贷款，两者结合，铁路基础设施建设项目融资问题即可解决。

在管理模式方面，EPC 模式对投资环境中等国家来说也比较适宜。采用 EPC 模式优点：铁路设计的方案将更加合理，多方可以进行深入规划和交流，密切配合，使铁路的设计更加完美且易于施工，进而加快施工进度，使铁路可以早日投产运营，创造效益；项目的成本将得到很好的控制。

在运营模式方面，投资环境中等的国家，经济发展水平一般，在铁路运营上的选择权利较小，主要采取合作运营的方式，具体的运营模式可以采用联合承包运营模式/联合承包运输组织模式。在联合承包运营模式下，中国与项目东道国共建的合资公司受东道国政府委托负责铁路的运输组织及维修、客货经营等工作，这样有利于培养合作方的员工及特许经营协议到期时的工作交接。在联合承包运输组织模式下，中国与项目东道国共建的合资公司受东道国政府委托负责铁路的运输组织及维修等工作，客货经营的工作则由东道国政府委托该国公司进行，这样有利于更好地开拓该国市场。

3. 投资环境较差的东盟国家合作模式选择

柬埔寨、老挝、缅甸，这三个国家属于投资环境较差国家，三国的基础设施全球竞争力较弱，铁路建设和运营方面的经验较为缺乏，经济规模、经济对外开放程度和营商环境较差。因此，合作模式可以选择：BOT+联合承包运营模式。

在融资模式和管理模式方面，投资环境较差的国家，项目东道国政府融资难、负债高，东道国法律政策不健全，基础设施收益率难以保证，ABS 和 TOT

融资模式较难在此类国家运作，中国可与项目东道国组建合资公司，而后采用 BOT 模式。采用 BOT 模式优点：拓宽资金来源，东道国政府的融资压力减小；组织机构较为简单，将有利于各项事宜的协调；有利于东道国引进中国先进的技术和管理经验。由于投资环境较差的国家，铁路建成后的收益率难以保证，所以项目资金还需要中国政府或国际机构提供的贷款。

在运营模式方面，由于前期使用的 BOT 模式，加上此类国家铁路运营经验较为缺乏，铁路技术人员也需要较长时间的培养，所以这类国家在铁路运营上较为依赖合作运营的方式，具体的运营模式可以采用联合承包运营模式。在联合承包运营模式下，中国与项目东道国共建的合资公司受东道国政府委托负责铁路的运输组织及维修、客货经营等工作，这样可以提升这类国家的铁路运营经验和技术，使未来的铁路经营权交接更加顺利，也有利于中国与东盟铁路的技术对接和顺利联通。由于这类国家技术薄弱，单独由其开展铁路客货营销工作较为困难，所以联合承包运输组织模式并不适用该类国家。

第十章　中国与东盟基础设施互联互通建设实践：以印度尼西亚为例

本章选取中国与印度尼西亚路桥基础设施互联互通建设为具体分析对象，在分析印度尼西亚路桥基础设施现状，中国企业投资印度尼西亚路桥基础设施情况的基础上，比较现有成功和失败的案例，最终提出中国与印度尼西亚路桥基础设施互联互通建设的对策建议。本章是前述章节分析基础上的实践篇。

第一节　中国与印度尼西亚路桥基础设施互联互通建设合作的现状

一、印度尼西亚路桥基础设施发展现状

印度尼西亚是"千岛之国"，拥有 17000 多个岛屿，岛和岛之间的连接需要发达的交通网络。但是，印度尼西亚的交通基础设施较为落后，已经成为制约印度尼西亚经济增长和改善投资环境的最大障碍。根据世界经济论坛《2017—2018年全球竞争力报告》，印度尼西亚整体交通基础设施质量并不高，整体得分为 4.1 分，在参与调查的国家中整体交通基础设施质量排名第 68 位，远远落后于东盟国家中的新加坡（排名第 2 位）和马来西亚（排名第 21 位）（见表 10-1）。因此，印度尼西亚历届总统都把基础设施建设作为政府投资的优先目标。早在2014 年印度尼西亚政府就计划在随后的五年投入约 4000 亿美元，用于铁路、公路港口、码头、水坝、机场、桥梁等基础设施建设，平均每年印度尼西亚国家财政支出 200 多亿美元，同时积极引入国外直接投资以扩充基础设施建设的资金来源。

表 10-1　2017~2018 年东盟九国交通基础设施质量指数比较

交通基础设施指数	印度尼西亚	马来西亚	菲律宾	泰国	越南	新加坡	柬埔寨	文莱	老挝
整体交通基础设施质量	68	21	113	67	89	2	99	51	83
公路交通基础设施质量	64	23	104	59	92	2	99	33	94
铁路交通基础设施质量	30	14	91	72	59	4	94	—	—

注：因为世界经济论坛《2017-2018 年全球竞争力报告》中没有缅甸，因此东盟九国不包含缅甸。

资料来源：世界经济论坛《2017-2018 年全球竞争力报告》。

1. 公路与桥梁

公路是印度尼西亚重要的运输方式，负担着印度尼西亚国内近 50% 的货运和 90% 的客运。印度尼西亚的公路网于 1989~1993 年就已经基本形成。如表 10-2 所示，截至 2020 年底，印度尼西亚公路总长 53.29 万千米，其中爪哇、苏门答腊、苏拉威西、巴厘岛等地区的陆路运输相对较发达；印度尼西亚的高速公路发展近年来非常迅速，2014 年印度尼西亚的高速公路总里程还不足 1000 千米，截至 2020 年末高速公路总里程已达 2346 千米，占公路总里程的约 0.4%。印度尼西亚政府计划到 2024 年将高速公路总里程扩展至 4761 千米。

表 10-2　2014~2020 年印度尼西亚公路交通基础设施状况

指标	2014 年	2015 年	2016 年	2017 年	2018 年	2019 年	2020 年
公路密度	28.58	28.92	28.65	28.79	28.80	30.04	28.38
公路总长（千米）	517753	523974	537837	540490	540658	564010	532871
高速公路总长（千米）	820	948	1035	820	1082	2093	2346
已登记的公路机动车数量（千辆）	113354	120786	128069	130562	140785	126415	131083

资料来源：根据 ASEAN-JAPAN Transport Partnership 网站，https：//www.ajtpweb.org/ajtp/statistics/Indonesia/data/road-transport-of-indonesia.html；世界银行网站，https：//data.worldbank.org/indicator/AG.LND.TOTL.K2？locations=ID&view=chart 的资料整理。

作为岛国，桥梁是印度尼西亚重要的交通基础设施，印度尼西亚国内交通的畅通离不开桥梁的建设。在《2015~2019 年印度尼西亚中期发展规划》中，印度尼西亚政府将桥梁工程纳入了建设重点。据统计，2010~2014 年印度尼西亚已经开展了 1268 千米的国道、沿线 45.59 千米的高速公路和 41640 米长的桥梁的建设。2014 年，印度尼西亚建成的国道总长约为 39838 千米，其中桥梁、天桥、地下通道、隧道建设实现了沿线 62599 米。

2. 铁路

在印度尼西亚，铁路承担了大部分的大规模运输作业。如表 10-3 所示，截至 2021 年末，印度尼西亚铁路密度为 0.34 千米/百平方千米左右，截至 2021 年，印度尼西亚全国铁路总长 6466 千米，其中电轨铁路的总长为 738 千米，双轨铁路总长为 1783 千米。苏门答腊岛和爪哇岛在铁路运输方面相对更为发达，其中爪哇岛的铁路总长大约占印度尼西亚全国铁路总长的 73.6%，为 4684 千米。印度尼西亚目前尚无正在运行的高速铁路，但按照印度尼西亚铁路规划，爪哇岛将规划建设雅加达至万隆高速铁路、万隆至泗水高速铁路和三宝垄至日惹高速铁路。其中雅万高铁将成为印度尼西亚的第一条高速铁路。

表 10-3　2015~2021 年印度尼西亚铁路交通基础设施状况

指标	2015 年	2016 年	2017 年	2018 年	2019 年	2020 年	2021 年
铁路密度	0.29	0.29	0.30	0.32	0.33	0.34	0.34
铁路总长（千米）	5286	5381	5569	5940	6222	6326	6466
电轨铁路总长度（千米）	400	414	414	503	556	738	738
双轨铁路总长度（千米）	1008	1157	1255	1459	1628	1664	1783
铁路客运量（百万乘客/千米）	328	352	392	422	453	199	162
铁路货运量（千吨/千米）	30	33	40	45	48	45	50
铁路事故频率（次/年）	55	15	15	16	11	16	13

资料来源：根据 ASEAN-JAPAN Transport Partnership 网站，https：//www.ajtpweb.org/ajtp/statistics/Indonesia/data/rail-transport-of-indonesia.html；世界银行网站，https：//data.worldbank.org/indicator/AG.LND.TOTL.K2？locations＝ID&view＝chart；中国国家统计局网站，http：//data.stats.gov.cn/gjwz.htm 的资料整理。

二、中国企业投资印度尼西亚路桥设施的情况

根据中国商务部《对外投资合作国别（地区）指南（东盟 2021 年版）》的统计，截至 2020 年末，中国对东盟十国的直接投资存量排序中，中国对印度尼西亚的直接投资存量排名第二位，仅次于新加坡（见图 10-1）。而且中国对印度

尼西亚的直接投资呈现迅速增长的势头，2012 年末，中国对印度尼西亚的直接投资存量仅为 3098.04 百万美元，而到了 2020 年末，中国对印度尼西亚的直接投资存量已达 17938.83 百万美元，增长了近 5 倍（见图 10-2）。前往印度尼西亚寻求投资合作的中国企业数量与日俱增，合作项目涉及渔业、电力、电信、能源、矿产、机械、农业等诸多行业，其中大型投资项目更是不断涌现。

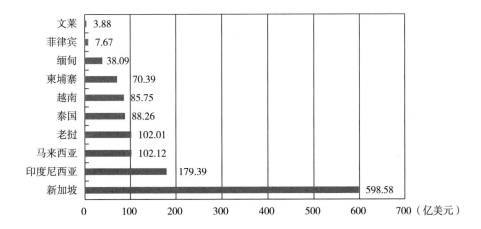

图 10-1　截至 2020 年末中国对东盟十国直接投资存量

资料来源：中国商务部《对外投资合作国别（地区）指南（东盟 2021 年版）》。

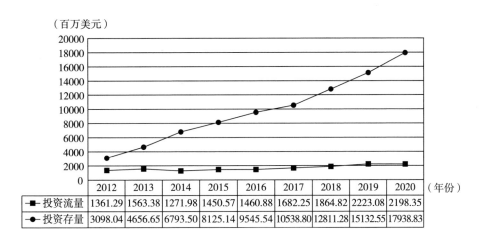

图 10-2　2012~2020 年中国对印度尼西亚直接投资情况

资料来源：《2020 年度中国对外直接投资统计公报》。

中国企业早在 2002 年就进入了印度尼西亚基础设施建设市场。中国路桥行业的公司在印度尼西亚投资的主要项目有：印度尼西亚中加里曼丹运煤专线项目，该线路长 425 千米，项目总投资为 54.76 亿美元；印度尼西亚南苏门答腊铁路运输项目，其中还包括通信信号系统、煤炭装卸系统以及 284 千米的标准轨铁路和码头等配套工程，项目总价值 48 亿美元；印度尼西亚梭罗至泗水铁路的改造项目；雅加达机场轻轨项目；明古鲁至印度尼西亚南苏门答腊西部运煤专线项目。

中国企业在印度尼西亚路桥基础设施建设市场中具有一定的竞争优势。中国企业技术成熟、机械设备好、建设能力强，而且中国企业建设路桥基础设施的成本低、效率高、质量佳，比其他国家企业具有更高的性价比。中国有许多路桥建设企业均排名世界前列。比如中国中铁集团，已连续 9 年入围世界 500 强企业，在 92 个国家和地区开展业务，是全球最大的铁路项目承包商之一。因此，中国路桥企业能够满足印度尼西亚对路桥基础设施的建设要求。

三、中国企业投资印度尼西亚路桥基础设施建设面临的困难和挑战

尽管印度尼西亚路桥基础设施建设需求很大，中国企业也具备投资印度尼西亚该市场的竞争优势，但是中国企业投资印度尼西亚路桥基础设施建设依旧面临许多困难和挑战。从中国企业自身来看，存在以下困难：

1. 中国企业采用的路桥技术标准体系国际化水平不高

技术标准是技术规范化的体现。目前，国际上主流的路桥技术标准体系是欧洲标准，毕竟欧洲路桥建设起步早、发展时间长。在铁路技术标准体系方面，中国铁路历经 60 多年的发展，在运输、电务、车辆、工务等方面，制定了大量的铁道国家标准，形成了一套与中国自身铁路技术相配套的铁路标准体系，具有覆盖面广、结构合理、针对性强和适用性强等特点。但是由于中国对于国际铁路技术标准体系的研究较晚，中国铁路于 20 世纪 80 年代才开始拟采用国际技术标准，20 世纪 90 年代才开始将国际铁路技术标准体系和国际铁路技术先进标准体系列为专项课题研究，以至于中国自身的铁路技术标准体系国际化水平不高，与国际铁路技术先进标准体系之间还存在一定的距离。具体而言，目前中国铁路现行的铁道标准条例共计 1688 项，铁道国家标准 95 项，专业技术文件 2000 多项，其中国铁路采用的国际和区域标准情况为：国际标准化组织（International Organization for Standardization，ISO）采用 46 项、国际电工委员会（International

Electrotechnical Commission，IEC）采用57项、国际电信联盟（International Tele-communication Union，ITU）采用9项、国际铁路联盟（International Union of Rail-ways，UIC）采用55项、欧洲标准（European Norm，EN）采用13项。

　　在桥梁技术标准体系方面，中国的桥梁设计和施工水平早已跻身世界前列，然而在世界范围内，很多国家的设计习惯与中国的设计习惯不同，导致国家间的标准化体系存在差异。以中国与印度尼西亚为例，中国与印度尼西亚在公路桥梁标准上的相同之处在于，中国与印度尼西亚在公路桥梁的设计上采用的标准都是依据《桥梁设计技术规定》（BMS92），对于桥梁荷载采用的规范是依据《桥梁设计作用规范》（RSN1-2005）。而中国与印度尼西亚两国采用的不同规范在于：首先，印度尼西亚标准规定的桥梁设计寿命是50年，而中国标准规定的桥涵设计寿命则是100年。这是因为中国和印度尼西亚两国在荷载作用安全系数的取值方面存在差异，中国标准是根据自身桥梁技术水平设计的，而印度尼西亚标准则更多的是参考了英国（BS5400）等国外规范的相关条例。其次，中国和印度尼西亚两国规范在汽车荷载取值方面也不相同，汽车荷载（包括撞击力和制动力）是桥梁结构体承受的重要荷载，中国标准采用的荷载模型是分车道线荷载加集中荷载，而印度尼西亚标准采用的则是按车道平面满布均布荷载。不仅如此，双方在车道荷载的纵向折减和横向折减方面的规定也有所不同，具体如表10-4所示的中国与印度尼西亚桥梁技术标准在汽车荷载方面的对比。

表10-4　中国与印度尼西亚桥梁标准（汽车荷载）对比

标准体系	荷载类型	均布荷载取值	集中荷载取值	横向布置及折减
中国标准（JTG D60-2004）	公路—Ⅰ级	qk＝10.5kN/M	PK＝180kN，L≤5M；PK＝360kN，L≥50M；PK＝（160+4L）kN，5M≤L≤50M	每个车道，并按照JTG D60-2004 表4.4.1-4规定折减
印度尼西亚标准（RSNI-2004）	D荷载	q＝9 kPa，L<30M；q＝9×（0.5+15/L）kPa，30M≤L≤110M；对于大于110M的桥梁未作规定	P＝49kN/M	车道宽<5.5米时为q、P；车道宽>5.5米时，每车道为2.75米，范围内为q、P，其余为50%

资料来源：根据相关资料整理。

　　印度尼西亚在路桥基础设施建设方面多采用英美标准，而中国路桥技术标准与国际主流标准存在差异，与印度尼西亚采用的技术标准也不相同，由此很可能会阻碍中国企业投资印度尼西亚路桥基础设施建设。

2. 中国与印度尼西亚文化差异带来的困难

（1）中国企业对于中国与印度尼西亚的文化差异缺乏足够的重视。中国与印度尼西亚在宗教信仰、风俗习惯、政治文化、语言交流等方面仍存在许多差异。而中国企业在投资印度尼西亚路桥基础设施建设项目时常常对跨文化冲突重视不够，增加了投资风险。印度尼西亚是一个受宗教影响非常大的国家，大约有86%的印度尼西亚人信仰穆斯林，其余还有天主教、印度教、佛教以及基督教等，印度尼西亚政府还将宗教信仰列入宪法，印度尼西亚人对于宗教信仰的重视程度可见一斑。印度尼西亚当地有许多忌讳，比如，印度尼西亚人十分忌讳使用左手传递东西，他们认为使用左手是不礼貌的举止，而在首次见面时，通常会交换各自的名片，以示尊重，另外，与印度尼西亚人交谈时应尽量避免外国援助等政治话题等。而中国企业在印度尼西亚投资时，有可能忽视这些细节问题，从而影响了项目的洽谈与进程。

（2）中国企业跨文化管理的能力较弱。中国企业前往印度尼西亚投资，势必要面临新的文化环境，而中国企业如果不能很好地适应新的文化环境，做到随机应变，整个企业会因为"水土不服"而困难重重。比如，印度尼西亚员工对于工作的态度也让中国企业难以适应。中国员工总习惯开各种各样的会议进行工作报告与总结，以及利用大量的数据、报表等做出科学决策，而对于印度尼西亚员工，他们却更愿意聚在一起花两个小时闭眼冥思，祈求心灵的纯净与保持大脑的清醒，以便做出有效决策。企业管理者如果不能够很好适应印度尼西亚的文化环境，以及采取专门的管理方案，便极有可能导致企业工作效率低下，影响企业投资。

3. 中国企业资金实力不够，融资能力不足

路桥基础设施建设的主要特点是初始投资大、建设周期长、投资回收慢，因此投资路桥基础设施建设项目的企业必须具备强大的资金实力和融资能力。对于资金匮乏的印度尼西亚政府而言，往往很难筹集到路桥项目所需的全部资金，因此更青睐于融资能力强或本身资金实力雄厚的大型跨国企业竞标印度尼西亚的大型基础设施项目。对于中国企业而言，自身资金实力和融资能力常常是软肋。

第一，企业无法提供有效的资信证明以开辟全新的融资渠道。目前，中国企业进行跨国投资主要是利用银行贷款、债券融资、海外融资及融资租赁等方式融

资。而对于国际上通行的项目融资渠道，由于无法提供国际金融市场所需的资信记录，中国企业常常被拒之门外。再者，中国企业进行跨国投资时常常存在资金不足或者负债率极高的状况，因此国有的商业银行一般也不太愿意为中国企业提供巨额的无抵押贷款。

第二，中国企业无法提供相应的信用担保。企业在进行跨国投资时想要取得国际金融机构的资金支持，一般会要求跨国企业具有穆迪或标准普尔两家国际信用测评公司的信用评级，以此进行融资担保，而中国企业目前还很难满足这个要求。一方面，中国的国家主权信用评级不高，使中国企业在国际上融资担保十分困难；另一方面，中国企业内部信用管理制度也十分不健全，使企业本身信用问题也相当严重。

第三，中国企业无法担负巨额的融资成本。据统计，中国银行对外工程贷款利率为3.8%，而国际上通行的工程承包贷款利率仅为1%，高额的贷款利率使融资成本占企业资金的比例非常高，中国大型企业的融资成本在10%左右，中小型企业的融资成本基本上在20%～30%。面对巨额的融资成本，受自身资金实力有限、投资回报率低等因素的影响，很多中国企业常常望而却步。

4. 中国企业的专业人才和管理水平不足

中国路桥企业现有的人才素质和人才结构与国际经营目标对人才的需求相比仍有不小差距。虽然中国路桥工程技术人才拥有很强的技术理论水平和实践操作能力，但外语水平却并不高，这对企业"走出去"洽谈项目造成了一定的困难。此外，人才的能力和知识面相对单一，复合型和专业化的管理型人才非常少。再者，许多中国路桥企业进行跨国投资时，往往偏重于对员工专业技能的培训，却忽略了对企业员工跨文化管理的培训。这些都制约了中国的路桥企业"走出去"。

中国企业投资印度尼西亚路桥基础设施建设时，除了企业自身的问题带来的困难，还面临着来自外部环境的各种挑战。

5. 印度尼西亚的政治环境复杂

如表10-5所示，2015～2016年东盟十国全球竞争力和全球经商环境排名中，印度尼西亚2019年全球国际竞争力排名为50位，2020年全球经商环境排名73位。而根据2021年世界银行关于全球清廉指数的统计数据，印度尼西亚的全球清廉指数是38分（注：全球清廉指数满分是100分，分数越高政府越清廉）。这也同样印证了印度尼西亚是一个经商环境不佳，腐败严重的国家。因此，中国企业投资印度尼西亚进行路桥基础设施项目时，首先应重视规避印度尼西亚的政治风险。

表 10-5　东盟十国全球竞争力和全球经商环境排名

国名	2019 年全球竞争力排名	2020 年全球经商环境排名
马来西亚	27	12
菲律宾	64	95
泰国	40	21
印度尼西亚	50	73
文莱	56	66
新加坡	1	2
越南	67	70
老挝	113	154
缅甸	—	165
柬埔寨	57	144

资料来源：2019 年全球竞争力排名来自世界经济论坛《2019 年全球竞争力报告》；2020 年全球营商环境排名来自世界银行《2020 年全球营商环境报告》。

6. 中国与印度尼西亚互信不足

尽管中国与印度尼西亚建交多年，经济合作已有一定的默契，但是仍有一些不稳定因素不容忽视。中国与印度尼西亚经济合作最大的问题在于双方互信不足。一方面，由于中国投资落实率低下。据印度尼西亚投资统筹机构统计，在印度尼西亚的外国投资平均落实率达40%，日本与韩国的投资落实率达60%，中国在印度尼西亚的投资落实率仅为 7%。虽然自中国与印度尼西亚双方政府结成"全面战略伙伴合作关系"后，通过加强双边贸易合作，中国企业对于印度尼西亚的投资落实率不断上升，但是历史投资计划落实率低依旧使印度尼西亚对于中国企业信心不足。另一方面，随着中国国际竞争力和地区影响力的不断提高，印度尼西亚又表现出对中国的不确定和焦虑。在印度尼西亚，有相当一部分官员和民众持着"中国威胁论"看待中国企业进入印度尼西亚投资基础设施建设。

7. 印度尼西亚路桥基础设施建设市场的国际竞争激烈

印度尼西亚政府积极实施"大国平衡"战略外交，大力推进与世界各国在政治和经济上的往来。美国、日本、韩国、新加坡、马来西亚等国十分看好印度尼西亚的投资前景，纷纷投资印度尼西亚的各个行业。随着印度尼西亚吸引外资能力的增强以及基础设施建设市场的不断成熟，印度尼西亚对于投资方综合服务的能力越来越重视，更多地倾向于总承包。印度尼西亚基础设施建设市场越来越多地采用 PMC、BOT、BOOT、BLT 等合作模式，这些合作模式的好处在于能够有效缩短工期，降低成本，而这些合作模式对于企业自身的综合管理水平也要求更高。美国、日本等国企业对基础设施建设项目接触时间较早，拥有丰富经验和完善运营机制，因此往往在国际竞争中占有优势。而中国企业参与国际基础设施建设项目的历史较短，一般都是国有大型企业参与建设，此类企业内部层次过多、各层次之间分工不明确，加上行政纽带处于核心位置，无论是组织制度还是运作程序都很难适应激烈的竞争环境。

8. 印度尼西亚的法律框架薄弱

印度尼西亚是行政、立法和司法三权分立的联邦国家，与投资合作的相关法律主要有知识产权法、投资法、所得税法、公司法、合同法、贸易法、海关法等。随着经济发展的持续上升，印度尼西亚政府也不断积极完善和改进法律框架，但是从整体上看，印度尼西亚的法律框架仍稍显薄弱。根据世界银行统计，印度尼西亚在司法的国际透明性、独立性仅排在第 76 位（参与排序的有 142 个国家）。这是由于，一方面，印度尼西亚的法律环境和行政管理界限划分不清，法律与法律之间存在矛盾和冲突；另一方面，印度尼西亚执法手续十分复杂，加之印度尼西亚政府在执法过程中有许多不良的交易习惯，使得印度尼西亚政府执政效率低下，许多法律条例难以贯彻实施。

在印度尼西亚，由于法律环境薄弱而妨碍投资的现象十分普遍，特别是在投资准入的审批方面。印度尼西亚现行的投资法规定，外资企业在符合法律规定的条件后，必须经过有关部门的审批、重复核准、再登记等程序作为外资准入的最后把关。但是问题在于，印度尼西亚本国与投资审批相关的内容如投资适用、投资保护、投资方式、投资者权利与义务等方面的法律规定大多比较模糊，法律确定性不足。尽管法律文件也在不断进行补充，可是分散、冗长的法律文件常常使国外投资者焦头烂额，与国际上先进的法律体系还存在很长一段距离。

而且印度尼西亚政策十分多变，贪污腐败严重，有法不依、执法不严的现象屡见不鲜。外资企业在印度尼西亚当地遇到纠纷想要通过印度尼西亚本国司法得到解决十分困难。法律是保障投资者最基本利益的坚实力量，而立法、执法和司法则是法律最基本的组成部分，如果一个国家立法不公、有法不依、执法不严，那法律便失去了它最基本的功效。而印度尼西亚在立法上已经缺乏确定性、稳定性，在执法中效率极其低下，地方保护主义严重。这些都成为中国企业投资印度尼西亚路桥基础设施建设的重要障碍。

四、中国企业投资印度尼西亚路桥设施的条件

1. 中国企业投资印度尼西亚路桥基础设施具有产业优势

（1）产能高、规模大。中国在路桥基础设施建设行业上具有非常强的生产能力。在工程原材料方面，中国的水泥、钢铁等行业产能富余，特别是钢铁行业，自 2000 年起，中国在钢铁产量上已经连续十五年居世界首位。在路桥建设规模方面，截至 2013 年底，中国在公路桥梁建设总数逾 86 万座，成为世界上桥梁建设最多的国家。在铁路基础设施建设方面，根据国际铁路协会统计，早在 2014 年 9 月，中国高速铁路的总运营里程已经占到亚洲高速铁路总里程数的 73.04%，世界高速铁路运营总里程数的 48.5%。这些都说明了中国与路桥建设相关的企业不但具备了丰富的建设管理经验，还具备了"走出去"的实力和能力。

（2）技术水平领先。中国的路桥技术一直以来都位于世界前列水平。在桥梁建设技术方面，中国已掌握了大量先进的桥梁基础施工技术，如大直径钢管桩、大直径钻孔桩、钢管复合桩、PHC 管桩等。同时，中国还自主研发了一批优质的桥梁基础施工装备，如打桩船、双轮铣槽机、液压打桩锤、混凝土搅拌船等。在主梁施工技术与装备方面，中国熟练掌握了如梁上运梁架设技术、短线匹配法预制拼装施工技术、钢箱梁整体吊装施工技术和使用缆载吊机、顶推与滑模等主梁架设与施工技术，并自主发明了架桥机、桥面吊机、缆载吊机、大型龙门吊等核心装备，其中，转体施工技术中转体长度 198 米、转体重量 22400 吨与缆载吊机吊装能力 740 吨/段已经达到了国际领先水平。在超高桥塔施工技术与装备方面，中国自主研发了混凝土超高泵送技术、钢桥塔预制吊装与高精度拼装施工技术和混凝土桥塔液压爬模技术，其中混凝土桥塔浇筑的爬模施工效率最高达 12 天/节，最大节段长度为 6 米/节，塔顶倾斜度误差小于等于 1/42000、钢桥塔最大吊重提升速度达平均每分钟 7.5 米，已达到了国际领先水平。

中国铁路建设技术方面，中国一直以提速、扩能和电气化为重点。2007 年，中国铁路系统通过六次大提速，系统掌握了既有线提速至 200~250 千米/小时的铁路成套技术。2008 年，京津城际铁路创造了 394 千米/小时的纪录，并以 350 千米/小时世界铁路最高运营速度投入运营。2010 年，动车组"和谐号"380A 最高时速达到 486.1 千米/小时，刷新世界铁路最高运营速度纪录。2012 年，中国铁路列车试验速度达到 575 千米/小时，最高创造出 605 千米/小时的实验室速

度，打破了法国实验列车原有的 574.8 千米/小时的实验纪录。在重载铁路方面，中国已掌握列车同步操纵、无线数据传输、牵引供电强化技术、车辆重载技术、基础设施强化技术、重载组合列车优化操纵、重载运输强化技术、综合维修技术等，这些成套重载铁路的技术水平已达到世界先进水平。在高铁技术方面，中国系统掌握了 200~250 千米/小时、300~350 千米/小时不同等级的涵盖施工设计、装备配套、系统集成、运营管理等高速铁路技术，并拥有自己一套完整的具有知识产权的高速铁路技术体系。

（3）性价比高。中国路桥基础设施建设的性价比高主要体现在其施工时间相对较短，同时成本又相对较低。首先，相对于其他国家，中国劳动力成本相对较低，其次，中国企业善于采用质量轻的镁合金、碳纤维等高新复合材料，并融入中国元素的低阻力设计，使中国制造的路桥寿命更为长久。最后，在保证其施工质量的情况下，中国又通过科学管理、优化资源配置、创新建设技术等方式提高施工效率和进一步降低成本。根据世界银行关于中国路桥建设成本的报告，中国建设 350 千米/小时的高速铁路基础设施，涵盖其中一定数量的隧道与高架桥的成本约为每千米 1.2 亿元，该成本约为欧洲国家的 2/3。

2. 中国企业投资印度尼西亚路桥设施具有政策优势

中国政府尽量为企业海外投资创造有利环境与条件，如在对外经济政策、金融、税收等方面制定了相应的促进企业"走出去"的政策，并调整了不合时宜的政策和措施，帮助企业"走出去"。为了推进中国企业与印度尼西亚开展产能合作，中国政府与印度尼西亚政府之间积极建立和落实相关协定的签署，比如为保障中国企业在印度尼西亚的合法权益，1994 年与 2001 年中国与印度尼西亚政府分别签署了《双边投资保护协定》与《中华人民共和国政府和印度尼西亚共和国政府关于对所得避免双重征税和防止偷漏税的协定》。《双边投资保护协定》和《中华人民共和国政府和印度尼西亚共和国政府关于对所得避免双重征税和防止偷漏税的协定》是投资国与东道国之间订立的投资保护协定，用以保障私人海外投资合法权益，是现阶段保障国际投资领域合法权益的核心手段之一。因此，中国与印度尼西亚签署协定，可以增加中国企业的安全感，避免和消除对中国在印度尼西亚开展投资活动的重复征税，为中国企业进一步实施"走出去"战略、加强中国与印度尼西亚间科学技术交流与经贸往来、拓宽双方合作领域提供了有利的法律框架与外部环境。

3. 中国企业投资印度尼西亚路桥基础设施建设的机会

（1）印度尼西亚基础设施建设市场的强大需求。印度尼西亚是世界上最大的群岛国家，对于基础设施建设有很大的需求。据世界银行统计，亚太国家对基础设施的投入大概占 GDP 总值的 7.2%，而近几年来，印度尼西亚对于基础设施的投入还不到 GDP 总值的 4%。基础设施发展的长期滞后，使印度尼西亚本国的物流成本居高不下。统计显示，印度尼西亚的物流成本已占印度尼西亚国内生产总值的 30% 左右，成为限制印度尼西亚经济发展和增强国际竞争力的主要瓶颈之一。为了解决基础设施严重落后的问题，印度尼西亚政府把基础设施建设作为政府投资的优先目标。因此，中国企业前往印度尼西亚投资路桥基础设施建设具有非常大的潜在发展空间。

（2）中国的"21世纪海上丝绸之路"与印度尼西亚的"海洋强国战略"相对接。一方面，中国与印度尼西亚的发展思路有相同之处。中国提出的"21世纪海上丝绸之路"是指连接亚洲、欧洲的社会、经济、文化、国防与安全等的海上网络。这个倡议鼓励中国企业积极"走出去"，为此，中国政府还积极提供投资优惠贷款融资给"走出去"的企业，特别是在建设海洋基础设施，如建高速公路、高速铁路、桥梁、港口、工业园区等。与此同时，印度尼西亚政府推进的"海洋强国战略"，是指在印度尼西亚各个岛屿间，建立连接岛与岛之间的运输网络，积极发展印度尼西亚的海洋基础设施建设，把印度尼西亚建设成世界海洋的轴心的计划。显然，中国与印度尼西亚具有相同的战略目标，都是要通过海洋发展经济。

另一方面，中国与印度尼西亚经济具有互补性，是推动双方合作的基础。如前文所述，印度尼西亚基础设施建设的滞后已成为制约印度尼西亚经济增长和吸引外国投资的重要因素，而加强印度尼西亚基础设施建设则能够保证印度尼西亚经济以年均 6% 的速度迅速增长。对于印度尼西亚而言，资金和技术短板是提高互联互通和大力发展基础设施方面的最大障碍，印度尼西亚政府有意吸引外国投资者前来投资。而对于中国而言，无论是资金还是技术，恰恰两者都具备。中国企业在印度尼西亚的基础设施市场中具有较大的优势，不仅拥有较为成熟的技术设备和建设能力，而且建设成本低、速度快。这些有利条件都能够满足印度尼西亚路桥基础设施发展需求。

第二节　中国企业投资发展中国家路桥设施
建设的案例分析

一、中国企业投资路桥设施建设的案例简介

1. 泗水-马都拉大桥项目简介

泗水-马都拉大桥（以下简称泗马大桥）位于印度尼西亚东爪哇省马都拉海峡上，是印度尼西亚的地标性建筑。这座大桥是由中国路桥集团总公司与中国港湾建设总公司组成的联营体共同承建。桥身总长 5438 米，其主桥为长 818 米的斜拉桥，主跨 434 米，桥宽 30 米，无论是桥梁设计还是施工都完全采用了中国标准和中国规范，是目前中国投资印度尼西亚最大的桥梁项目。

印度尼西亚政府于 20 世纪 90 年代就开始与日本专家就该项目进行可行性研究，然而未曾落实。随后，中国企业也积极参与该项目的投标，但在项目技术标准上，中国企业碰到了难题。一直以来，国际上通行的建筑标准是美英标准，虽然中国桥梁施工技术水平已步入世界前列，可是中国标准始终难以得到国际认可，这次建设泗水-马都拉大桥，印度尼西亚方雇佣的丹麦监理公司也按照惯性思维采用欧洲标准审核中方的设计方案，由于标准不统一，对方提出了诸多问题。通过多次沟通、修订、设计方案和查阅对比国际标准，中方耐心向印度尼西亚方解释每一个数字的来源与出处，并多次重复试验打消印度尼西亚方的顾虑，最终让印度尼西亚完全认可了中国标准和中国规范。

2004 年 9 月，中国交通建设集团凭借其在桥梁建设方面良好的技术水平与信誉与印度尼西亚公共工程部签订了设计、施工总承包合同，承建了泗马大桥工程。2005 年 11 月，泗马大桥主桥工程启动，该投资项目资金总额为 1.96 亿美元，其中 90% 的资金是中国进出口银行的低息贷款。建设期间，中国提供了大量的设备与材料，如泗马大桥主桥工程所需的约 5 万余吨钢材用量皆从中国进口。2009 年 6 月 10 日，泗马大桥建成通车。

2. 雅万高铁项目简介

雅万高铁，即连接雅加达与万隆之间的高铁项目，雅加达是印度尼西亚第一

大城市，万隆为第三大城市，由于两城之间交通日益拥堵，修建高铁的需求日益高涨。雅万高铁项目全长 150 千米，时速在 200~250 千米，客流量平均 44000 人次/日，总价值约 55 亿美元。项目建成后，耗时将从原来的 3~5 小时降至 36 分钟。

雅万高铁项目从开始策划到最终开工建设，期间波折颇多。对于雅万高铁项目的竞争，印度尼西亚方主要集中在中国与日本两国做选择。从表 10-6 可见，中日两国无论在铁路技术水平，还是资本开支方面皆旗鼓相当，关键在于哪一方利用的印度尼西亚本土原材料占率更多。

表 10-6　中国与日本在雅万高铁项目中的方案对比

	中国	日本
速度	350 千米/小时	350 千米/小时
项目资本开支	51.35 亿美元 （约 76.2 万亿印尼盾）	62.23 亿美元 （约 87 万亿印尼盾）
搭客收费	16 美元（22.4 万印尼盾）	21 美元（29.4 万印尼盾）
贷款账期	50 年	40 年（包括 10 年缓期）
贷款利率	①以美元计算：每年 2%；②以人民币计算：每年 3.46%	①以日元计算：每年 0.1%（非常低）；②以印度尼西亚盾计算：每年 14%（非常高）
附加条件	①建设项目中的国内原材料比率为 60%，印度尼西亚方可以持股 60% 占主导地位；②中方承诺招聘印度尼西亚员工 4 万人，并提供员工教育和技术培训；③可进一步合作在其他国家开发第三个市场	

资料来源：①施张兵，蔡梅华 . 中印尼雅万高铁面临的困境及其解决路径〔J〕. 学术探索，2016（6）：28-35；②Aleksander Purba and John Tampil Purba 2020IOP Conf. Ser.：Mater. Sci. Eng. 918 012034（https：//www. researchgate. net/publication/346114327_Jakarta-Bandung_High-Speed_rail_transportation_project_facts_ and_challenges）；③Indonesia's First High-speed Railway Project：Battle between China and Japan（https：//www. indonesia-investments. com/news/todays-headlines/indonesia-s-first-high-speed-railway-project-battle-between-China-and-japan/item5880）.

2015 年 7 月，印度尼西亚政府考虑到雅加达至万隆仅 150 千米，沿线有大概 5~8 个站点，若采用每小时 350 千米的车速，那么火车没到每小时 350 千米就需要刹车，而如果采用每小时 200～250 千米的中速铁路，行程仅慢了约 11 分钟，其造价成本却可以大幅度降低 40% 左右，因此印度尼西亚政府认为高铁项目"不经济"。于是印度尼西亚政府取消雅万高铁项目，转而决定在两座城市之间修建时速 200～250 千米的中速铁路。同时，退回了中日两国提交的雅万高铁工程方案。

2015 年 8 月 10 日，中国政府就中印尼合作开展雅万高铁项目呈递新的可研报告，除了准备在印度尼西亚投资 1300 亿美元，还准备为中国和印度尼西亚合作兴建雅加达-万隆高速列车工程提供了 55 亿美元的工程贷款。中方表示愿意承建雅加达-万隆中速铁路项目，同时承诺愿意以企业对企业的方式（BtoB）进行合作，甚至也不需要印度尼西亚提供国家主权担保。除此之外，中方还愿意提供全面的铁路技术转移，并将与印度尼西亚国企合作建设中速铁路的车厢，该车厢还可以出口至第三方。在教育和培训印度尼西亚本地员工方面，中方同意尽量聘用印度尼西亚本地员工，创造大约 4 万印度尼西亚人的就业机会。

2015 年 10 月 16 日，中国铁路总公司牵头构成的中国企业联合体与印度尼西亚维卡建筑公司牵头的印度尼西亚国企联合体正式签订组建中印尼合资公司协议，该合资公司将负责印度尼西亚雅加达-万隆高速铁路项目的建设和运营。中国确认承建雅万高铁项目，标志着中印尼铁路合作取得重大成果。

二、案例的经验总结

总结中国企业投资印度尼西亚路桥基础设施建设项目的成功经验，可以得到以下几点：

（1）中国企业的技术、产能和资金优势。印度尼西亚在进行路桥基础设施建设中，遇到了技术、资金缺乏等困难。中国企业恰好在路桥基础设施建设上具备技术、资金优势，而且路桥基础设施建设的相关行业在中国国内市场产能过剩，需要寻找海外投资市场。

从技术优势来看，虽然中国主导制定的路桥技术标准占国际标准的比值很低，仅为 0.5% 左右，但这并不代表中国标准与中国规范毫无价值。一方面，中国路桥产业历经多年的发展，已建成许多大型基建项目，拥有成功经验与实践能力，即使在国际上也是极具竞争力的优势产业。另一方面，中国和印度尼西亚在路桥基础设施的建设上拥有许多相同点，因此中国标准与印度尼西亚需求的契合度非常高。事实证明，中国标准经过多年的研究、实践和发展，完全可以适应印度尼西亚路桥基础设施建设的需求。

从资金优势来看，中国拥有较强的资金优势，且在路桥基础设施建设项目中能够采取灵活的资金融通方式，这些缓解了印度尼西亚政府的财政负担。比如雅万高铁项目中，由于成本以及资金问题曾被中途叫停，与中国竞争的日本拒绝提供政府担保退出竞标，而中国则完全理解印度尼西亚政府的资金困境，愿意接受无担保贷款。从产能优势来看，建设路桥基础设施所需的原材料如钢铁、水泥等在中国产能丰富，相关企业需要寻找海外市场。在中国投资印度尼西亚路桥基础设施的泗马大桥项目，中国就直接提供了大量建设大桥所需的设备和材料。

（2）中国企业的灵活融资模式和"本土化策略"。根据前文可知，国际上通行的项目融资模式非常多，如 BOT、PPP、BOOT 等。而不管是企业项目还是国家项目，能否成功竞标取决于竞标者是否能帮助业主解决项目资金问题。由此看来，竞标者的项目融资能力在其竞争实力中占极大比重。

中国企业在路桥基础设施建设项目中广泛采用的融资模式是"F+EPC"模式（即"融资+设计采购施工总承包"模式），这一模式依靠中国政府提供的优惠买方信贷和额外优惠贷款。泗马大桥项目采用的就是"F+EPC"模式，项目投资中的绝大部分资金来自中国进出口银行提供的低息贷款。而在雅万高铁项目中，中国企业则采用了"融资+无需政府担保"的新型方案，从表 10-6 中可以看出，中国提出的融资条件明显更具有竞争力，虽然日本开出了为期 40 年年利率 0.1%极低的贷款利率，但日方提出印度尼西亚本国需要出资 15%；而中国的年利率为 2%，却给出了 10 年的宽限期，并且不需要印度尼西亚政府提供任何担保。这意味着，印度尼西亚选择中国企业不仅能够建成雅万高铁项目，还有望将国家预算用于除雅万高铁项目以外的基建项目。

中国在印度尼西亚路桥基础设施建设项目中成功的经验还包括恰当运用"本土化策略"。"本土化策略"是指企业充分利用东道国的资源，与东道国的利益方结合成利益共同体，实现"双赢"局面。在雅万高铁项目中，中国附加了许多额外的条件，其中就包括充分利用印度尼西亚本地的原材料，愿意向印度尼西亚提供全面的技术转移，以及尽可能多地聘请印度尼西亚当地劳动力。据统计，雅万高铁项目在建设期内预期会为印度尼西亚增加近四万个劳动岗位。这意味着其他相关产业，如冶炼、电力、物流以及基础设施建设等，也会因为雅万高铁项目的建设被带动起来，对于印度尼西亚而言，无异于开启了一条"雅万"的经济走廊。

（3）两国政治关系的升温与战略对接。在国外投资基础设施建设项目与在国内投资不同，企业不仅需要过硬的技术水平，还需要适应东道国的文化习俗、法律法规。2015年是中国与印度尼西亚建交65周年，这一年，两国高层领导人互访频繁。双方在互访的同时，相互交流，不断加深对对方国家文化、习俗以及战略的了解与认识，两国政治关系迅速升温。这些为中国成功竞标雅万高铁项目奠定了良好基础。

另外，战略对接也给中国企业投资印度尼西亚提供了良好机遇。印度尼西亚作为东南亚最大的经济体，又是中国倡导的"21世纪海上丝绸之路"的战略通道，是中国非常重要的战略合作伙伴。而印度尼西亚政府提出的"海洋强国"战略与中国的"21世纪海上丝绸之路"倡议可以良好对接。对于中方而言，中国希望以雅万高铁项目为起点，通过示范效应推广中国的高铁技术，而印度尼西亚也希望引入国外投资者前来本国投资基础设施，从而促进本国经济发展和战略的实施，因此双方政府有意推动双方经济合作。

（4）中国政府的大力支持。中国企业前往印度尼西亚投资路桥基础设施建设项目，需要得到中国相关政府部门的鼎力相助，如外交部、国家发展和改革委员会、中国进出口银行、商务部、财政部等。这些部门的大力支持，是中国企业"走出去"的有力后盾，特别是提供优惠融资支持，增强了中国企业在国际投资中的国际竞争力。在泗马大桥项目中，由于技术标准不统一，印度尼西亚方提出了诸多问题。而中国相关政府部门积极配合企业通过多次沟通、修订、设计方案和查阅对比国际标准，并拿出多次重复实验的数据和结果，让印度尼西亚完全认可了中国标准和中国规范。此外，中国进出口银行还提供了巨额低息贷款，帮助企业最终取得了该项目的承建权。在雅万高铁项目中，中国高层领导曾多次会见印度尼西亚总统，就中印度尼西亚合作开展雅万高铁项目交流意见。在投标前夕，中方联合体又获得了中国进出口银行无需印度尼西亚政府主权担保的优惠贷款意向函，大大增强了中国企业的投标竞争力。

如今在国际投资中，像泗马大桥项目、雅万高铁项目等，以"政府搭桥-中方投资-中资企业承建"形式的项目越来越普遍。中国企业与西方国家的跨国企业相比，无论是在资金、规模，还是在技术水平上都存在着一定的差距，因此中国政府如果能提供金融、财政、外交、合作平台以及相关政策等方面的支持，可以为企业"走出去"争取到更多机会。

第三节　中国与东盟基础设施互联互通推进的建议

根据本章第二节中，中国企业投资路桥基础设施建设项目的成功经验，以及失败教训，本书认为，为了成功推进中国与东盟国家基础设施互联互通建设，在政府、企业层面，可以注重开展以下工作。

一、政府层面的措施

1. 协同中国与东盟的技术标准

从第四章的投资环境分析中可以知道，在基础设施互联互通建设中，中国与东盟国家的基础设施存在技术标准差异的情况。而根据第九章中国与东盟铁路基础设施互联互通建设，以及本章中国与印度尼西亚的路桥基础设施互联互通建设，可以知道协同中国与东盟的技术标准非常必要。借鉴中国与印度尼西亚路桥基础设施建设项目的成功经验，协调技术标准可以从以下两点入手：

（1）中国相关政府部门出面协助企业，提高东盟国家对"中国标准"的认识和了解。以中国企业进入印度尼西亚基础设施建设市场为例，中国企业进入印度尼西亚基础设施建设市场的时间较早，许多项目的成功合作表明"中国标准"能够满足印度尼西亚基础设施建设的需要，比如已经成功建成的泗马大桥便是最好的例证。因此，中国可以在国家层面上多加宣传中国公路、铁路、桥梁在建设规模、运行速度、车辆荷载、运营里程等方面取得的巨大成就，如定期开展国际路桥技术研讨交流会、邀请东盟领导人前来体验、参观建成项目等，以此扩大"中国标准"在东盟国家知名度与影响力，并深化东盟国家对"中国标准"的认知。

（2）对比国际上的主流技术标准，提高和完善"中国标准"与"中国规范"。虽然中国标准经历多年的发展与创新，在技术水平与创新性方面皆有许多优点，但是不得不承认，与日本、美国等发达国家相比还有很多有待提高和完善的地方。因此中国在提高东盟国家对于基础设施的"中国标准"了解的同时，还需要加强与国际上主流技术标准的接轨，通过对比"中国标准"与国际上主流技术标准的差距，提高和完善"中国标准"与"中国规范"，积极推动"中国标准"的国际化，使得中国成为基础设施建设技术国际化标准的制定者与参与者。

2. 简化贷款手续与拓宽融资渠道

跨国投资基础设施具有投资规模大、建设时间长等特点，单靠东道国或企业自身的资金力量根本无法满足项目对资金的需求。因此，为推动中国企业投资东盟基础设施互联互通建设项目，中国政府需要进一步放宽政策。具体而言，政府可以从以下几个方面着手：

（1）建立"信贷工厂"模式，全程采取流水线作业。贷款手续繁杂是中国企业"走出去"面临的主要难点之一。中国企业如果想要在中国国内融资1亿美元，则必须通过一系列的审批、担保，再到国务院召开办公会议，由国务院总理审批并签字等流程。而这一系列的手续办下来，或许早已让别的国家捷足先登。因此中国的银行可以为信誉较好的中国企业建立"信贷工厂"模式，使得贷款从受理、申报、审批到贷款发放和贷后管理，均可在银行建立的"信贷工厂"内部完成。以此提高银行的贷款效率，减少企业等待贷款发放的时间。

（2）可以积极开拓如发行定向债券、股权收购等方式，多渠道为中国企业解决"走出去"的融资问题。发行债券是国家政策性银行在市场化条件充分的情况下进行融资的主要方式，具有较强的灵活性和可控性。定向债券则是指并不公开发行而只向特定的投资人发行的债券。中国进出口银行可以积极利用债券市场，为中国企业寻找合适的投资机构或个人购买企业发行的定向债券，为企业前往东盟国家投资基础设施互联互通建设项目快速融资。此外，中国政策性银行还可以利用股权收购的方式为企业快速融资，即进出口银行可通过长期持有中国企业的股权，或购买对外投资基础设施互联互通建设项目的企业发行的优先股，为中国企业融资。

（3）对比国际上通行的工程承包贷款利率，适当降低中国国内贷款利率。中国银行对外工程贷款利率为3.8%，远高于国际上通行的工程承包贷款利率1%，即使中国企业能够顺利通过国内的融资申请，高额的项目贷款利率也为企业进行跨国投资增添了巨大的风险。对此，中国进出口银行可以对比国际上通行的工程承包贷款利率，适当降低国内贷款利率，加大力度支持中国企业"走出去"。

3. 加强中国与东盟国家政府层面的交流

为推进中国企业投资基础设施互联互通建设项目，中国政府应努力加强与东盟国家在政府层面的交流和往来。一方面，受"中国威胁论"的影响，东盟国家的部分官员对于中国企业进入东盟基础设施互联互通建设市场仍存有疑虑；另一方面，中国企业"走出去"还需要中国政府积极为其搭桥铺路，强化中国与东盟国家政府层面的交流，使东盟国家的政府更多了解中国企业，能够帮助中国企业争取更多的投资机会。

比如，中国政府可以定期与东盟国家政府进行互访，保持密切的政治往来与高层领导人会晤，以此增加双方战略对接的沟通与交流，还能够增加东盟国家对中国基本国情、发展道路、战略思想以及政治主张的深刻了解和认识，打消东盟国家对于中国快速发展的恐惧和顾虑，破解"中国威胁论"的传言。中国政府还可以积极为企业举办类似"东盟博览会"的展览会，向东盟国家推介中国的优秀基础设施建设企业等。

二、企业层面的措施

1. 加强懂技术、管理、投资的复合型人才培养

中国与东盟进行基础设施互联互通建设，离不开技术人才、管理人才、投资人才等的培养，尤其是复合型人才的培养。正如前文所述，基础设施的投资耗时长、涉及面广。因此，企业不仅要重视技术型人才的培养，还应该培养一批熟悉工程索赔合同条件以及法律条文、熟知东盟国家政治文化、掌握东盟国家语言与习俗等方面的复合型人才。此外，企业还需要建立基础设施建设行业人才库，可以定期在各地招聘与引进基础设施建设所需的人才，再从中挑选出一定比例的优秀人才，为其提供出国学习与集中培训的机会，通过"引进-筛选-培训-管理"的模式储备核心人才。企业还可以通过科学管理积极发挥现有员工积极性与主动性，开展培训、锻炼等方式提高现有人员的综合素质，破解企业人才匮乏的瓶颈。

2. 在基础设施建设技术发达的国家建立研发机构

企业可以在德国、英国、美国、意大利等基础设施建设发展较快的国家设立研发机构。这样既可以充分利用当地优秀科研人才为企业服务，还可以通过技术溢出效应，不但促进中国企业基础设施建设技术得到提升，而且通过学习、交流、示范效应等，提高中国企业人员的管理、投资能力。

3. 实施"本土化策略"

中国企业前往东盟国家进行基础设施互联互通建设项目时，可以积极实施"本土化策略"。一方面，中国企业需要根据东盟国家的社会、经济和自然状况，

因地制宜地制定和完善各项管理制度。中国企业需要充分理解东盟国家与中国在文化和管理原则上的差异并适应这些差异，同时对这些差异可能带来的状况有预判，适时调整企业管理的策略，以降低两国文化冲突造成的问题。为此，中国企业需加强内部员工对当地习俗文化、宗教文化、法律制度的培训与学习，使员工能够在最短时间内适应当地的生活习惯、法律法规，从而对市场的变化能够做出最快反应和维护企业利益。另一方面，中国企业可以聘用东盟国家当地专家、律师与员工，利用他们的资源，提高企业管理效率，以便顺利推进项目。

4. 充分利用现有的投资机制与平台获取信息与帮助

正如前述章节中分析，中国与东盟国家之间已经建立了多维度的合作机制。中国企业在参与东盟国家基础设施互联互通建设时，可以充分利用这些机制或者各类平台，以获取足够的信息和帮助。以中国与印度尼西亚之间的合作为例，早在 1994 年，为保障中国企业在印度尼西亚的合法权益，中国与印度尼西亚政府签署了《双边投资保护协定》，随后于 2001 年双方又签署了《避免双重征税和防止偷漏税协定》。2013 年，中国与印度尼西亚从战略伙伴关系升级成为全面战略伙伴关系后，为全方位推进中国与印度尼西亚从原有的装配制造、加工和生产性的小型项目逐渐扩大到通信设备、电力、基础设施建设、金融、旅游、能源开发、渔业、农业等各个领域的深入合作，中国与印度尼西亚还签订了一系列合作协议与规划。如《中印尼经贸合作五年规划》《旅游规划备忘谅解录》《中印尼基础设施与产能合作谅解备忘录》《中华人民共和国和印度尼西亚共和国经贸合作五年发展规划优先项目清单》《中国优质企业与印度尼西亚国有企业合作谅解备忘录》等。此外，为了方便中国与印度尼西亚两国的企业获取投资信息与寻求帮助，中国和印方政府还通过创立投资交流平台、定期开展经济交流会议、设立代表处等多种方式为企业提供服务。如中国驻印度尼西亚大使馆经济商务参赞处、印度尼西亚中国商会、印度尼西亚驻中国大使馆、印度尼西亚驻广州总领馆、印度尼西亚投资促进机构、中国商务部研究院海外投资咨询中心等。

因此，中国企业应该充分和善于利用现有的合作机制与平台，积极开展与东盟国家的对话，增进与东盟国家在科技、文化、旅游等方面人文交流，积极向东盟国家展示中国企业的竞争优势与投资诚意，并在进一步交流和深入了解中寻求合作机会，扩大基础设施互联互通建设的务实合作。

5. 加强对东盟国家的国别研究

中国企业应加强对东盟国家的国别研究。一方面，中国通过深入研究东盟国家的国内政治关系、人文风俗、地域特点、主导性产业的经济活动现状等，可以促进双方现有经贸合作的顺利进行，同时开辟新的合作领域和途径；另一方面，中国企业通过加强对东盟国家的国别研究，能够方便中国企业在投资过程中进行风险评估，正确防范投资风险，建立有效的风险管理体系，在避免不必要损失的同时，提升中国与东盟国家合作的成功率。

中国企业在加强对东盟国家的国别研究上，可以采取以下措施：

（1）积极开展校企合作。中国企业在自身条件允许下，可以寻找国内在研究东盟国家政治、经济、文化等方面有特色或者特长的高等学校，采用横向课题研究的方式，请高校里的研究人员对企业投资东盟国家的项目给予专业指导。比如，广西地处中国与东盟合作前沿和重要战略的高地，对于研究东盟国家具有一定的优势，广西大学设立了中国-东盟研究院，以中国-东盟自由贸易区、泛北部湾合作、大湄公河次区域合作的研究为重点，助力中国与东盟国家的战略合作。而中国企业想要前往东盟国家投资基础设施互联互通建设项目时，可以寻求广西大学相关研究院所的支持，开展专门的研究。

（2）加强企业研究人员的国际交流。中国企业要推进对东盟国家的国别研究，还需要理论与实践相结合，进行实地调研。因此，企业应加强企业研究人员的国际交流，可以定期派遣研究人员到相关国家实地调研，还可以设立海外研究基地、与东盟国家当地院校建立合作关系等，以此助推企业关于东盟国家的国别研究深化与发展。

参考文献

［1］ Aminullah E, Fizzanty T, Kusnandar K, et al. Technology Transfer through OFDI：The Case of Indonesian Natural Resource-based MNEs ［J］. Asian Journal of Technology Innovation, 2013, 21 （1）：104-118.

［2］ Anderson J E, Van Wincoop E. Gravity with Gravitas：A Solution to the Border Puzzle ［J］. The American Economic Review, 2003, 93 （1）：170-192.

［3］ ASEAN Connectivity：Building a PPP Pipeline ［R］. The World Bank Group, 2014.

［4］ ASEAN Investment Report 2015：Infrastructure Investment and Connectivity ［R］. ASEAN Secretariat and UNCTAD, 2015.

［5］ ASEAN Secretariat. ASEAN Transport Strategic Plan 2016-2025 ［R］. Jakarta：The ASEAN Secretariat, 2015.

［6］ ASEAN Secretariat. Master Plan on ASEAN Connectivity ［R］. Jakarta：The ASEAN Secretariat, 2011.

［7］ ASEAN Secretariat. The ASEAN ICT Master Plan 2020 ［R］. Jakarta：Association of Southeast Asian Nations, 2015.

［8］ Becker S O, Muendler M. The Effect of FDI on Job Security ［J］. The B. E. Journal of Economic Analysis & Policy, 2008, 8 （1）：1-46.

［9］ Behrens K. International Integration and Regional Inequalities：How Important is National Infrastructure? ［R］. CORE Discussion Paper No. 2004/66.

［10］ Bhattacharyay B. N. Infrastructure Development for ASEAN Economic Integration ［R］. ADBI Working Paper Series, 2009.

［11］ Bougheas S, Demetriades P O, Morgenroth E. Infrastructure, Transport Costs and Trade ［J］. Journal of International Economics, 1999, 47 （1）：169-189.

［12］ Brenton P, Dimauro F, Lucke M, et al. Economic Integration and FDI：An

Empirical Analysis of Foreign Investment in the EU and in Central and Eastern Europe [J]. Empirica, 1998, 26 (2): 95-121.

[13] Chakraborty A B. Fostering Physical Connectivity in India's Look East Policy [J]. Journal of Infrastructure Development, 2009, 1 (1): 45-65.

[14] Chen X, Li Y. The Effect of OFDI Reverse Technology Spillovers from ASEAN on China's Economic Growth [C]. Proceedings of 2nd International Conference on Science and Social Research, 2013.

[15] Coase R H. The Nature of the Firm [J]. Economica, 1937, 4 (16): 386-405.

[16] Coughlin, Cletus C. and Novy, Dennis, Is the International Border Effect Larger than the Domestic Border Effect? Evidence from U. S. Trade (November 30, 2009) [R]. University of Nottingham, GEP Research Paper 2009, 29.

[17] Dave Donaldson. Railroads of the Raj: Estimating the Impact of Transportation Infrastructure [J]. American Economic Review, 2018, 108 (45): 899-934.

[18] De P. Regional Trade in Northeast Asia: Why Do Trade Costs Matter? [R]. CESifo Working Paper, 2006.

[19] Donaubauer J, Glas A, Meyer B, et al. Disentangling the Impact of Infrastructure on Trade Using a New Index of Infrastructure [J]. Review of World Economics, 2018, 154 (4): 745-784.

[20] Dunning J H. International Production and the Multinational Enterprise [M]. London: George Allen and Unwin, 1981.

[21] Dunning J H. The Eclectic Paradigm of International Production: A Restatement and Some Possible Extensions [J]. Journal of International Business Studies, 1988, 19 (1): 1-31.

[22] Dunning J H. Trade, Location of Economic Activity and the MNE: A Search for an Eclectic Approach [M]. London: Palgrave Macmillan UK, 1977: 395-418.

[23] Edwards J A, Romero A A, Madjdsadjadi Z, et al. Foreign Direct Investment, Economic Growth, and Volatility: A Useful Model for Policymakers [J]. Empirical Economics, 2016, 51 (2): 681-705.

[24] Edwards L, Odendaal M. Infrastructure, Transport Costs and Trade: A New Approach [R]. TIPS Small Grant Scheme Research Paper Series, 2008.

［25］ Francois J, Manchin M. Institutions, Infrastructure, and Trade ［J］. World Development, 2013（46）: 165-175.

［26］ Fujimura M, Edmonds C. Impact of Cross-border Transport Infrastructure on Trade and Investment in the GMS ［R］. ADB Institute Discussion Paper, 2006.

［27］ Head K, Mayer T. Non-Europe: The Magnitude and Causes of Market Fragmentation in the EU ［J］. Review of World Economics, 2000, 136（2）: 284-314.

［28］ Hotelling H. Analysis of a Complex of Statistical Variables into Principal Components ［J］. Journal of Educational Psychology, 1933, 24（6）: 417-441.

［29］ Hymer S. H. The International Operations of National Firms: A Study of Direct Foreign Investment ［M］. Cambridge, MA: MIT Press, 1976.

［30］ Infrastructure Productivity: How to Save MYM1 Trillion a Year ［R］. McKinsey Global Institute, 2013.

［31］ Kleinert J, Toubal F. Gravity for FDI ［J］. Review of International Economics, 2010, 18（1）: 1-13.

［32］ Kojima K. Direct Foreign Investment: A Japanese Model of Multinational Business Operation ［M］. London: Croom Helm, 1978.

［33］ Kumar N. Potential and Prospects of Strengthening Transport Connectivity for Regional Economic Integration in Southern Asia ［J］. South Asia Economic Journal, 2015（16）: 39-54.

［34］ Lagarde: Prevent "New Mediocre" From Becoming "New Reality" ［R］. IMF-World Bank Spring Meetings, 2015.

［35］ Lifting the Barriers Roundtables: Infrastructure, Power and Utilities ［R］. CIMB ASEAN Research Institute（CARI）and McKinsey & Company, 2013.

［36］ Limão N, Venables A J. Infrastructure, Geographical Disadvantage, Transport Costs, and Trade ［J］. The World Bank Economic Review, 2001, 15（3）: 451-479.

［37］ Mc Callum J. National Borders Matter: Canada-U. S. Regional Trade Patterns ［J］. American Economic Review, 1995, 85（3）: 615-623.

［38］ Melitz M J. The Impact of Trade on Intra-Industry Reallocations and Aggregate Industry Productivity ［J］. Econometrica, 2003, 71（6）: 1695-1725.

［39］Mundell. International Trade and Factor Mobility ［J］. American Economic Review, 1957, 47 (3): 321 –335.

［40］Musila J W. The common market for Eastern and Southern Africa and Kenya's Export Trade ［J］. International Journal of Social Economics, 2004, 31 (1/2): 67-77.

［41］Myanmar's Moment: Unique Opportunities, Major Challenges ［R］. McKinsey Global Institute, 2013.

［42］Nay Pyi Daw. Chairman's Statement of the 17th ASEAN–China Summit ［EB/OL］. https://asean.org/chairmans-statement-of-17th-asean-china-summit/.

［43］Nocke V, Yeaple S R. An Assignment Theory of Foreign Direct Investment ［J］. The Review of Economic Studies, 2008, 75 (2): 529-557.

［44］Noppron Sindaeng. "一带一路" 国际通道战略下中泰铁路建设合作 ［D］. 浙江大学, 2017.

［45］Nordås H K, Piermartini R. Infrastructure and Trade ［R/OL］. WTO Staff Working Paper, 2004. https://papers.ssrn.com/sol3/papers.cfm? abstract _ id = 923507.

［46］Novy D. International Trade Without CES: Estimating Translog Gravity ［J］. Journal of International Economics, 2013, 89 (2): 271-282.

［47］Ohlin B, Per O H, Per M W. The International Allocation of Economic Activity ［M］. London: Palgrave Macmillan, 1977.

［48］P. A. Poyhonen. A Tentative Model for the Volume of Trade Between Countries ［J］. Weltwirtschaftliches Archiv, 1963 (90): 93-100.

［49］Robert Stobaugh. How to Analyze Foreign Investment Climates ［J］. Harvard Business Review, 1969, 47 (5): 100-108.

［50］Rojas G , Germán Calfat, Junior R G F . Trade and Infrastructure: Evidences from the Andean Community ［R］. FGV EPGE Economics Working Papers (Ensaios Economicos da EPGE), 2005.

［51］Sanchita Basu Das. The ASEAN Economic Community and Beyond ［M］. Singapore: ISEAS Publishing, 2015.

［52］Shepherd B, Wilson J. Trade, Infrastructure, and Roadways in Europe and Central Asia: New Empirical Evidence ［J］. Journal of Economic Integration, 2007,

22 (4): 723-747.

[53] Simeon Djankov, Caroline Freund. New borders: Evidence From the Former Soviet Union [J]. Weltwirtschaftliches Archiv, 2002, 138 (3): 493-508.

[54] Southeast Asia at the Crossroads: Three Paths to Prosperity [R]. McKinsey Global Institute, 2014.

[55] Srivastava P, Kumar U. Trade and trade facilitation in the Greater Mekong Subregion [Z]. Asian Development Bank, 2012.

[56] Stone S, Strutt A. Transport Infrastructure and Trade Facilitation in the Greater Mekong Subregion [M]. Edward Elgar Publishing, 2010.

[57] Stone S. F. , Jeon B. N. Gravity-model Specification for Foreign Direct investment: A Case of the Asia-Pacific Economies [J]. The Journal of Business and Economic Studies, 1999, 5 (1): 33.

[58] Tinbergen J. Shaping the World Economy: An Analysis of World Trade Flows [J]. Twentieth Century Fund, 1962, 5 (1): 27-30.

[59] Vernon R. International Investment and International Trade in the Product Cycle [J]. The Quarterly Journal of Economics, 1966, 80 (2): 190-207.

[60] Wei S. Intra-national Versus International Trade: How Stubborn Are Nations in Global Integration [R]. National Bureau of Economic Research Working Paper, 1996.

[61] Wilson J S, Mann C L, Otsuki T. Assessing the Potential Benefit of Trade Facilitation: A Global Perspective [R]. World Bank Policy Research Working Paper, 2004.

[62] 埃索斯·芬妮莎，王浩. 东盟经济共同体与中国-东盟地区的互联互通——中国在该地区铁路计划的案例研究 [J]. 东南亚纵横，2014 (10): 45-47.

[63] 安晓明. 我国"一带一路"研究脉络与进展 [J]. 区域经济评论，2016 (2): 77-88.

[64] 巴苏基·哈迪姆约诺. 基础设施是印尼国家发展的基础 [J]. 建筑，2016 (14): 19.

[65] 保鲁昆. 铁路运营管理"走出去"合作模式与运营团队组建初探 [J]. 综合运输，2016, 38 (4): 9-13.

［66］波萨·潘尼查康，暨佩娟．互联互通推动中国东盟双赢［N］．人民日报，2013-10-08（23）．

［67］蔡阔，邵燕敏，何菊香，汪寿阳．对外承包工程对中国对外直接投资的影响——基于分国别面板数据的实证研究［J］．管理评论，2013，25（9）：21-28.

［68］车探来．丝绸之路经济带铁路互联互通：推进路径与前景展望［J］．国际经济合作，2017（3）：40-43.

［69］陈静．基于层次分析法和灰色关联度分析的高校教师教学质量评价研究［J］．贵阳学院学报（自然科学版），2016，11（1）：22-27.

［70］陈俊杰．交通基础设施互联互通建设对中国在东盟 OFDI 影响研究［D］．广西大学，2018.

［71］陈小宁．国际基础设施建设新趋势及建议［J］．国际经济合作，2018（9）：16-20.

［72］陈新明，杨耀源．亚洲基础设施投资银行向东盟互联互通建设提供融资的风险与对策［J］．东南亚纵横，2016（3）：19-24.

［73］陈秀莲，张静雯．中国-东盟港口互联互通建设存在问题与对策［J］．对外经贸实务，2018（2）：22-25.

［74］陈勋儒．互联互通亟待解决的几个问题［N］．人民日报（海外版），2012-06-11.

［75］储殷，高远．中国"一带一路"战略定位的三个问题［J］．国际经济评论，2015（2）：6+90-99.

［76］崔百胜，杨晓勤．交通基础设施对区域经济增长的空间溢出效应［J］．城市问题，2017（7）：48-59.

［77］戴吉仙，鲍卫锋．境外水电投资项目运营管理探讨——以柬埔寨甘再水电站项目为例［J］．中国管理信息化，2014，17（15）：63-65.

［78］邓聚龙．灰色控制系统（第2版）［M］．武汉：华中理工大学出版社，1985.

［79］丁波涛．中国-东盟信息化合作现状与发展前景［J］．东南亚纵横，2017（4）：57-62.

［80］范祚军，何欢．"一带一路"国家基础设施互联互通"切入"策略［J］．世界经济与政治论坛，2016（6）：129-142.

［81］方天建，何跃．冷战后东南亚地缘政治变化中的大国战略调整述评［J］．世界地理研究，2013，22（3）：30-40．

［82］冯氏惠．"一带一路"与中国-东盟互联互通：机遇、挑战与中越合作方向［J］．东南亚纵横，2015（10）：32-37．

［83］盖轶婷，任青，刘贺．老挝高速公路建设融资运作模式分析［J］．交通企业管理，2018，33（5）：9-11．

［84］高国伟．国际直接投资与引力模型［J］．世界经济研究，2009（11）：82-86+89．

［85］高清．中国对东南亚直接投资环境分析［J］．现代管理科学，2014（12）：46-48．

［86］葛明，赵素萍，程盈莹．互联互通能提高中国出口贸易效率吗——作用机理与实证研究［J］．经济问题探索，2018（4）：116-127．

［87］龚新蜀，马骏．"丝绸之路"经济带交通基础设施建设对区域贸易的影响［J］．企业经济，2014（3）：156-159．

［88］古小松．中国与东盟交通合作战略构想［M］．北京：社会科学文献出版社，2010．

［89］郭宏宇，竺彩华．中国-东盟基础设施互联互通建设面临的问题与对策［J］．国际经济合作，2014（8）：26-31．

［90］郭宁，安起光．PPP模式资产证券化定价研究——基于期权调整利差模型的分析［J］．山东财经大学学报，2017，29（1）：11-18+27．

［91］郭子豪，殷浩栋．片区交通基础设施互联互通探讨［J］．中国物价，2016（2）：85-88．

［92］国际劳工组织（ILO）2014-2015全球工资报告［EB/OL］．（2015-04-10）［2022-08-］．https：//www.ilo.org/beijing/what-we-do/publications/WCMS_ 359568/lang--zh/index.htm.

［93］何敏，郭宏宇，竺彩华．基础设施互联互通对中国东盟贸易的影响——基于引力模型和边界效应模型的研究［J］．国际经济合作，2015（9）：56-63．

［94］贺嘉．中国与东盟跨境物流协作研究［D］．广西大学，2019．

［95］黄英婉．"一带一路"沿线国家贸易投资便利化问题研究［D］．辽宁大学，2017．

［96］季则舟，杨兴宴，尤再进，侯伟．中国沿海港口建设状况及发展趋势［J］．中国科学院院刊，2016，31（10）：1211-1217.

［97］冀廷瑜．中国企业在东盟直接投资的区位选择研究［J］．忻州师范学院学报，2009，25（5）：88-90.

［98］蒋冠宏，蒋殿春．中国对外投资的区位选择：基于投资引力模型的面板数据检验［J］．世界经济，2012，35（9）：21-40.

［99］蒋玉山．"一带一路"视阈下中越合作机遇与前景——基于越南交通基础设施建设的考察［J］．钦州学院学报，2018，33（7）：26-32.

［100］雷小华．中国-东盟跨境经济合作区发展研究［J］．亚太经济，2013（3）：112-117.

［101］李晨阳，杨祥章．中国与周边国家互联互通建设的进展、挑战与前景［J］．战略决策研究，2015，6（4）：3-16+102.

［102］李德慧．中国企业投资印尼路桥设施建设的研究［D］．广西大学，2017.

［103］李锋，徐兆梨．中国-东盟互联互通程度测量及对策［J］．北京工商大学学报（社会科学版），2017，32（2）：50-57.

［104］李国豪．中国土木建筑百科辞典［M］．北京：中国建筑工业出版社，2006.

［105］李红，许露元．中国-东盟互联互通发展路向与合作策略［J］．广西社会科学，2015（3）：33-38.

［106］李鸿阶，张元钊．双循环新发展格局下中国与东盟经贸关系前瞻［J］．亚太经济，2021（1）：90-97+151.

［107］李蕊含．"一带一路"沿线五国互联互通评价研究［D］．东华大学，2017.

［108］李铁立．边界效应与跨边界次区域经济合作研究［J］．华东科技，2006（1）：63.

［109］李文韬，樊莹，冯兴艳．APEC互联互通问题研究［J］．亚太经济，2014（2）：60-66.

［110］李业长．中国企业以TOT模式投资越南基础设施的风险管理［D］．昆明理工大学，2006.

［111］李玉辉，张建．灰色关联度分析法在系统综合评价中的应用［J］.

山东交通科技，2005（4）：11-13.

［112］梁双陆，张梅．基础设施互联互通对我国与周边国家贸易边界效应的影响［J］．亚太经济，2016（1）：101-106.

［113］廖欣锐．交通基础设施建设对淡化行政区划作用效果分析［J］．现代营销（下旬刊），2018（2）：98-99.

［114］林智荣，覃娟．中国-新加坡经济走廊交通基础设施建设探析［J］．东南亚纵横，2015（1）：26-35.

［115］刘冰．境外水电BOT项目经济风险管理研究［D］．北京交通大学，2017.

［116］刘伦武．交通基础设施建设对我国对外贸易增长的长、短期影响［J］．价格月刊，2013（8）：79-82.

［117］刘乃郗，韩一军，刘邦凡．国际直接投资理论前沿进展——基于企业行为的视角［J］．华南理工大学学报（社会科学版），2018，20（1）：40-52.

［118］刘生龙，胡鞍钢．交通基础设施与中国区域经济一体化［J］．经济研究，2011，46（3）：72-82.

［119］刘晓燕，王松江．BOT与TOT模式在缅甸的组合应用研究［J］．项目管理技术，2009（S1）：134-137.

［120］刘新超．中国对东盟直接投资面临的外汇风险及完善途径［J］．对外经贸实务，2017，（4）：54-57.

［121］刘旭，泮俊．浅谈PPP模式在公路项目融资中的应用［J］．公路交通科技（应用技术版），2019，15（1）：37-39.

［122］刘延东．携手共建中国-东盟互联互通的人文之桥［N］．中国教育报，2010-08-07.

［123］刘育红，王曦．"新丝绸之路"经济带交通基础设施与区域经济一体化——基于引力模型的实证研究［J］．西安交通大学学报（社会科学版），2014，34（2）：43-48+80.

［124］刘再起，谢润德．中国对东盟OFDI的国别贸易效应实证分析［J］．世界经济研究，2014（6）：80-86+89.

［125］隆国强．亚洲经济体应加速推进互联互通［J］．博鳌观察，2013（4）：46-48.

［126］陆建人．中国-东盟合作发展报告（2015-2016）［M］．北京：中国

社会科学出版社，2017.

[127] 陆善勇．基于综合优势原则的我国外经贸发展新战略——超越比较优势论与竞争优势论之争的外贸发展新思维［J］．国际商务（对外经济贸易大学学报），2007（3）：5-9+52.

[128] 马双双，郑建华．灰色关联度分析法在供应商选择中的应用［J］．物流工程与管理，2015，37（6）：129-130.

[129] 马嫘．中国和东盟互联互通的意义、成就及前景—纪念中国-东盟建立对话关系20周年［J］．国际展望，2011（2）：16-28+127-128.

[130] 潘玥．"一带一路"倡议下中国企业投资印度尼西亚的深层问题——以雅加达—万隆高速铁路项目为例的分析［J］．东南亚纵横，2018（2）：54-62.

[131] 彭刚，任奕嘉．互联互通：经济新常态下的国家战略［J］．人民论坛·学术前沿，2015（5）：49-57+95.

[132] 乔慧超，沙文兵．中国对东盟直接投资决定因素的实证研究——基于东盟十国的Panel Data检验［J］．广西财经学院学报，2012，25（3）：1-6.

[133] 沈晨．东盟基础设施建设对中国东盟贸易影响分析［D］．云南财经大学，2017.

[134] 沈晨．基础设施建设对双边贸易的影响——以中国、东盟为例［J］．经济研究导刊，2016（20）：166-167.

[135] 施国义．未来十年民航客运利润的增长点——国内航空附加服务发展机遇与展望［J］．空运商务，2018（10）：23-25.

[136] 史烘堃．中国东盟互联互通面临的挑战与对策研究［J］．当代经济，2017（22）：8-9.

[137] 斯蒂芬·格罗夫，杨意．区域基础设施互联互通对亚洲的意义［J］．博鳌观察，2013（4）：42-45.

[138] 宋勇超．"一带一路"战略下中国对外直接投资贸易效应研究［J］．技术经济与管理研究，2017（6）：82-85.

[139] 隋博文．中国-东盟互联互通对港口物流的影响及其优化策略——基于北部湾经济区的实证分析［J］．经济研究参考，2013（35）：69-71.

[140] 孙光圻，刘洋．第四代港口对中国港口建设的启示［J］．中国港湾建设，2010（5）：71-73.

［141］孙茜，孔宁．企业投资动机及投资环境评价的文献综述［J］．现代商业，2018（34）：45-47.

［142］孙群．合作建设泛亚铁路中通道的意义［J］．中国铁路，2014（1）：91-94.

［143］孙群．铁路国际合作项目运营管理模式的探讨［J］．铁道运输与经济，2015，37（8）：74-77.

［144］唐文琳，唐明知．中国-东盟命运共同体背景下互联互通的建设［J］．广西大学学报（哲学社会科学版），2016，38（3）：101-108.

［145］屠年松，熊玫．大湄公河次区域边界效应的实证研究——以中泰、中越数据为例［J］．云南社会科学，2015（3）：68-73.

［146］王诚志．中国-东盟互联互通的经济效应研究［D］．外交学院，2013.

［147］王冬梅．中国与东盟铁路互联互通建设研究［D］．广西大学，2016.

［148］王峰，罗志鹏．东盟基础设施的潜在需求及中国的投资对策［J］．深圳大学学报（人文社会科学版），2012，29（4）：103-108.

［149］王玫黎，吴永霞．"一带一路"建设下中国-东盟港口建设发展研究［J］．广西社会科学，2018（6）：82-86.

［150］王明涛．中国与东盟铁路互联互通建设研究［D］．广西大学，2017.

［151］王萍．中国-东盟海洋交通物联网互联互通合作建设研究［J］．国际经济合作，2018（6）：38-44.

［152］王勤，金师波．新冠肺炎疫情对东盟经济发展的影响［J］．亚太经济，2021（2）：1-7.

［153］王勤，李南．东盟互联互通战略及其实施成效［J］．亚太经济，2014（2）：115-120.

［154］王晓东，邓丹萱，赵忠秀．交通基础设施对经济增长的影响——基于省际面板数据与 Feder 模型的实证检验［J］．管理世界，2014（4）：173-174.

［155］王晓东，邓丹萱．物流基础设施对双边贸易影响实证研究——基于31个国家和地区贸易数据的分析［J］．商业时代，2014（10）：22-24.

［156］王玉主．区域一体化视野中的互联互通经济学［J］．人民论坛·学术前沿，2015（5）：17-29.

［157］韦朝晖，朱垒，曹晔．通过跨国产业链和物流链务实推动中国-东盟

互联互通建设［J］．广西经济，2013（12）：26-29.

［158］韦倩青．中国-东盟工业制成品贸易直接利益及其影响因素［M］．北京：线装书局，2015.

［159］魏占福．中国对东盟直接投资存在的问题及对策［J］．企业技术开发，2014，33（7）：104-105+112.

［160］乌韦·克劳森，罗伯特·沃尔．北美和欧洲铁路系统的比较［J］．低碳世界，2013（8）：212-213.

［161］吴朝阳．中国-东盟自贸区基础设施建设进展及对策思考［J］．国际贸易，2011（3）：41-46.

［162］伍启明．建立中国-东盟互联互通先行试验带的设想［J］．广西经济，2013（10）：15-16.

［163］徐丹丹．交通基础设施互联互通对中国-东盟双边贸易的影响研究［D］．广西大学，2019.

［164］许娇，陈坤铭，杨书菲，林昱君．"一带一路"交通基础设施建设的国际经贸效应［J］．亚太经济，2016（3）：3-11.

［165］许立祥，周祖昊，桑学锋，刘佳嘉．"一带一路"与中国航运［J］．珠江水运，2017（10）：77-79.

［166］许丽杰．中国与东盟铁路互联互通建设合作模式研究［D］．广西大学，2019.

［167］杨雷．中亚新跨国铁路的建设及其利益协调［J］．欧亚经济，2016（1）：72-84+125-128.

［168］杨然．提升中国-东盟互联互通；建设沿交通线经济走廊［J］．广西经济管理干部学院学报，2014，26（1）：1-5.

［169］杨友孝，宁静．东盟基础设施现状对中国-东盟双边贸易影响的研究［J］．国际经贸探索，2018，34（6）：34-49.

［170］姚勤华．中缅交通互联互通现状与前景分析——以云南基础设施建设为视角［J］．社会科学，2017（5）：25-37.

［171］叶宝松．国际工程模式选择与税务筹划——源于马来西亚 EPC 项目实例的分析［J］．财会学习，2015（2）：54-56.

［172］曾海鹰，陈琭婧．泰国直接投资环境分析与评价——基于主成分分析法的比较研究［J］．东南亚纵横，2013（2）：40-44.

［173］张海涛．丝绸之路经济带交通基础设施建设的空间效应研究［D］．吉林大学，2017.

［174］张建平．亚太共谋发展，重在互联互通——浅析习近平主席互联互通战略思想与亚太经济未来［J］．人民论坛·学术前沿，2015（5）：6-16.

［175］张静中，王文君，李敏．"一带一路"发展战略背景下东盟投资环境评价研究［J］．金陵科技学院学报（社会科学版），2016，30（3）：12-17.

［176］张梅．中国沿边开放中进出口贸易的边界效应分析［D］．云南大学，2015.

［177］张天悦，林晓言．中国-东盟铁路通道建设的思考［J］．铁道运输与经济，2011，33（10）：7-9+13.

［178］张向晨．产融合作成为国际基础设施建设新引擎［J］．建筑，2016（14）：16-17.

［179］张协奎，苏彩虹．中国企业投资柬埔寨基础设施建设探讨——中国-东盟国家互联互通建设系列研究之一［J］．广西大学学报（哲学社会科学版），2018，40（2）：73-81.

［180］张岩，王丽．中国对东盟国家直接投资的决定因素研究［J］．经济问题探索，2013（7）：163-171.

［181］张一博．投资环境基本理论综述［J］．经济研究导刊，2012（1）：64-65.

［182］赵晶云，马俊奎，任小俊，任海红，史宏，刘学义．利用灰色关联度分析法分析大豆的产量构成因素［J］．农业科技通讯，2015（12）：144-147.

［183］赵晓峰，李虹含．中国对东盟直接投资的现状、问题与对策探析［J］．现代管理科学，2015（10）：79-81.

［184］赵紫婷．中韩交通基础设施互联互通的贸易效应研究［D］．华北理工大学，2018.

［185］郑荷芬，马淑琴，徐英侠．基础设施投入对服务贸易结构影响的实证研究——来自跨国面板数据的证据［J］．国际贸易问题，2013（5）：115-127.

［186］郑会，胡列曲．泛亚铁路融资模式研究［J］．亚太经济，2013（2）：109-113+108.

［187］郑磊．中国对东盟直接投资研究［D］．东北财经大学，2011.

［188］中国-东盟10+1交通合作概况［J］．中国远洋航务，2010（8）：

44-45.

[189] 周方冶. 中国与东南亚国家互联互通现状评估与策略选择 ［J］. 中国发展观察, 2017（Z2）: 41-46.

[190] 周密. 拓展 "10+1" 框架下的东盟基础设施建设市场 ［J］. 国际经济合作, 2010（3）: 54-57.

[191] 朱海霞, 顾海英. 国外关于边境效应引力模型研究现状 ［J］. 财贸研究, 2007（6）: 79-83.

[192] 朱梦恩. 我国水利基础设施 BOT 融资模式的应用研究 ［D］. 浙江大学, 2017.

[193] 竺彩华, 郭宏宇, 冯兴艳, 李锋. 东亚基础设施互联互通融资: 问题与对策 ［J］. 国际经济合作, 2013（10）: 24-29.

后　记

本书在笔者主持的广西哲学社会科学研究课题"中国与东盟基础设施互联互通建设研究"（项目批准号：15BGJ002）基础上修改完善而成。在此，要衷心感谢广西哲学社会科学规划办公室，让本课题得以立项，相关调研工作得以顺利开展和完成。课题立项于2015年12月，2016年11月我赴美访一年，因为身处国外，课题调研工作无法顺利开展。但是课题组其他成员在完成教学科研工作之余，克服务种困难，进行课题调研工作，有些课题组成员还利用别的项目调研机会，为本课题研究搜集资料。这些都为课题完成奠定了良好基础。感谢课题组成员韦倩虹、刘主光、杨永红、周雪春、韦苏健、李为、蒋雨秀、杨帆。课题研究过程中还得到了我的硕士导师李立民教授的指导，在此表示深深感谢。

我指导的广西大学国际商务专业、国际贸易专业研究生和本科生，积极参与到课题研究工作中，从收集资料、整理和处理数据、测试计量模型，到初稿的部分写作等，为课题顺利完成做了大量前期、基础性工作。许丽杰参与了第二章、第三章、第四章、第九章的工作；陈俊杰参与了第二章、第三章、第四章、第六章的工作；徐丹丹参与了第二章、第三章、第五章的工作；李德慧参与了第二章、第十章的工作；贺嘉参与了第四章的工作；梁天丽参与了第七章的工作；肖成琳参与了第八章的工作。刘玲玲、石青云、肖旖晴、戚卓倩、彭淑源协助完成了书稿校对工作。在"干中学"的过程中，学生们不仅锻炼和培养了分析问题、解决问题的能力，而且顺利完成了学业，研究生们找到了心仪的工作，本科生们实现了读研梦想。感谢我的学生们。

在课题研究和撰定本书的过程中，还得到了许多亲人、同事和朋友的帮助。感谢所有为本书的完成提供帮助的亲人、同事和朋友。感谢经济管理出版社，让研究成果得以成书。

本书中参考和引用了许多国内外学者的研究成果，并做了相应的注释，在此对相关学者表示深深感谢。

由于时间仓促和水平所限，书中难免存在纰漏，欢迎各位专家学者和社会各界人士批评指正。

韦倩青

2021 年 4 月 20 日于广西南宁